之

间

Balancing

平　衡　你　自　己

从刘邦到王莽

时代的改良与倒退

谌旭彬 著

SPM
南方传媒

广东人民出版社
·广州·

图书在版编目（CIP）数据

从刘邦到王莽：时代的改良与倒退 / 谌旭彬著 .
广州：广东人民出版社 , 2025. 3. -- ISBN 978-7-218
-18372-5

Ⅰ. K234.107

中国国家版本馆 CIP 数据核字第 2024ZH3689 号

CONG LIU BANG DAO WANG MANG: SHIDAI DE GAILIANG YU DAOTUI

从刘邦到王莽：时代的改良与倒退

谌旭彬 著

出 版 人：肖风华

策划编辑：陈 卓
责任编辑：钱飞遥 陈 卓
封面设计：周伟伟
责任技编：吴彦斌

出版发行：广东人民出版社
地 址：广州市越秀区大沙头四马路 10 号（邮政编码：510199）
电 话：（020）85716809（总编室）
传 真：（020）83289585
网 址：http://www.gdpph.com
印 刷：广东信源文化科技有限公司
开 本：787 毫米 × 1092 毫米 1/32
印 张：11.25 字 数：203 千
版 次：2025 年 3 月第 1 版
印 次：2025 年 3 月第 1 次印刷
定 价：78.00 元

如发现印装质量问题，影响阅读，请与出版社（020-87712513）联系调换。
售书热线：（020）87717307

目录

引言

漫长的下行时代

太史公在刘彻身边侍奉近三十年，既亲眼目睹了庙堂之高走马灯般的各类政治屠杀，也深度了解江湖之远『天下户口减半』『中产之家皆破』的无边惨剧。他之所以在受了腐刑侥幸存活下来后转以更恭谨的态度去取悦刘彻，是因为《史记》尚未完成，那里面藏着历史的真相与时代运行的真实逻辑。

这是一本谈前汉历史的小书，前汉即俗谓的西汉。不过在引言里，我想先聊聊孔子与太史公。

一

鲁哀公十四年（前481年），孔子停止了《春秋》的编撰工作。

这一年，鲁哀公外出狩猎，杀了一头样貌奇怪的动物。众人觉得不祥，请孔子来鉴定。孔子看过后说："这是麟啊。麟死了，我的道大概也行不通了。"同年，孔子最得意的弟子颜回去世。或许是觉得再无人能像颜回那般忠实传承自己的思想衣钵，孔子发出了"噫！天丧予！天丧予！"的哀叹。

面对末篇永远定格在鲁哀公十四年的《春秋》，这位年约七十的老人概叹道："后世知丘者以春秋，而罪丘者亦以春秋。"老人这样说，是因为《春秋》乃周天子秘藏，内中载有真实的历史情节与历史逻辑，断不允许外泄。他观书于周室，以鲁国官史为底本增删《春秋》，融入自己的价值观后再传授给学生，实是盗火[1]——垄断知识并污染信息，本就是极悠久也极有效的统治术。民智源于充分获取信息并正确使用逻辑。垄断了真相，污染了信息，扭曲了因果，便足以摧毁民智，制造出大量无法理解自身命运的愚民。

正因为好处如此之大，所以周王朝的历史直到战国末年仍"独藏周室"别无副本，从不供普通人阅读参考。儒家六艺原也皆是周官旧典，是官府指导工作、记录事迹的产物，民间绝无流传。再后来，周室之史与六国之史又俱被秦始皇付之一炬。在这位自诩千古一帝的独夫眼中，唯有记述秦帝国及其统治者如何英明伟大的史书值得留存。天下是他一人之天下，史书也只能围绕他一人展开。

如此作为者不止周天子，也不止秦始皇，先秦时代大大小小的诸侯皆有样学样。孟子被人问及"周室班爵禄"的情况时，曾愤然控诉："其详不可得闻也。诸侯恶其害己也，而皆去其籍。"[2]——那些典籍与诸侯有利益冲突，遂皆被毁

1　参见章太炎《经学略说》："周史秘藏，孔子窥之，而又泄之于外，故有罪焉尔。向来国史实录，秘不示人，明清两代，作实录成，焚其稿本，弃其灰于太液池。以近例远，正复相似。"

2　《孟子·万章下》。

去，孟子遍寻不得。秦始皇颁布"挟书律"并焚书坑儒，不过是在重复前辈的恶行。当然，他干得更公然更狠辣也更血腥。取缔私学且宣布"若有欲学者，以吏为师"，更是在全面开历史的倒车，是意欲重建商周以来的书籍与信息垄断制度，是要粗暴地将时代从开放的学在私门，拉回到封闭的学在官府。

天下是天下人的天下，《春秋》是天下人的《春秋》。认同此点者会理解孔子；不认同此点者，会认定孔子披露秘藏史实且做出迥异于官方的价值判断，实在罪无可逭。"知我罪我，其惟《春秋》"，其实是一位站在巨大下行时代开端的老人，面对史无前例的周秦之变，生出的迷惘与期望——后世如果能够好起来，知我者必会多一些；可若天下长期沦为独夫肆意妄为的乐园，那这《春秋》大概率也要被拉出来批倒批臭。

三百余年后，西汉元朔年间[1]，另一位年轻的盗火者司马迁来到鲁地，细细参观了孔子的庙堂、车服与礼器，迟迟不愿离去。仿佛那七十岁的高大老人还在这里，还在手持《春秋》讲述过去与未来，并对时代抽丝剥茧。年轻的盗火者后

---

[1] 据郑鹤声《司马迁年谱》（商务印书馆 1933 年版，第 32—42 页）考据，司马迁"讲业齐鲁之都，观孔子之遗风"的具体时间，在元朔三年至四年间（前 126—前 125 年）。

来在《史记·孔子世家》中写道：那是个让人"高山仰止，景行行止"的人啊，读他的书便知道他是什么样的人。我达不到他的境界，但内心无限向往。

二

孔子生活在周制行将崩溃、秦制尚未成型的时代，实在是件幸事。毕竟，在他生活的年代里，还没有人公然将"民愚则易治也""民贫则力富""昔能制天下者，必先制其民者"这类理论写成典籍呈献君王，以谋取个人富贵；也还没有人公然主张将国家的富强建基在民众的愚昧与贫穷之上，并鼓动君王对百姓实施大清除与大改造。"秦赋户口，百姓贺死吊生"这类制度性暴政造成的惨剧，孔子也还来不及见到。他周游列国，不必担忧被人打成"鲁奸"；他回鲁国做官，也不必担忧昔日言论遭到审查。他按自己的价值观编撰《春秋》，虽预感后世会被人批判，却没有在现世获罪的风险。遗憾的是，孔子去世不过两百余年，时代便已堕落至"偶语《诗》《书》者弃市"的地步。偶语即寓言。凡援引《诗》《书》中的文字来批评当代之政，一律身死魂消。类似的血腥杀戮，也即俗谓的文字狱，此后持续了两千余年。

孔子生前常哀叹自己是丧家狗，可与后世的知识人比起来，他的境况实在是好太多。时代尚未被罗网层层管控，人还可以自由流动，尖锐之言也还有存在空间。尤其幸运的是，历史居然还给孔子的思想与主张留下了一段难得的自由传播期。他生前办私学数十年，有弟子数千，许多人活跃在鲁、卫等国政坛。弟子们爱戴他，且活在相对自由的环境里，能遵从内心去赞美、传播老师的言论行迹。这大大扩张了孔子在知识界的影响。到了孟子生活的时代，已有读书人开始尊称孔子为圣人。孔子在战国时代成圣，既因其思想主张呼应了社会变迁，也与时代尚未完全秦制化有直接关系。待到周秦之变完成，"溥天之下莫非王土，率土之滨莫非王臣"，现实只可以有一种声音，历史只可以有一种解释，便再无知识人可以成圣，唯有李隆基、赵佶、朱元璋这类帝王纷纷以圣人自居。

于是，赶在周秦之变前成圣的孔子，成了秦制时代知识人最后的庇护所。秦始皇将屠刀高高举起时，扶苏出来劝谏，其说辞是咸阳城内诸生"皆诵法孔子"，血腥杀戮与孔子的理念背道而驰，恐失远方黔首之心。汉高帝欲马上治天下，陆贾出来反对，其说辞同样是援引了孔子的话语。君王们奴役天下，若不愿吃相太过难看，便不好公然打倒已经圣化的孔子。所以孔子可以是扶苏劝谏的依据，也可以是陆贾纠偏的工具。

这是孔子之幸，却是历史的大不幸。孔子的圣人光环，固然可以让后世的知识分子在漫长的下行时代里追溯到一丝亮光，使孱弱的思想文脉不绝如缕，却也在两千余年间让诵法孔子的儒生成了中国知识人的单一主体。这些人中的绝大多数，毕生都无法突破孔子提供的思维路径与思想尺度。不是他们的智力逊于孔子，而是后天环境不允许其智力发育至超越孔子的程度——智力源于充分获取真实信息并拥有正确的逻辑思维能力，皇权既控制前者，也扭曲后者。即便少数人能够突破信息壁垒、避开逻辑陷阱，也会因缺乏独立言说的空间而不得不自我阉割。这少数人只能不断回归孔子，将自己的认知用孔子的言论包装起来，让圣人为己代言。毕竟，周秦之变后，再无任何制度化力量可与皇权分庭抗礼。无权无势赤手空拳的知识人，若既不想闭嘴，又不想身死魂消，便只能在具体表达上向已然成圣的孔子求援。许多知识人因之将毕生精力放在了批注孔子及其门徒的著作上。他们小心翼翼地隐藏起自己的独立意见，玩起了我注六经或者六经注我的把戏，中国文化也因之患上了严重的崇古症。

崇古有助于儒家知识分子在价值观层面与申商韩非之道拉开距离，却挽救不了时代的下行。毕竟孔子生活在遥远的过去，没见过周秦之变完成后的"新时代"，其忧思仅聚焦下行时代的开端。更糟糕的是，崇古久了，便会忘掉崇古的初衷，忘了崇古是不得已，反将崇古当成终极目的，当成自信力与自豪感的由来，再容不得新生的思想与主张。所以汉儒们顽固不化，群起支持王莽以《周礼》治天下；晚清之儒则坚信近代天文学、算学知识皆是自中国传入西方，连洋人能造出坚船利炮也得感谢郑和下西洋期间赠予了他们图纸。在皇权持续不断的词语污染与思想改造下，崇古者还会渐渐忘却"古"的原始含义——"克己复礼"的本意是要君王克制欲望与自信，克制雄才大略自我实现的冲动，后世却退化成了约束民众的咒语。"臣事君以忠"的本意是做好本职工作，而非献身于上位者，后世也退化成了对君王的无条件服从。权宜之计用久了皆会变成枷锁，崇古也不例外。

三

天汉二年（前99年），太史公司马迁被汉武帝刘彻下令施以惨无人道的腐刑。原因是他在朝堂上替好友李陵作了几句辩护。

按太史公的理解，李陵以不足五千步卒与匈奴单于所率主力部队连战十余日，杀伤敌军过万，又引来匈奴左右贤王率部合围，"转斗千里，矢尽道穷"而救兵迟迟不至，最后以空弩白刃与敌军骑兵血战。如此这般被俘而降，实不应再受朝臣们的落井下石，其家属也不应再受株连。

然而，在刘彻的政治逻辑里，李陵是否蒙受冤屈并不重要，重要的是不能彰显皇权之过。当太史公站出来为李陵辩护时，刘彻的猜忌之心随即发作——此役由李广利担任主帅，李陵不过统领数千步卒的偏将，肯定李陵的战功并认同其投降缘于苦战无援，便是在否定主帅李广利的军事指挥能力，便会凸显出坚持重用李广利的刘彻无知人之明。汉帝国所有人都知道，贰师将军李广利成为军队统帅，不是因为军事能力出众，而是因为其妹李夫人是刘彻的宠姬，其弟李延年也得到了刘彻的宠幸。

若干年后，太史公已成宦官，做了中书令，是经常侍奉在刘彻身边的红人。友人任安陷入巫蛊案，写信向他求救。太史公在回信中追溯往事，将昔日的悲惨遭遇归因为自己谏言时表达不佳，"未能尽明"，以至于"明主不晓，以为仆沮贰师，而为李陵游说"。其实，根本不存在表达不佳这类问题，"明主"什么都明白。什么都明白而仍要对太史公施以残酷的腐刑，是因为他手握不受制约的皇权恣意妄为多年，已将拿天下人做代价来自我实现视为家常便饭。自元朔年间遨游大江南北归来，太史公在刘彻身边侍奉近三十年，既亲眼目睹了庙堂之高走马灯般的各类政治屠杀，也深度了解江湖之远"天下户口减半""中产之家皆破"的无边惨剧，对刘彻是何等样人早已明了于心。他之所以仍对刘彻一口一个"明主"，甚至于在受了腐刑侥幸存活下来后，转以更恭谨的态度去取悦刘彻，是因为那志在"通古今之变，成一家之言"的《史记》尚未完成，那里面藏着历史的真相与时代运行的真实逻辑，藏着帝王们的本来面目与底层百姓的真实境遇。那是超越时代的书写，是无论怎样含垢忍辱都值得完成的壮举。也正因如此，深知"诟莫大于宫刑"的太史公，才会在书信中向友人反复剖陈心迹，"先人职掌文史星历，不过是君王们蓄养的倡优；我若就此伏法受死，不过是九牛失了一毛，与蝼蚁何别？""我虽懦弱，却也知生死荣辱，之所以仍在这粪土般的世界苟活，是恨私心有所不尽，而素志未成。"这些话字字泣血。

太史公的私心与素志，正是孔子晚年最大的忧虑——"吾道不行矣，吾何以自见于后世哉？"在当下这个时代，理想已绝无实现的可能，唯有将希望寄托在未来。可该怎么办、该做些什么，才能与未来建立连结？孔子的决定是编撰《春秋》，太史公的决定是完成《史记》。谁控制了现在，谁就控制了过去；谁控制了过去，谁就有机会影响未来。孔子与太史公，皆在与君王们争夺对过去的解释权，因为他们想要一个更好的未来。理所当然，那必是一个秦皇汉武们不喜的未来。

今人常说"一切历史都是当代史"。在两千年前，在孔子的时代与太史公的时代，历史同样是当代史。除非对所处时代漠不关心，否则便没人可以摆脱时代的影响，站到完全超然的位置上去审视历史。求真是每个撰史者必须遵循的原则，但求真不等于撰史者要放弃对所处时代的现实关怀。恰恰相反，现实关怀——也即与未来发生连接——才是史学诞生的根源。

当孔子思考如何与未来建立连接时，他能想象历史会走到焚书坑儒的地步吗？当年轻的太史公在鲁地参观孔子遗迹"回留之不能去"时，他能想象自己所处的承平时代，很快便要发生"天下户口减半"的惨剧吗？或许能，毕竟他们见识过历史真相，也了解现实世界的运作逻辑；或许不能，毕竟对于突破历史下限这种事情，人类的想象力一直都不太够。但这些不重要。重要的是，孔子编撰了《春秋》，太史公留下了《史记》。内中的真相与教训，已足以与未来发生连接。

四

回到笔者这本小书。

一如既往，本书不关心帝王将相的丰功伟业，只在意汉帝国底层小民的命运浮沉。全书主要围绕两个问题展开。一是汉帝国历任高层统治者的所作所为，廓清其施政究竟是改良还是倒退，并揭示其对底层百姓造成的影响。二是汉帝国诞生于反秦战争，反抗暴秦是其政权合法性的核心来源。秦制本该成为汉帝国竭力批判的对象，西汉初年的知识分子也确实对秦政深恶痛绝。可是，在西汉政权存续的两百余年间，竟先后两次，分别于刘彻和王莽执政时期，全面回归乃至超越了秦制。屠龙者因何反复变成恶龙？

前一个问题，太史公已作了力所能及的回答，今人能够知晓西汉政权第一个百年里民众遭遇了怎样的折腾，过着怎样的生活，全赖《史记》破天荒地提供了诸多民生视角的记载。后一个问题，我想太史公也曾试图给出答案，只可惜未能留存下来。《西京杂记》里说："（太史公）作《景帝本纪》，极言其短及武帝之过，帝怒而削去。"在那些因刘彻暴怒而消失的文字中，或许便藏着屠龙者因何化身恶龙的秘密。

太史公的答案消失了。但历史与未来已发生连接，思考问题、回答问题的人不会消失。

第一章

妥协

萧何制定汉律，韩信制定军法，张苍制定上计章程，叔孙通制定朝堂礼仪，皆是汉帝国初年制度建设层面的大事。班固将『陆贾造《新语》』与这些大事并列，足见《新语》所阐发的治国理念，包括无为而治在内，在刘邦时代已相当于官方意识形态。只不过，刘邦一生征战不休，临终前夕才与军功列侯妥协，达成白马之盟。

一、游士刘邦

今人常将汉高帝刘邦视为地痞流氓出身，重要缘故之一是刘邦曾自称"无赖"。公元前 198 年，刘邦于未央宫大宴宗室及群臣，向老父敬酒时说了这样一段话：

> 始大人常以臣无赖，不能治产业，不如仲力。今某之业所就孰与仲多？[1]

其实，这里的"无赖"与地痞流氓并非同义。据许慎《说文》，"赖，利也"。刘太公责备刘邦无赖，是说他没有正经营生，不能像其兄刘仲（喜）那般为家庭提供稳定收入。

刘邦早年接受过良好教育。《汉书·卢绾传》说，刘邦与卢绾同乡同里，且同年同月同日出生，"及高祖、绾壮，学书，又相爱也"。刘邦与卢绾在学书期间结成了深厚的友谊。战国末年，普通人不易获得读书机会，刘邦能去读书，大体可以说明其父刘太公经营有方，沛郡丰邑刘家境况不错，在

---

1 《史记·高祖本纪》。

当地颇有声望，受邻里尊敬。

另据《汉书·楚元王传》："楚元王交字游，高祖同父少弟也。好书，多材艺。少时尝与鲁穆生、白生、申公俱受诗于浮丘伯。伯者，孙卿门人也。及秦焚书，各别去。"——刘邦同父异母的弟弟刘交，在青少年时代，也得到了拜入名儒浮丘伯门下读书的机会。这位浮丘伯是荀子的门生。公元前213年，秦始皇焚天下诗书，浮丘伯避祸顿去，刘交只好结束学业。这段记载，也可证明沛郡丰邑刘氏境况不错，家中子弟皆受过一定教育。

读了书便开阔了眼界，开阔了眼界便会有更多追求，不愿循规蹈矩沿着父辈的路径"治产业"。青年刘邦离开沛县，去外黄做了张耳的门客：

> 秦之灭大梁也，张耳家外黄。高祖为布衣时，尝数从张耳游，客数月。[1]

张耳乃魏国大梁人，曾是信陵君门下宾客。信陵君去世

---

[1] 《史记·张耳陈馀列传》。刘邦在张耳门下似乎过得不错。证据之一是汉军日后与楚军对垒，希望获得陈馀支持，陈馀的条件是"汉杀张耳乃从"，刘邦不愿杀害昔日门主，遂找了个与张耳样貌相似者杀了，将人头送给陈馀。可知刘邦与张耳之间没有历史芥蒂。

后，张耳在外黄遇到姻缘，娶了富家女。"女家厚奉给张耳，张耳以故致千里客。乃宦魏为外黄令。"[1] 依赖妻家的丰厚财富，张耳效仿信陵君自为门主，仗义疏财，网罗天下豪杰游侠之士。一时间，外黄张宅成了远近游士趋附之地，"其宾客厮役，莫非天下俊桀"。[2]

刘邦去外黄做张耳的门客，与他魏国人的身份多少有些关系。今人常将刘邦视为楚人，原因是沛县在战国末年已经入楚，刘邦后来起兵反秦，举的也是楚怀王的旗帜。这当然没有错。但另一个事实是，沛县丰邑在战国末年乃楚、魏两国的交界地带，沛县刘氏做魏民的时间远长于做楚民的时间。按刘向的说法，"战国时刘氏自秦获于魏。……是以颂高祖云：汉帝本系，出自唐帝。降及于周，在秦作刘。涉魏而东，遂为丰公（刘邦祖父）"。[3] 刘氏原是秦民，后在战争中被俘做了魏国百姓，至刘邦时已是三代魏民。[4] 刘邦身上浓厚的魏国情结，如下令给魏安釐王配备守冢者十家，给魏公子

1　《史记·张耳陈馀列传》。

2　《史记·张耳陈馀列传》。

3　《汉书·高帝纪下》。

4　见李全华：《史记疑案》，湖南大学出版社 2010 年版，第 68—72 页。

无忌（信陵君）配备守冢者五家[1]，便是由此而来。

遗憾的是，秦军狂飙突进，刘邦的门客生涯很快便结束了。公元前 225 年，秦军水灌魏都大梁城。魏国流亡政府迁徙至丰县继续抗秦，但已无力回天。[2]大略同期或稍后，外黄陷落。以外黄为根据地"致千里客"的张耳及其友陈馀，成了秦政权的重点通缉对象。史载："秦灭魏数岁，已闻此两人魏之名士也，购求有得张耳千金，陈馀五百金。张耳、陈馀乃变名姓，俱之陈，为里监门以自食。"[3]门主亡命江湖，隐姓埋名，刘邦只好返回老家沛县。

沛县同样无计避秦。前 224 年，秦军六十万进攻楚国。次年，楚将项燕兵败身亡，淮北之地皆被秦军占领，沛县也在其中。秦制以控制与汲取为唯二要务，五家一伍、十家一什的户籍什伍制度降临沛县。这种新管控制度，以小家庭为单位，通过编造簿册、鼓励举报、实施连坐等手段，致力于

---

1 《汉书·高帝纪下》记载："十二月，诏曰：'秦皇帝、楚隐王、魏安釐王、齐愍王、赵悼襄王皆绝亡后。其与秦始皇帝守冢二十家，楚、魏、齐各十家，赵及魏公子亡忌各五家，令视其冢，复亡与它事。'"此处的楚隐王指张楚政权之君陈胜，非原楚国君王。

2 《汉书·高帝纪下》记载："秦灭魏，迁大梁，都于丰。故周市说雍齿曰：丰，故梁徙也。"可参见李全华先生对这段史料的解读："魏亡，魏流亡士大夫还曾在丰县建立流亡政府，继续与秦对抗。此流亡政府存活至何时，于史无征。"见李全华：《史记疑案》，湖南大学出版社 2010 年版，第 87 页。

3 《史记·张耳陈馀列传》。

将民众牢牢捆绑在户籍所在之地，并消灭一切可能引发反抗的不安定因素，与秦制格格不入的游士首当其冲。

不治产业、交游广阔的刘邦，很自然地成了新政权的整顿对象。《汉书》载，"高祖为布衣时，有吏事避宅，（卢）绾常随上下"[1]，便是指刘邦不得不离家藏匿以躲避秦制的整肃。《史记》载，"高祖为布衣时，（萧）何数以吏事护高祖"[2]，大约也是在说刘邦逃避秦制整肃时得到了萧何的帮助。只是天下已然归秦，藏匿躲避不是长久之计，回归沛县的刘邦终于还是放弃了自己的游士梦，在萧何、曹参等体制内友人的帮助下重新规划人生，通过选拔做了泗水亭长，成了一名底层秦吏。

吏事之余，这位战国时代最后一批游士的代表人物"常告归之田"[3]，与妻子吕氏及两个孩子共同劳作。

二、两种"皇帝"

澄清刘邦的游士身份，有助于理解他的许多行为。如见

---

1 《汉书·卢绾传》。
2 《史记·萧相国世家》。
3 《史记·高祖本纪》。

到秦始皇出行的庞大仪仗，感慨"大丈夫当如此也！"[1]便是典型的游士心态。押送劳役前往骊山，敢于因逃亡者过多而释放所有人，也与他做过游士，自信可以在江湖之远谋得生机有很大关系。

澄清刘邦是游士而非地痞流氓，也有助于更准确地理解西汉帝国的建国之路。日本学者守屋美都雄在《关于汉高祖集团的性质》一文中，详细考察了刘邦集团中的客、中涓、舍人、卒等群体，认为他们在秦末乱世中选择与刘邦结合，是基于一种互相平等的信赖感：

> 与高祖集团有关系的客，不是以获得生活资助为聚集的目的。主客结合的契机在于人格的信赖，而且在主客之间，相互的对等意识起到了很重要的作用。
>
> 即便高祖集团与游侠集团存在的目的不尽相同，但在主客结合中的任侠精神大致具有相同的性质。[2]

此说相当中肯，可作为证据的例子也多，如张良与韩信，便均是由没落诸侯贵族转化而来的游士（侠）。他们在

1　《史记·高祖本纪》。

2　（日）守屋美都雄：《中国古代的家族与国家》，钱杭、杨晓芬译，上海古籍出版社 2010 年版，第 137—139 页。

秦末乱世中与刘邦建立起紧密关系，并非依赖后世俗谓的"君臣伦理"，而是基于任侠精神的游士道义。刘邦与项羽交恶，项伯劝张良速速离开刘邦，以免受池鱼之殃，张良的回应是"臣为韩王送沛公，沛公今事有急，亡去不义，不可不语"[1]。楚汉之争进入僵持期，蒯通劝有能力左右胜负的韩信乘机而起，韩信的回应是"汉王遇我甚厚，载我以其车，衣我以其衣，食我以其食。吾闻之，乘人之车者载人之患，衣人之衣者怀人之忧，食人之食者死人之事，吾岂可以乡利倍义乎！"[2]——韩信提到的"载我以其车，衣我以其衣，食我以其食"，正是战国时代信陵君、孟尝君们的典型做派；韩信选择"乘人之车者载人之患，衣人之衣者怀人之忧，食人之食者死人之事"，也正是战国时代门客们的典型选择。

刘邦"任侠"的极盛之刻，是受封汉王入蜀之时，"楚与诸侯之慕从者数万人"[3]。追随者的规模，已超过了门下食客三千的信陵君。其实，在秦末乱世中以游士或游侠立身并取得成功者，非止刘邦一人。王陵、英布、彭越，包括刘邦昔日的门主张耳，都是游士或游侠出身的风云人物。

在反秦战争中大放异彩的任侠精神，最重要的结果是刘

1 《史记·项羽本纪》。

2 《史记·淮阴侯列传》。

3 《史记·高祖本纪》。

邦建国后虽也自称"皇帝",但他这个"皇帝",与秦始皇赵政那个"皇帝"相比,有着截然不同的内涵。

赵政"皇帝"的涵义,见于《史记·秦始皇本纪》:

秦王初并天下,令丞相、御史曰:"……寡人以眇眇之身,兴兵诛暴乱,赖宗庙之灵,六王咸伏其辜,天下大定。今名号不更,无以称成功,传后世。其议帝号。"丞相绾、御史大夫劫、廷尉斯等皆曰:"昔者五帝地方千里,其外侯服夷服诸侯或朝或否,天子不能制。今陛下兴义兵,诛残贼,平定天下,海内为郡县,法令由一统,自上古以来未尝有,五帝所不及。臣等谨与博士议曰:古有天皇,有地皇,有泰皇,泰皇最贵。臣等昧死上尊号,王为泰皇。命为制,令为诏,天子自称曰朕。"王曰:"去泰,着皇,采上古帝位号,号曰皇帝。他如议。"

按赵政的说法,他之所以不满足"王"的称号,是自觉消灭东方六国成就不世之功,"王"的称号已不足以匹配其丰功伟绩。王绾、冯劫、李斯等秦臣亦阿谀奉承,认为赵政的成就不但"王"比不了,连传说中的上古五帝也要逊色。"王"配不上伟大的赵政,"帝"也配不上伟大的赵政,只有"皇"可以,且必须是"皇"里最尊贵的"泰皇"才行。赵政对"泰皇"仍不满意,遂自定了"皇帝"的称号。赵政弃

"泰皇"而用"皇帝"，当然不是出于谦逊，而是希望新称号里能有个参照物以便突出其伟大程度——皇者，伟大辉煌之意，所谓皇帝，便是指帝中最伟大辉煌者。赵政的自我定位，是其功业已超越上古五帝，其伟大前无古人，后无来者。

刘邦"皇帝"的涵义，见于《汉书·高帝纪》：

> 楚王韩信、韩王信、淮南王英布、梁王彭越、故衡山王吴芮、赵王张敖、燕王臧荼昧死再拜言大王陛下："先时秦为亡道，天下诛之。大王先得秦王，定关中，于天下功最多。存亡定危，救败继绝，以安万民，功盛德厚。又加惠于诸侯王有功者，使得立社稷。地分已定，而位号比儗，亡上下之分，大王功德之着，于后世不宣。昧死再拜上皇帝尊号。"汉王曰："寡人闻帝者贤者有也，虚言亡实之名，非所取也。今诸侯王皆推高寡人，将何以处之哉？"诸侯王皆曰："大王起于细微，灭乱秦，威动海内。又以辟陋之地，自汉中行威德，诛不义，立有功，平定海内，功臣皆受地食邑，非私之也。大王德施四海，诸侯王不足以道之，居帝位甚实宜，愿大王以幸天下。"

据此可知，刘邦做皇帝是由众诸侯王一致推举的。后世的皇位劝进，大多只是在走形式，如曹丕代汉、赵匡胤取代后周的劝进表章写得天花乱坠，不过是掩人耳目的宣传资料。但高帝五年（前 202 年）二月楚王韩信、韩王信、淮南王英布、梁王彭越等诸侯王联名的这份劝进表章，却不能以走形式看待。

众人说得明白，他们愿意推奉刘邦为皇帝，是基于两个理由。第一个理由，刘邦在众诸侯王中"功"最高，所以地位应该比众诸侯王高一级。这个"功"，指的是灭秦与灭项羽，即"起于细微，灭乱秦，威动海内"（灭秦）和"以辟陋之地，自汉中行威德，诛不义"（灭项羽）。众人一致认为，在这两场战争中，刘邦的功劳最大。第二个理由，刘邦在众诸侯王中"德"最高，所以地位应该比众诸侯王高一级。这个"德"，指的是恢复诸侯王并封赏功臣，即"存亡定危，救败继绝"（恢复失位的诸侯王）与"立有功""功臣皆受地食邑"（分封赏赐功臣）。根据这两个理由，众人认为"王"的称号不足以区分刘邦与其他诸侯王，应当换用"皇帝"这个称号。

尤其值得注意的是，这篇劝进文章无一字提到刘邦做皇帝是"天意所归"。后世熟知的那些神话故事，如赤帝子斩白帝子、芒砀山有天子气云云，劝进文章里全然无载——众人在乱世中浴血厮杀多年，不会相信神话故事，只乐意按功劳和实力来瓜分胜利蛋糕。

略言之，赵政"皇帝"的内涵，是古往今来上天入地唯我独尊，意味着至高无上的绝对权力。刘邦"皇帝"的内涵，仅仅意味着他的"功"与"德"比其他诸侯王大，是比较优势下的相对权力。刘邦死后，吕后曾如此形容这种相对权力：

> 诸将故与帝为编户民，北面为臣，心常鞅鞅。[1]

刘邦与众将来自五湖四海，当年都是秦帝国的编户齐民，谁也不比谁天然高贵。汉帝国乃众人流汗流血合力打拼所得，从来就不是刘邦的个人产业。推举刘邦做皇帝，不过是按功劳和实力排序，本该由刘邦做带头大哥。

三、白马之盟

刘邦不满足于做带头大哥，相对皇权让他战战兢兢。

为了提升皇位的安全系数，自汉帝国建政之日起，刘邦便不断发动内战，试图以武力翦灭异姓王。经过十余年征伐，当初联名推举刘邦为帝的众诸侯王中，楚王韩信、韩王信、淮南王英布、梁王彭越、赵王张敖、燕王臧荼等皆被铲

---

1 《汉书·高帝纪下》。

除，或诛杀，或逃亡。唯一剩下来的，是已经主动放弃大部分封地、实力弱小不足为虑的长沙王吴芮。

高帝十二年（前195年）三月，刘邦意识到自己时日无多，终于放弃征伐，颁布诏书，再次试图与军功诸将达成和解。诏书写道：

> 吾立为天子，帝有天下，十二年于今矣。与天下之豪士贤士大夫共定天下，同安辑之，其有功者上致之王，次为列侯，下乃食邑。而重臣之亲，或为列侯，皆令自置吏，得赋敛，女子公主。为列侯食邑者，皆佩之印，赐大第室。吏二千石，徙之长安，受小第室。入蜀汉定三秦者，皆世世复。吾于天下贤士功臣，可谓亡负矣。其有不义背天子擅起兵者，与天下共伐诛之。布告天下，使明知朕意。[1]

《高帝十二年三月诏》颁布的背景，是异姓王虽已被刘邦整体剪除，但汉帝国仍存在诸多异姓军功列侯[2]。这些军功列侯拥有土地与百姓，可以征收赋税，也可以征发人丁，对

1　《汉书·高帝纪下》。

2　《汉书·高惠高后文功臣表》记载："讫十二年，侯者百四十有三人。时大城名都民人散亡，户口可得而数裁什二三，是以大侯不过万家，小者五六百户。"

皇权而言同样构成威胁。而刘邦已没有能力再将之全部铲除——连年征战既严重消耗了皇帝直属军队的力量，也极大损害了刘邦的身体健康——只能转而采取安抚手段。

诏书中，刘邦首先明确承认汉家天下是众人合力打拼所得，乃"豪士贤士大夫"共有之天下，非刘邦一人之私产。随后，他又提到打完天下后排座次分蛋糕的规则——功最高者刘邦做皇帝，功次高者做诸侯王，再次者做列侯，又次者可以食邑，功劳最次者可世世代代免除租税徭役。最后，刘邦说出了颁布诏书的终极用意：既然我刘邦遵守上述规则，给众人排了座次分了蛋糕，未曾辜负天下贤士功臣，那么，日后若有人胆敢起兵造反挑战刘氏皇权，也要请天下贤士功臣联手将之镇压。

诏书出台后约一个月，刘邦去世。

与《高帝十二年三月诏》配套出台的另一份文件是白马之盟[1]。刘邦清楚，自己多年来孜孜于铲除异姓诸侯王，光在诏书里说自己问心无愧从未辜负军功诸将是没有说服力的，不可能重新凝聚起军功诸将对长安未央宫的向心力。必须重新分配蛋糕，才有可能再度获得军功诸将对刘氏皇权的支

---

[1] 白马之盟的具体时间，史书无明文记载。大体可以断定是在高帝十二年二月到四月间。因为盟约的主要内容之一是"非刘氏不王"，刘邦废除燕王卢绾完成非刘氏不王的实际格局，正是在这年二月，而四月时刘邦已去世。

持。举行白马之盟，便是为了解决这个问题。

史书关于白马之盟具体内容的记载相当零散。这或许是文、景、武三代皇权刻意遮蔽事实、销毁档案所致。搜集整理起来，目前可知的盟约内容大致有四点：

（1）分封王与侯的权力在皇帝手中。

（2）非刘氏皇族不得封王。

（3）非有（军）功者不得封侯。

（4）若违反上述约定，天下共击之。[1]

此外还可以知道：当日参加盟誓者，包括刘邦与汉帝国的主要军功列侯。可以确定在场者，有王陵、周勃与陈平等人。盟约涉及刘姓诸侯王，刘氏皇族当也有代表在场。也就是说，结盟者是三股力量：皇帝刘邦、刘姓诸侯王、代表军功利益集团的列侯。刘邦称帝之后，刘邦掌握皇权，诸侯王掌控王国，军功列侯长期支持汉帝国外朝的运作，且拥有自己的封地与臣民。

盟约规定了权利，也阐明了义务。刘邦承诺无军功者不

---

1 较为重要的几处记载包括王陵对吕后说："高帝刑白马盟曰'非刘氏而王，天下共击之'。今王吕氏，非约也。"见《史记·吕太后本纪》。《汉书·高惠高后文功臣表》称："申以丹书之信，重以白马之盟，又作十八侯之位次。"周亚夫对景帝说："高帝约非刘氏不得王，非有功不得侯。不如约，天下共击之。"见《汉书·周亚夫传》。吕后临终告诫吕产、吕禄："高祖与大臣约，非刘氏王者天下共击之，今王吕氏，大臣不平。我即崩，恐其为变，必据兵卫宫，慎毋送丧，为人所制。"见《汉书·外戚传上》。

侯，旨在保障军功集团及其后代在汉帝国的特殊政治地位，保证他们的特殊权益不被稀释和取代。作为回报，军功列侯同意维护非刘氏不王的政治规矩，以保证刘氏皇权在长安之外拥有足够强大的支持力量。简言之，白马之盟的实质，是刘邦试图让皇权、诸侯王与军功列侯三足鼎立，互相制衡，以实现汉帝国高层权力结构的稳定。

落实到具体政治运作中，这种三足鼎立的显著表现有三：（1）皇权掌控长安城，尤其是拱卫长安的军事力量。（2）诸侯王掌控王国，拥有自己的政治班子，也拥有自己的军队和征敛系统。（3）军功集团掌控汉帝国的各级政府机构。地方郡县长官多出自军功集团，长安外朝首领丞相约定俗成，长期由军功排名靠前者担任。除了非刘氏不王与非功臣不侯，非军功列侯不相也成了政治规矩。

这条政治规矩，一直维持到汉景帝时代，才被彻底打破。

四、陆贾无为

引导皇权从有为转向无为，是刘邦晚年执政的另一项重大变化。

明确建议刘邦实施无为而治者，是儒生陆贾。陆贾出身楚国，秦末乱世中以门客身份追随刘邦。游士为推销自己，往往口才出众擅长辩术，陆贾也不例外。战争年代，陆贾常奉命出使诸侯。战事结束后，他拾起儒学，常寻机向刘邦灌输儒家的仁政理念。《史记》如此叙述这段历史：

> 陆生时时前说称《诗》《书》。高帝骂之曰："乃公居马上而得之，安事诗书！"陆生曰："居马上得之，宁可以马上治之乎？且汤武逆取而以顺守之，文武并用，长久之术也。昔者吴王夫差、智伯极武而亡；秦任刑法不变，卒灭赵氏。乡使秦已并天下，行仁义，法先圣，陛下安得而有之？"高帝不怿而有惭色，乃谓陆生曰："试为我著秦所以失天下，吾所以得之者何，及古成败之国。"陆生乃粗述存亡之征，凡著十二篇。[1]

陆贾以《诗》《书》中藏有让汉帝国长治久安、代代传承的秘术，成功引起了刘邦对《诗》《书》的兴趣。但刘邦无意亲自去读《诗》《书》，于是，撰写政论文章来阐释秦帝国因何灭亡、汉帝国因何兴起，并总结历代政权成败规律的重任，就落在了陆贾身上。

陆贾奉命撰成《新语》十二篇呈递给刘邦，其中第四篇

---

[1] 《史记·郦生陆贾列传》。

便是《无为》。篇名即主题，《无为》篇的第一句就是"道莫大于无为，行莫大于谨敬"——所有治理天下的理念中，最要紧者莫过于无为；所有治理天下的举措中，最要紧者莫过于谨敬。

何谓"无为"？

陆贾举了舜与周公两个正面例子。舜治理天下，"弹五弦之琴，歌《南风》之诗，寂若无治国之意，漠若无忧天下之心，然而天下大治"——身为帝王，舜没用所谓的雄才大略去折腾百姓，而将精力用于弹琴歌诗，看似不关心天下，实则天下大治。周公治理天下，"作礼乐，郊天地，望山川，师旅不设，刑格法悬，而四海之内，奉供来臻，越裳之君，重译来朝"——身为辅政之臣，周公无意四处征战，也不搞严刑峻法，而将精力用于制作礼乐，祭祀天地，结果四海来朝。

陆贾还以秦帝国孜孜于有所作为、结果二世而亡为反例：

秦始皇设刑罚，为车裂之诛，以敛奸邪，筑长城于戎境，以备胡越，征大吞小，威震天下，将帅横行，以服外国，蒙恬讨乱于外，李斯治法于内，事逾烦天下逾乱，法逾滋而天下逾炽，兵马益设而敌人逾多。秦非不欲治也，然失之者，乃举措太众、刑罚太极故也。[1]

显见，陆贾笔下"无为"的涵义，乃指统治者不要搞事情。不要动不动就对外征战，不要无节制地实施严刑峻法，不要总觉得自己雄才大略必须发挥一番。统治者搞事越多，天下越乱；统治者制定律法政策越多，天下百姓越恨他。陆贾的结论是，"故无为者乃有为也"，负责治理天下的君王们不去实施某些作为，便是他们最大的作为；不去追求某些治绩，便是他们最大的治绩；不去实践雄才大略，便是他们最大的雄才大略。

"谨敬"又是什么呢？

陆贾也举了一堆反面案例来解释。周襄王不孝顺后母，故下面的人也"多叛其亲"。秦始皇骄奢淫逸，追求富丽堂皇的高台楼榭与宫殿，天下豪富者遂纷纷效仿。齐桓公好美色，"妻姑姊妹"，故齐国境内"淫于骨肉"的现象泛滥。楚平王奢侈无度，楚臣有样学样，闹至"君臣无别"的程度。

今天看来，陆贾提供的这些案例，在史实层面未必成立，逻辑层面也有问题，但陆贾想要表达的意思是清晰的：君王治理天下，最紧要的举措不是治理百姓，而是治理君王

---

1 《新语·无为第四》。

自己。"夫王者之都，南面之君，乃百姓之所取法则者也，举措动作，不可以失法度"——只有君王做事遵守法度，王城治理遵守法度，才谈得上让天下的百姓遵守法度。陆贾倡导谨敬，是要君王身体力行守规矩。只有君王将自己置于规则之下，天下才能依规则运行。

在汉初的政治文献中，《新语》的地位很重要。不仅因为它全面总结了秦帝国灭亡的历史教训，也不仅因为它试图为汉帝国的走向提供新的方案，还在于它得到了自刘邦而下诸多汉帝国高层的认同。据《史记》记载，《新语》十二篇，每写成一篇，便要进呈给刘邦阅览。《新语》这个书名也是刘邦所赐："每奏一篇，高帝未尝不称善，左右呼万岁，号其书曰《新语》。"[1] 刘邦称善，左右之人高呼万岁，其实都是在释放政治信号。

《汉书》同样将《新语》放在很高的位置：

> 天下既定，（高祖）命萧何次律令，韩信申军法，张苍定章程，叔孙通制礼仪，陆贾造《新语》。又与功臣剖符作誓，丹书铁契，金匮石室，藏之宗庙。虽日不暇给，规摹弘远矣。[2]

---

1 《史记·郦生陆贾列传》。
2 《汉书·高帝纪下》。

萧何制定汉律，韩信制定军法，张苍制定上计章程[1]，叔孙通制定朝堂礼仪，皆是汉帝国初年制度建设层面的大事。班固将"陆贾造《新语》"与这些大事并列，足见《新语》所阐发的治国理念，包括无为而治在内，在刘邦时代已相当于官方意识形态。只不过，刘邦一生征战不休，临终前夕才与军功列侯妥协，达成白马之盟。无为而治正式付诸实施，已是吕后时代。

---

1 上计章程的功用是约束和鞭策地方官，让他们定时将境内户口、赋税、治安等情况编造计簿，逐级上报，以实现中央对全国的文书化管理。

第二章

政变

在司马迁父子看来，汉帝国百姓在长达十五年之久的惠帝吕后时代，之所以能够过上好一点的日子，靠的不是惠帝和吕后干了什么，而是他们没干什么。所谓垂拱，所谓政不出房户，所谓刑罚罕用，皆是指统治者不搞事便是大好事。

一、吕后的忧惧

公元前195年，刘邦去世。汉帝国进入吕后与惠帝时代。

吕后与刘邦共同经历了反秦战争、楚汉战争与汉帝国消灭异姓王的内战。她坐过秦朝的牢狱，做过项羽的人质，是韩信之死的直接执行者。可以说，吕后是汉初诸多重大政治事件的亲历者和参与者。

对于刘邦末年的重大政治妥协"白马之盟"，吕后很清楚内情。故刘邦甫一去世，她便担忧汉帝国的权力天平将会失衡，与亲信审食其密谋，一度计划秘不发丧，先对朝中军功老臣实施大清洗[1]。不过，该计划最终没有实施。秘不发丧的第四天，另一位亲吕后的谋士郦商听闻风声，面见审食其，劝其打消诛杀军功老臣的念头，理由是这样做太冒险：

> 陈平、灌婴将十万守荥阳，樊哙、周勃将二十万定燕代，此闻帝崩，诸将皆诛，必连兵还乡，以攻关中。

---

1 《汉书·高帝纪下》记载吕后与审食其密谋："诸将故与帝为编户民，北面为臣，心常鞅鞅，今乃事少主，非尽族是，天下不安。"

大臣内畔，诸将外反，亡可跷足待也。[1]

陈平与灌婴率军十万驻屯于荥阳，樊哙与周勃率军二十万在燕代之地作战。这些人一旦听闻朝廷诛杀军功老臣，必定会率军反攻。长安城内的军功列侯再群起响应，刘氏丧失皇位只在须臾之间。郦商这些话说服了审食其，审食其又入宫说服吕后。吕后遂宣布刘邦死讯，公开发丧并大赦天下。

以上记载来自《汉书》。吕后对军功老臣的警惕与敌意不难理解，韩信、英布与彭越的悲惨命运，早已让军功老臣生出唇亡齿寒之感。不过，吕后欲尽诛诸将时，是否会愚蠢到无视三十万大军正由军功老臣掌控且驻扎在外？考虑到"诛吕安刘"事件后，西汉初年的历史遭受过许多篡改，这是个有必要持保守看法的问题。不过至少有一点可以肯定：吕后严重缺乏安全感，故自刘邦死后便长期致力于重新构建皇权势力，以求在皇权、诸侯王、军功列侯三足鼎立的局面中占据优势。

刘邦时代皇权虽强，组织结构却很松散。皇权强大，主要缘于刘邦对军队的直接掌控。刘邦常年率军在外征战，腾

---

1 《汉书·高帝纪下》。

不出精力来构筑直属于皇帝的内廷官僚系统，连宫殿建筑群的大致落成也拖延到了高帝七年（前200年）——在萧何的主持下，未央宫于该年建成，"立东阙、北阙、前殿、武库、大仓"[1]，其壮丽程度一度引起刘邦不满，责备萧何消耗人力太甚，妨碍征战。萧何解释道：

> 天下方未定，故可因以就宫室。且夫天子以四海为家，非令壮丽亡以重威，且亡令后世有以加也。[2]

萧何乃法家秦吏出身，对如何压榨民力，自有一套迥异于常人的见解。刘邦以天下未定责备萧何滥用民力，萧何却认为正因天下未定，百姓对人力物力的沉重汲取已经习惯，再沉重一点也无所谓，毕竟他们早就麻木了，这正是滥用民力来建造壮丽宫殿的好时机。天下真要太平了，便得让百姓休养生息，反倒不适合这样干。且宫殿越壮丽，越有助于增强天子的威望。现在将宫殿建得足够华丽，后世之君没了扩建的必要，也是好事。这些话很雄辩，从统治术的角度衡量也颇有道理，故说服了刘邦。

说回皇权。刘邦死后，惠帝年幼，皇权由吕后代持。吕

1　《汉书·高帝纪下》。

2　《汉书·高帝纪下》。

后虽深度参与汉初政治，如在谋杀韩信事件中充当了重要角色，但她的威望终究不能与刘邦相提并论。作为女性，吕后对军队的掌控力更是远不如刘邦。为巩固皇权，她必须更多寻求体制化力量的拥护。刘邦时代，内廷与外朝的分野模糊不清，卢绾常"出入卧内"[1]，樊哙也可闯宫冲进卧室责备刘邦不与外廷大臣议事[2]，内廷对这些军功老臣并不设防。吕后时代断不敢允许此类事情发生。故惠帝登基伊始，吕后便以兼有刘、吕两家之亲的刘泽[3]，取代郦商担任卫尉，负责宫廷防卫事务[4]。稍后又任命军功之臣中与吕氏关系相对密切的陈平为郎中令，命其长期侍奉惠帝[5]。陈平迁任丞相后，郎中令一职改由吕氏旧部冯无择担任[6]。如此种种，皆是为了提升内廷的安全系数。

惠帝在位七年后去世，吕后的安全感再次遭遇巨大挑战。《汉书·外戚传》记载：

> 太后发丧，哭而泣不下。留侯子张辟强为侍中，年

1　《汉书·卢绾传》。

2　《汉书·樊哙传》。

3　刘泽乃刘邦远支兄弟，其妻是吕后之妹吕媭的女儿。

4　见《汉书·百官公卿表下》。刘邦去世时，郦商知晓并反对吕后诛杀军功大臣的秘密计划。郦商能耳闻此一宫廷密谋，与他卫尉的特殊身份有直接关系。

5　《汉书·陈平传》。

6　《史记·吕太后本纪》。

十五，谓丞相陈平曰："太后独有帝，今哭而不悲，君知其解未？"陈平曰："何解？"辟强曰："帝无壮子，太后畏君等。今请拜吕台、吕产为将，将兵居南北军，及诸吕皆官，居中用事。如此则太后心安，君等幸脱祸矣！"丞相如辟强计请之，太后说，其哭乃哀。吕氏权由此起。乃立孝惠后宫子为帝，太后临朝称制。

张辟强是张良之子。刘邦时代，张良曾为吕后献策，巩固了惠帝的太子之位。张辟强进入内廷担任侍中，显示吕后已拉拢张氏父子为亲信。张辟强在惠帝葬礼上提醒陈平，点破太后哭而不悲的缘由是对军功列侯存有忧惧，并劝说由陈平出面提议，让吕氏家族成员掌控长安的核心武装力量南北军。张辟强这些话，与其说是个人见解，不如说是秉承吕后之意在提醒、试探陈平。陈平善于见风使舵，自是一点即通，随后便有了吕台、吕产、吕禄等入驻长安南北军为将之事。

至此，吕后完成了宫内安全部门的重组，也完成了长安城权力的重新布局。宫殿与长安城出入守备，皆控制在吕后手中。值得一提的是，长安城的围墙修筑也在惠帝时代基本完工，皇权的安全系数有了明显提升。

二、大赏军功阶层

除以吕氏族人控制长安南北军外，吕后还在惠帝去世两年后，也就是高后二年（前186年），做了一件大事：大赏军功阶层。

据张家山汉墓出土竹简《二年律令》记载，汉帝国在该年实施了一次大规模田宅分配。具体方式是以军功爵级别高低为标准，最高级别的彻侯可食邑（有封国）、受一百零五宅（一宅等于九小亩），次一级的关内侯可获授九十五顷田（一顷等于一百亩）、九十五宅。余者如此这般依次递减。[1]不同爵位受田宅数量的具体情况，如下表所示：

爵级		爵位	受田数量	受宅数量
侯级	20	彻侯	食邑	105 宅
	19	关内侯	95 顷	95 宅
卿级	18	大庶长	90 顷	90 宅
	17	驷车庶长	88 顷	88 宅
	16	大上造	86 顷	86 宅
	15	少上造	84 顷	84 宅

---

[1] 张家山二四七号汉墓竹简整理小组：《张家山汉墓竹简（二四七号墓）》（释文修订版），文物出版社2006年版，第52页。

续表

爵级	爵位		受田数量	受宅数量
	14	右更	82 顷	82 宅
	13	中更	80 顷	80 宅
	12	左更	78 顷	78 宅
	11	右庶长	76 顷	76 宅
	10	左庶长	74 顷	74 宅
大夫级	9	五大夫	25 顷	25 宅
	8	公乘	20 顷	20 宅
	7	公大夫	9 顷	9 宅
	6	官大夫	7 顷	7 宅
	5	大夫	5 顷	5 宅
小爵	4	不更	4 顷	4 宅
	3	簪袅	3 顷	3 宅
	2	上造	2 顷	2 宅
	1	公士	1.5 顷	1.5 宅
无爵	庶民[1]	公卒、士伍、庶人	1 顷	1 宅
	刑徒[2]	司寇、隐官	0.5 顷	0.5 宅

1　公卒、士伍与庶人同为无爵庶民，身份仍存在些微差别，公卒当是指无爵位士卒，士伍虽也是士卒，但曾被削爵。参见曹骥：《秦汉简中的"公卒"和"庶人"》，载《唐都学刊》2013 年第 4 期。

2　一般认为，"隐官"指受过肉刑后有立功表现而被赦免之人。"司寇"的性质类似，地位可能低于"隐官"。参见夏利亚：《睡虎地秦简文字集释》，上海交通大学出版社 2019 年版，第 433—434 页。

　　由此表可知，此次授予田宅具有普遍性。不但包括全部有爵者，没有军功爵的公卒、士伍与庶人也能获授一宅及一顷田；连无爵庶民与获赦刑徒都能得到五十亩田地及半宅。可以说，除重刑犯与奴隶之外，雨露皆沾。当然，皆沾不是均沾，政策明显偏向高爵位者，也就是侯级爵位与卿级爵位的拥有者。从侯到卿，递减幅度只有五顷五宅；卿级九等，递减幅度是两顷两宅。但自卿到大夫，递减幅度陡增为四十九顷四十九宅。最低一档的卿尚能获授七十四顷田及七十四宅，仅比他们低一级的五大夫，便只能获授二十五顷田及二十五宅；再低两级的公大夫，就只能获授九顷田及九宅了。

　　十六年前，也就是高帝五年（前202年），刘邦也实施过一次类似的田宅大分配，分配对象是军功将士吏卒。该年十二月，刘邦召集汉和诸侯军队，在垓下与项羽军决战。胜利后的同年五月（汉初继承秦制以十月为岁首，故高帝五年十二月在前，五月在后），刘邦颁布诏书，"兵皆罢归家"，其中无爵及爵位低于大夫爵者，全部赐爵为大夫。高于大夫者加爵一级。公大夫以上可食邑，低于公大夫者获授田宅（大夫的标准是五顷田二十五宅）[1]。此次田宅分配欠缺详细数

1　见《汉书·高帝纪下》。

据，但规模浩大。李开元估算："假定该诏书得到了完全的实行，并且该诏书所适用的军吏卒的数量是 60 万人的话，他们当被授予总数为 3 亿亩的耕地和 1500 万亩的住宅地。……相当于全国耕地总量的 40%。"[1]

刘邦实施田宅大分配的目的，是让军队复员工作顺利推行。所以重点落在普遍授予军人大夫爵一事上。吕后再次启动田宅大分配，目的是安抚军功阶层中有组织能力的中上层人士，换取他们对长安皇权的支持，具体而言就是对吕后执政的支持。所以授予田宅的重点，落在了拥有侯级爵位与卿级爵位者身上。

吕后这样做极有必要。汉初的中央政府与各级地方政府，有着极浓厚的军功色彩。史载："自汉兴至孝文二十余年，会天下初定，将相公卿皆军吏"[2]，"孝惠、高后时，公卿皆武力功臣"[3]，"吏多军功"[4]。有统计称："从高帝到文帝末年的近五十年间，汉初军功受益阶层支配着汉朝政权。其间，汉初军功受益阶层在三公九卿、王国相及郡太守三者之和中的占有率，均在 50% 以上，即高帝期的 97%、惠吕期的

1　李开元：《汉帝国的建立与刘邦集团——军功受益阶层研究》，生活·读书·新知三联书店 2000 年版，第 53—54 页。

2　《史记·张丞相列传》。

3　《汉书·儒林传》。

4　《汉书·景帝纪》。

81%、文帝期的 50%。"[1] 吕后大规模向拥有军功爵位者赐予田宅，且将赏赐重点放在侯级爵位与卿级爵位的拥有者身上，是因为这批人掌控着汉帝国的中央与地方政权，他们对汉帝国的管控与汲取维系着长安朝廷的稳定运转。惠帝新丧，少帝年幼，吕后自幕后走上前台执政——高后二年是吕后以女主称制、君临天下的第一年——安抚这些军功阶层中的有力者，获取他们的认同与支持，实属当务之急。

除大规模赐予田宅外，吕后还采取了一些其他措施来笼络军功集团。如出台政策重申侯国世袭制度，如追封刘邦时代遗漏未封的军功之臣。萧何军功排名第一受封酂侯，可第二代酂侯萧禄无子，按规矩封国将被收回。为安抚军功老臣，吕后破例"封（萧）何夫人同为酂侯，小子延为筑阳侯"[2]。吕后还下诏重新强调军功高低与朝堂地位间的关系，命陈平等人"差次列侯功以定朝位，藏于高庙，世世勿绝，嗣子各袭其功位"[3]。刘邦当年议定了萧何、曹参等十八侯的位次，吕后要求尽列所有军功之侯的位次，以免功臣事迹因时间流逝而湮没无闻。

---

1 李开元：《汉帝国的建立与刘邦集团——军功受益阶层研究》，生活·读书·新知三联书店 2000 年版，第 67 页。
2 《汉书·萧何传》。
3 《汉书·高后纪》。

如此种种，皆是为了拉拢与军功集团的关系，争取他们对皇权的支持。

三、政不出房户

对于惠帝吕后时代，太史公留下过这样一段赞誉：

> 太史公曰：孝惠皇帝、高后之时，黎民得离战国之苦，君臣俱欲休息乎无为，故惠帝垂拱，高后女主称制，政不出房户，天下晏然。刑罚罕用，罪人是希。民务稼穑，衣食滋殖。[1]

在司马迁父子看来，汉帝国百姓在长达十五年之久的惠帝吕后时代，之所以能够过上好一点的日子，靠的不是惠帝和吕后干了什么，而是他们没干什么。所谓垂拱，所谓政不出房户，所谓刑罚罕用，皆是指统治者不搞事便是大好事。

这种不搞事，既是对陆贾《新语》"无为而治"理念的继承，也是对军功受益阶层的一种妥协。它实际上由两个层面构成。首先是皇室与官僚尽量维持无为关系。皇权掌控长

---

1 《史记·吕太后本纪》。

安最强大的武装力量，但朝堂具体事务的决策与地方郡县的具体治理，仍交给主要由军功之臣构成的官僚集团负责，皇权不做过多干涉。其次是政府与民间也尽量维持无为关系。朝廷尽量减少兴作，避免动用国家权力去折腾民众，让大乱后残存的民众有休养生息的机会。

曹参在地方与中央的作为，正是无为而治的典型范例。《史记》记载，刘邦封长子刘肥为齐王，以曹参为齐国相[1]。曹到任后召集长老诸生询问治国之道，百余人论说纷纭难有定论。曹参选择采纳"善治黄老言"的盖公之说，以"治道贵清静而民自定"为施政理念，在齐国相任上不搞事，尽量少出台政策，尽量不动用刑罚，百姓因之过上了比从前更好的日子。太史公评价道："其治要用黄老术，故相齐九年，齐国安集，大称贤相。"[2]

惠帝二年（前193年），汉帝国首任丞相萧何去世。尚未接到朝廷通知，曹参便认定自己将继任丞相，催促家人收拾行装前往长安。曹参如此自信，并非能掐会算，而是丞相之职由何人担任须遵循固定规则，不能由皇权随意指定。这

---

1 汉初王国的实际治理权往往掌控在以军功起家出身的王国相手中，除了齐王刘肥的大小政务由曹参掌控外，代王刘恒的大小政务也由代国相傅宽（军功排名第十）操持。

2 《史记·曹相国世家》。

种规则基于白马之盟，与军功排名直接有关。军功排名第一的萧何去世，军功排名第二的曹参便是丞相一职当仁不让的继承人。曹参未得诏书便启程入京要求继任丞相，其实也存有逼迫皇权履行白马之盟的用心——军功排名第二者已在前往京城的路上，如果坚持不让他做丞相，皇权就要有应对政治风险的心理准备。

离开齐国前，曹参嘱咐后继者"以齐狱市为寄，慎勿扰也"[1]，希望其继续奉行不折腾的无为之政。到长安后，曹参"举事无所变更，一遵萧何约束。……百姓歌之曰：萧何为法，颟若画一；曹参代之，守而勿失。载其清净，民以宁一"[2]。没有曹参新政，一切全按前任萧何定下的规矩办事。免遭折腾的百姓遂以民谣赞美曹参，历史典故"萧规曹随"便是指此。

只是，年轻气盛的惠帝并不认可这种无为。曹参之子曹窋在宫中担任中大夫之职，惠帝命曹窋归家，委婉询问曹参身为丞相为何终日饮酒不理政事。曹参大约知晓曹窋的询问背后有惠帝的影子，遂怒笞曹窋称"天下事非乃所当言也"，

1 "狱市"即"鬻市"，可能是指齐国国都内的一处繁华场所。见蔡英杰：《释"狱市"》，载《汉语与汉文化研究》，中央编译出版社 2019 年版，第 161—163 页。
2 《史记·曹相国世家》。

并将其赶回了惠帝身边。惠帝只好于朝会之时，将此事提出来与曹参论说。曹参反问惠帝："陛下自比先帝（刘邦）如何？"惠帝答："朕不敢跟先帝相提并论。"曹参又问："陛下看臣与萧何相比谁更有能力？"惠帝回答："朕觉得你不如萧何。"曹参遂说："陛下所言甚是。高皇帝与萧何定下治理天下的制度，陛下只要垂拱无为，臣等尽职尽责遵循成例即可。"君臣间此番唇枪舌剑后，惠帝便不再过问外朝的具体政务。[1]

由此可见，"萧规曹随"这一典故的实质，不仅仅是维系旧政策的稳定性不折腾，也是对皇权扩张欲望的一种阻击。曹窋的身份是宫内中大夫，在惠帝身边任职。曹参以"天下事非乃所当言也"痛打曹窋，或可视为在向惠帝传递政治信号，希望皇权不要过多干预外朝政务。毕竟，军功集团拥护皇权，皇权不折腾军功集团，正是刘邦晚年所立白马之盟的重要内容。有韩信等功臣"狡兔死、走狗烹"的历史教训在前，汉初开国诸将与刘氏皇权之间基于个人感情品性方面的信任早已荡然无存。唯有皇权与军功集团谨守白马之盟，互不越界，彼此才能相安。

---

1 见《汉书·曹参传》。

四、所谓诸吕作乱

互不越界的盟誓很脆弱，没能维持太久。

公元前180年，吕后病逝，享年六十二岁。随即便发生了所谓的"诸吕作乱"。按传统说法，诸吕专权跋扈，危及刘氏皇统存续，故周勃、陈平等军功元老与朱虚侯刘章等刘氏皇族通力合作，以武力将吕氏势力连根铲除，以非刘氏子孙为由废黜后少帝刘弘[1]。经集体商议，军功集团与刘氏皇族选择迎立代王刘恒（刘邦第四子）为帝，后世称之为汉文帝。这整个过程，在汉帝国的历史中被称作"诛吕安刘"。

吕氏作乱危及刘氏皇统一事，《汉书》提供的证据有三：（1）吕后前后诛杀了三位赵王，并废杀了前少帝，残害刘氏皇族。（2）封吕氏为王，破坏了白马之盟。（3）诸吕擅权，把持宫廷，试图作乱。这些行为，共同造成了"方吕后时，诸吕用事，擅相王，刘氏不绝如带"[2]的后果。

这三条证据虚虚实实，不妨略作分析。

1　惠帝刘盈去世后，吕后原本立有一帝，后世称为前少帝（具体姓名不详）。前少帝是惠帝某美人之子，吕后杀其生母，命皇后张氏收养，立为太子。前少帝发现身世真相后，吕后心生忌惮，将之废黜杀害。再立惠帝之子刘弘为帝。因有前少帝存在，故刘弘被后世称为后少帝。军功集团否认后少帝乃惠帝刘盈之子，可能只是一种政治需要，并非实情。

2　《汉书·爰盎传》。

第一条证据严格来说不能成立。被吕后杀害的三位赵王是刘如意、刘友和刘恢。刘如意的母亲在刘邦时代得宠，导致刘如意一度威胁到惠帝的太子之位。吕后杀刘如意是在报复。刘友与刘恢之死，原因大体相同。正如清代史家赵翼所言："赵王友之幽死，梁王恢之自杀，则皆以与妃吕氏不谐之故。"[1] 废杀前少帝，则是因其怨恨生母被吕后杀害，让吕后觉察到了报复之心。这些均属于皇权内部的血腥残杀，不能等同于吕氏要取代刘氏的皇统。

白马之盟是皇权、诸王与军功集团三方所立盟约。刘邦铲除异姓诸王的同时保留刘氏诸王，目的是希望诸王支持皇权、制约军功集团。吕后也明白这一点。但刘姓诸王过于强大也会威胁到皇权，当新皇帝宗族身份较低时威胁尤大。所以，吕后对刘姓诸王采取了既敲打又扶持的手段。敲打对象主要是势力强大者，如齐王刘肥封地最广，且在惠帝面前以兄长自居，吕后对其极为警惕，一度欲将之鸩杀。后刘肥主动献城阳郡给鲁元公主（吕后之女），吕后才允许刘肥离开长安回归封地。刘肥去世后，其长子刘襄继位，吕后又先后割走齐国的济南郡与琅邪郡，分赐给亲信吕台（吕后兄长吕泽之子，受封吕王）与刘泽（受封琅琊王）。为尽可能控制

1　（清）赵翼撰《廿二史劄记》，曹光甫校点，凤凰出版社 2008 年版，第 40 页。

刘肥一脉，吕后还封刘肥次子刘章为朱虚侯、三子刘兴居为东牟侯，将二人召至长安担任宿卫，且以吕禄（吕后之侄）之女为刘章之妻，变相将二人控制起来[1]。至于扶持对象，则主要是与惠帝关系亲近、势力较弱者。吕后先后分封或改封刘氏八王七侯，皆是此类情形。严格来说，这些控制与扶持，也均属于皇权内部的政治斗争，不能证明吕氏有取代刘氏皇统的谋划。

第二条分封吕氏为王，确实违背了白马之盟。为巩固吕氏地位，吕后执政期间先后分封诸吕，共计五王十侯。这明显与白马之盟非刘氏不王、无军功者不得侯的约定背道而驰。吕后也明白这一点，故《史记》中有这样一段耐人寻味的记载：

> 太后称制，议欲立诸吕为王，问右丞相王陵。王陵曰："高帝刑白马盟曰'非刘氏而王，天下共击之'。今王吕氏，非约也。"太后不说。问左丞相陈平、绛侯周勃。勃等对曰："高帝定天下，王子弟，今太后称制，王昆弟诸吕，无所不可。"太后喜，罢朝。[2]

1　见《汉书·高五王传》。
2　《史记·吕太后本纪》。

王陵以白马之盟为由不同意立吕氏为王。陈平与周勃赞成立吕氏为王，理由同样是白马之盟——按他们的曲解，刘邦做皇帝，故可封刘氏子弟为王；如今吕后称制，与皇帝一般无二，故也可分封诸吕为王。有了陈平与周勃的支持，吕后分封诸吕为王的愿望终于达成。但王陵的反对意见，彰显了此举确实有违白马之盟。

第三条诸吕把持宫廷也不假。让亲信之人掌控皇宫与长安城的军事力量，本就是吕后寻求政治安全感的重要手段。不过，诸吕当时并无造反取代刘氏的计划。《史记》记载，吕后临终前夕安排吕禄控制长安北军，安排吕产控制长安南军，且警告二人：自己死后军功老臣们可能发动政变，"必据兵卫宫，慎毋送丧，毋为人所制"[1]。如果太史公的记载可信，则吕氏集团当时非但没有篡刘计划，反在忧虑军功集团可能趁机作乱。

一些其他的迹象也显示吕氏集团当时并无政变计划，如郦寄受军功集团之命前来劝说吕禄放弃长安的北军。吕禄的反应是：

信然其计，欲归将印，以兵属太尉，使人报吕产及

---

1 《史记·吕太后本纪》。

诸吕老人，或以为便，或曰不便，计犹豫未有所决。[1]

　　倘若吕氏集团确有政变计划，放弃军队控制权这种事自无可能答应，诸吕内部也不会犹豫不决，意见分歧。故此，吕思勉先生认为"吕氏之败，正由其本无翦灭宗室、功臣之计"[2]，恰因吕氏集团没有夺取刘氏皇位的政变计划，才会被军功集团与刘氏皇族迅速消灭。如果有计划，有部署，便不会被打个措手不及，更不会有灭门之祸。

　　与"诛吕安刘"捆绑在一起的，是刘邦遗言"安刘必勃"。这也是一桩很容易被戳穿的谎言。"安刘必勃"之说见于《汉书·高帝纪》。时为高帝十二年（前195年），刘邦平英布被流矢所伤，已进入病危状态，吕后来到榻前问计：

　　　　吕后问曰："陛下百岁后，萧相国既死，谁令代之？"上曰："曹参可。"问其次，曰："王陵可，然少戆，陈平可以助之。陈平知有余，然难独任。周勃重厚少文，然安刘氏者必勃也，可令为太尉。"吕后复问其次，上曰："此后亦非乃所知也。"[3]

1　《史记·吕太后本纪》。
2　吕思勉：《秦汉史》，商务印书馆2017年版，第77页。
3　《汉书·高帝纪下》。

这段记载赋予了刘邦预测未来的特异功能，也给陈平、周勃联合刘氏皇族举兵诛杀诸吕一事赋予了合法性。但这段记载存在严重的逻辑漏洞。一般认为，刘邦死时六十二岁；王陵的年龄比刘邦大[1]；曹参的确切年龄不可知，但不会大过刘邦，因为曹参在反秦战争与楚汉战争中是武将身份，常有身先士卒斩敌大将的记录，战场上如此活跃，年龄不会太大，刘邦去世时，曹参大概尚在壮年。问题遂显而易见：吕后问丞相继承人选，刘邦给出的排序是"萧何—曹参—王陵"，可王陵的年纪必定大于曹参，刘邦何以断定曹参必定会比王陵早死？

那句"可令为太尉"也是个很明显的漏洞。高帝十一年（前196年），刘邦曾任命周勃为太尉[2]，但到了高帝十二年春二月，也就是刘邦去世前十个月，周勃的官职已变成相国[3]。《汉书·百官公卿表》记载，"高帝十一年周勃为太尉，后官省"[4]，意思是周勃由太尉改任相国后，刘邦便取消了太尉这个官职。《百官公卿表》里再次出现太尉一职，已是惠帝六年（前189年），相应的文字正是"绛侯周勃复为太尉"[5]。

1　《史记·陈丞相世家》记载："高祖微时，兄事陵。"
2　见《史记·绛侯周勃世家》。
3　见《史记·绛侯周勃世家》。
4　《汉书·百官公卿表下》。
5　《汉书·百官公卿表下》。

刘邦在遗嘱里交待吕后，让她任命周勃担任一个已经取消不存在的官职，岂非咄咄怪事？

此外，《史记·萧相国世家》中的一段记载，也隐约透露了历史真相。当时萧何病重，惠帝前往探望，询问丞相一职的继任者。萧何回答："知臣莫如主。"惠帝问："曹参何如？"萧何顿首："帝得之矣！臣死不恨矣！"[1] 这段记载显示惠帝手中并无所谓的刘邦遗嘱——若有遗嘱，则惠帝必定清楚刘邦拟定的丞相人选，便没有必要再去询问萧何的意见。

如此种种，皆足以证明刘邦遗嘱乃是谎言，"诛吕安刘"之说，不过是血腥政变后的政治宣传。让军功集团与刘氏皇族联手血洗吕氏的真正推动力，从来就不是什么所谓的刘邦遗言，而是早已归零的信任与难以消弭的恐惧。

吕后为人刚毅，勇于杀伐，曾深度参与杀韩信、灭彭越等异姓诸侯王的行动，性格中又有极残忍的成分，戚夫人被断手断脚做成"人彘"乃骇人听闻的暴行。故吕后忌惮军功列侯，军功列侯也忌惮吕后。曹参在惠帝时代做丞相坚守无为而治的底线，便是欲将这种互相忌惮维持在平衡状态。曹参死后，军功集团失去了有声望的领袖人物，平衡开始被打破。先是实力强大的刘姓诸侯王如刘肥一系不断遭到打击；

---

1 《史记·萧相国世家》。《汉书·萧何传》的记载相同。

后是吕氏受封五王十侯，白马之盟中的"非刘氏不王、非军功不侯"成了虚文。

吕后执政期间，还长期致力于分化、架空军功集团。先是将丞相一分为二，以王陵为右丞相，以陈平为左丞相。王陵军功排位第十二，出任丞相符合白马之盟的规矩。陈平军功排位第四十七，较为靠后。他登上相位的主因，是身段柔软，善于逢迎吕后。稍后，王陵改任无实权的太傅，陈平升任右丞相，左丞相之职改由军功排名第五十九位的审食其担任。王陵曾坚决拥护白马之盟，反对吕氏封王，审食其则是吕后的心腹之臣。这些人事变动背后，吕后打压、瓦解军功集团的用心清晰可见。

作为应对，长安城内的军功老臣主要做了两件事。一是韬光养晦。陈平任右丞相期间，"不治事，日饮醇酒，戏妇人"[1]，被人揭发后反变本加厉，吕后知晓后不怒反喜。陆贾也对阻止诸吕封王一事不抱希望，"自度不能争之，乃病免家居"[2]。二是私下奉周勃为领袖，重新聚集为一股有组织的力量。具体操作此事之人便是陆贾。《史记》记载，陆贾先去见了陈平，道破陈平内心忧念"不过患诸吕、少主耳"，并建议陈平与太尉周勃"深相结"。陈平遂与周勃建立起了密

---

1 《汉书·陈平传》。
2 《史记·郦生陆贾列传》。

切的私人友谊，且赠送大量奴婢、车马、金钱给陆贾，让他"游汉廷公卿间"，暗中将军功列侯以周勃为核心串联起来。[1] 军功老臣选择以周勃为核心，既是因为他太尉的身份，也是因为其军功在汉初开国功臣中排名第四，而排名前三的萧何、曹参、张敖皆已去世。

迫使军功集团发动武装政变的导火索，是吕后去世前的一系列政治布局——以吕产为相国，掌控长安南军；以吕禄为上将军，掌控长安北军；册封吕禄之女为皇后。[2]

这一系列人事安排，将吕氏推上了军政权力的巅峰，也直接冲击了"非军功列侯不相"的政治惯例。按白马之盟，汉帝国丞相一职向来只能由外朝军功集团中人担任。自刘邦时代起，至汉景帝时代止，依次担任丞相者为萧何—曹参—王陵—陈平—审食其—吕产—周勃—灌婴—张苍—申屠嘉—陶青—周亚夫—刘舍—卫绾。除吕产外，自萧何到申屠嘉，所有人皆是军功集团第一梯队元老。陶青、周亚夫、刘舍是军功二代。连卫绾也因参与镇压"七国之乱"有军功而获封

1　见《史记·郦生陆贾列传》。

2　见《史记·吕太后本纪》。

建陵侯[1]。总之，按汉初的政治规矩，担任丞相者往往等同于军功集团领袖，非军功集团中人不得担任丞相，丞相的继任大体以军功高低为依据，也就是《汉书》所说的"汉常以列侯为丞相"[2]。以吕产为相，可谓悍然打破了政治规矩。

打破政治规矩，便是释放政治信号。吕氏没有夺取刘氏皇权的计划，吕后也没有留下清洗军功列侯的遗言。吕氏的这些人事安排，更多是为了自保。但长安城内的军功集团不敢冒险，他们更在意两件事情。第一，吕后有亲自部署谋杀韩信的政治履历，也多次谋杀刘氏诸侯王。她让吕氏众人控制长安城的南北军，会不会存有针对军功列侯的杀机？第二，左丞相审食其改任太傅，显然是为了给吕产担任相国腾位置。可是，右丞相陈平的地位高于左丞相审食其，如果有丞相要"升任"太傅，按惯例也该先轮到陈平。左、右丞相被相国取代，左丞相被安置为太傅，右丞相反而没有安置（至少史料中无只字记载），岂非引人深思？

在一个高度缺乏互信的政治环境下，长安城内的军功列侯要如何理解诸吕的人事异动？陈平这种常年韬光养晦、战

1　卫绾在景帝年间因镇压"七国之乱"的军功而获封建陵侯。但就履历而言，卫绾本是因有一手"戏车"技术取悦汉文帝而为郎官，后来做了中郎将，长期在文帝左右服侍。文帝死时嘱咐景帝"绾长者，善遇之"，可见卫绾不属于外朝军功集团，而属于内朝皇帝身边的亲信。

2　《汉书·公孙弘传》。

战兢兢之人，要如何理解自己的突然出局？出于生存本能，他们显然只能做最坏打算。这些自刀山火海中活下来的军功老臣，遂联合饱受吕氏打压的刘姓宗室，制造了血腥的"诛吕安刘"事件，将后少帝与吕氏一族连根铲除。

第三章

黄老

被统治者亟须休养生息，黄老无为之说恰有助于缓解被统治者的压力。皇帝的指示少一点，内外官僚对普通百姓的折腾也会少一些。太史公作《老子韩非列传》，将黄老与法家放在一起，便是因为前者乃后者的最佳润滑剂。文帝本好刑名，又修黄老，也足证黄老之道与法家治术的互补关系。

一、皇权的隐忍

吕后八年（前180年）八月，以周勃、陈平为首的军功集团，抓住吕后去世的机会，联合刘姓诸侯王势力猝然发动政变，血洗了吕氏家族。稍后，军功老臣审食其恢复左丞相职务，军功集团收复势力范围。同年九月，军功集团迎接代王刘恒入京为帝。后世称刘恒为汉文帝。

刘恒是高帝刘邦的第四个儿子，庶出。立刘恒为帝是军功集团深思熟虑的结果。刘邦的直系后代中成年者颇多，最小的儿子淮南王刘长当时已经十九岁，长孙齐王刘襄也已成年，且直接参与了诛吕政变。这种形势下，扶持幼主容易引发质疑，酿成动乱。可扶持成年之君，又得防范出现第二个吕氏集团来与军功列侯争权。齐王刘襄与淮南王刘长，便是因母家势力强大，遂难以得到军功列侯的支持。《史记》记载了一众军功老臣聚会讨论并最终选择刘恒的核心理由：

> 代王方今高帝见子，最长，仁孝宽厚。太后家薄氏

谨良。[1]

所谓谨良，是说刘恒没有像样的母家势力，其母薄氏长期遭受刘邦冷落。吕后执政期间，薄氏与刘恒战战兢兢，始终以谨小慎微为存身之道。

政变后的长安，波诡云谲。代王郎中令张武认为军功老臣另有阴谋，不可信任。刘恒与薄太后也满腹疑虑，故行事极其谨慎，没有积极前往长安，而是先派了亲信代国中尉宋昌去探听虚实。刘恒的舅舅薄昭则作为代王的全权使者，提前进京与军功老臣直接协商即位事宜。袁盎后来回顾往事，称赞文帝"从代乘六乘传驰不测之渊，虽贲育之勇不及陛下"[2]，可见诛吕政变后由军功老臣控制的长安城，在当时被公认为不测之地。

刘恒入主未央宫当夜，任命宋昌为卫将军，镇抚南北军，任命张武为郎中令，接管长安城的南北军和宫廷禁卫。郎中令、卫尉与中尉，是与皇帝性命安全最直接相关的三个职务。郎中令领导宫廷郎官，负责皇帝身边的警卫侍从工作，属于内卫。卫尉统领长安南军，负责护卫殿门之外宫门之内的区域。中尉统领长安北军，负责维持京城秩序并充当

---

1 《史记·吕太后本纪》。
2 《史记·袁盎晁错列传》。

皇帝出行时的仪仗。这些任命，虽不足以让刘恒彻底掌握长安城内的武装力量，但多少能给他增加一些安全感。

也是在同一个夜晚，刘恒颁布诏书大赦天下，内中说：

> 制诏丞相、太尉、御史大夫：间者诸吕用事擅权，谋为大逆，欲危刘氏宗庙，赖将、相、列侯、宗室、大臣诛之，皆伏其辜。朕初即位，其赦天下，赐民爵一级，女子百户牛、酒，酺五日。[1]

显而易见，诏书是新帝与军功老臣互相妥协的结果。大赦天下乃例行公事。诏书最关键的部分是，如何定性诛吕政变。刘恒承认军功集团对政变性质的叙述，认证"诛吕安刘"为历史事实，换得军功集团的拥护。原代国执政班子能顺利介入长安南北军与宫廷护卫部队，也是妥协的重要内容。新帝下诏承认军功老臣政变的合法性，军功老臣允许新帝介入接管长安城的军事力量，两件事发生在同一个夜晚，不会是偶然。

稍后，刘恒又任命周勃为右丞相，陈平为左丞相。这两位运作诛吕政变的核心人物回归外朝最高长官的位置，意味

---

1 《汉书·文帝纪》。

着刘恒认可白马之盟，重新回到"非刘氏不得王，非有功不得侯，非列侯不得相"的政治轨道。

此事的发生，也是军功集团暗示的结果。据《汉书·陈平传》，文帝登基后，陈平即称病不出。文帝亲自前往陈府探问原因，陈平说："高帝时，周勃功不如臣；诛杀诸吕后，臣功不如周勃。臣愿以丞相相让。"文帝一点即通，随后下诏以周勃为右丞相，以陈平为左丞相，恢复了由军功老臣按军功大小论资排辈主持朝政的惯例。文帝登基后下诏赏赐代国旧臣，提到"从朕六人，官皆至九卿"[1]，但其中并无知名者。这也表明诛吕政变的浓重阴影，使文帝自觉约束代国旧臣的权力扩张。

此后直到文帝去世，汉帝国的丞相一职始终由军功老臣担任。周勃在文帝初年辞去相位，文帝恢复丞相只设一人的旧例，由陈平独相。陈平去世后，周勃再任丞相。周勃二次辞相后，由汉初功臣排名第九的灌婴担任。灌婴死后，由排名第六十五的张苍继任。张苍为相十五年，退休后由军功之臣申屠嘉接任。《汉书》记载："张苍免相，文帝以皇后弟窦广国贤有行，欲相之，曰：'恐天下以吾私广国。'久念不可。"[2]文帝有意让窦广国担任丞相，因窦出身外戚而非军功之

---

1 《汉书·文帝纪》。
2 《汉书·申屠嘉传》。

臣，纠结许久后还是选择了放弃。当时汉帝国已建国四十余年，"高帝时大臣又皆多死，余见无可者"[1]，军功老臣多已去世。即便如此，文帝还是谨慎选择了有军功之臣身份的申屠嘉，尽管申屠嘉在刘邦时代军职很低。申屠嘉死后，第一代军功老臣已全部去世，可惯例仍强势存在。汉景帝任命的丞相中，陶青、周亚夫、刘舍，皆属于军功二代，另一位出自内廷的卫绾，也在平定"七国之乱"中因军功受封建陵侯。

外朝长期由军功之臣主持，皇权对外朝具体政务干涉不深，是文帝执政期间的一个重要特征。贾谊批评文帝过分无为，便是指此。文帝这样做，客观政治环境自然是最重要的原因——他自代国进入长安做皇帝，本就根基浅薄，刘姓诸侯王多不服气，视之为"下山摘桃子"。济北王刘兴居、淮南王刘长先后举兵起事。参与诛吕政变的军功老臣也满怀猜忌，担忧他翻旧账搞清算。文帝在这些势力间辗转腾挪，要想皇位稳固，除无为而治外别无良策。尽量不过分折腾贵族与官僚集团，尽量不过度触动刘姓诸侯王与军功老臣的利益，是文帝能在皇位上安坐二十余年的主要缘故。

宗室刘向曾言："（文帝）本修黄老之言，不甚好儒术，其治尚清净无为。"[2]其实，文帝内心如何看待黄老无为之说并

---

1 《史记·张丞相列传》。
2 《风俗通义·正失第二》"孝文帝"条。

不重要，重要的是现实环境需要黄老无为之说。汉初的高层政治极度血腥，皇室与军功列侯仇怨极深。将黄老无为之说推崇为统治思想，有助于缓和皇权与贵族官僚集团的紧张关系，有助于将统治集团重新捏合为利益共同体。西汉初年民生凋敝，战争年代"米石五千，人相食，死者过半"[1]，战乱平息时连皇帝也寻不到四匹毛色一致的马用于拉车。被统治者亟须休养生息恢复元气，黄老无为之说恰有助于缓解被统治者的压力。皇帝的指示少一点，内外官僚对普通百姓的折腾也会少一些。太史公作《老子韩非列传》，将黄老与法家放在一起，便是因为前者乃是后者的最佳润滑剂。文帝本好刑名，又修黄老，也足证黄老之道与法家治术的互补关系。

　　文帝的无为是一种很成功的经验。他的皇后窦氏，大约便是体察到了这经验的好处，所以也"好黄帝、老子言"[2]。文帝去世后，窦太后曾要求景帝与窦氏外戚学习黄老之术；景帝去世后，窦太皇太后又一度以黄老之术压制青年刘彻的勃勃野心。这些都是后话。

1　《汉书·食货志上》。
2　《汉书·外戚传上》。

二、贾谊的妙策

需要注意的是，文帝恢复白马之盟约定的权力格局，并不意味着他认可白马之盟。

经历了血腥的诛吕政变，皇帝与军功老臣间的信任早已破裂，互相警惕、彼此提防才是他们的真实关系。文帝早年靠着极致的隐忍熬过了吕后时代，即位时虽年仅二十余岁，却早已是个成熟的政客。年轻的皇帝相信时间站在自己这边，军功老臣只会不断凋零，一切都不必着急。

事情也确实如此发展。文帝二年（前 178 年）冬十月，陈平病逝，军功集团失去了最重要的智囊。同月，文帝颁布诏书，要求居住在长安、没有担任朝廷职务的军功列侯一律离京，回到自己的封地。诏书说：朕听闻古代国家分封诸侯上千，诸侯们守护自己的土地并按时纳贡，民众不会觉得劳苦。如今列侯绝大部分住在长安城，离封邑很远，吏卒们需要千里迢迢将贡赋从封邑运输至长安供列侯享用，实在费时费力。列侯客居长安，也没办法训育教导封邑的百姓。故此，朕下诏让列侯离开长安回到封邑。在朝中任职和有特别诏令者例外，只需派太子回封邑。[1]

---

[1] 据《汉书·文帝纪》转述。

诏书冠冕堂皇，挑不出任何毛病。军功列侯确实在长安兴建了舒适的宅邸，他们的封邑却多在外地州郡，封邑政务也多委托给家臣管理。列侯的日常开支要靠封邑租税与徭役来支撑，人力与物力辗转运送至长安，对底层百姓而言确是很沉重的负担。刘恒的诏书占据了仁政爱民的道德高地，军功列侯无法反驳。

军功列侯也知道皇帝的真实用心。宫廷宿卫与长安城南北军的最高长官，已换成皇帝的亲信，至少名义上如此。但这仍不足以让皇帝安心。当年的吕氏集团，同样名义上掌控着宫廷宿卫与长安城南北军，军功列侯还是成功发动了政变。这当中有个很重要的原因，就是军功列侯在军中素有威望，且集体住在京城，很便于串联。一群能够紧密团结起来的军功列侯对皇权而言非常危险。在文帝看来，列侯大量居住在长安城，实乃卧榻之侧总有猛虎酣睡。唯有列侯集体离开长安回归封国，才能一劳永逸地消除第二次诛吕政变爆发的可能性。

让军功列侯回归封国的妙策出自贾谊。向文帝推荐贾谊的是河南守吴公。吴公早年向李斯学习律法，被文帝提拔为廷尉。吴公随即推荐了自己的学生贾谊。同时推荐贾谊的还有新任御史大夫张苍。贾谊曾向张苍学习过《春秋左氏传》。于是，二十三岁的年轻皇帝决定征召二十二岁的贾谊来长安做博士。两人相见恨晚，不到一年，贾谊就从六百石博士升至千石太中大夫。史载，贾谊此时已形成一套完整的治国方略，文帝"谦让未遑"，未敢全盘领受。[1]

这当然不是说贾谊的治国方略不好，而是文帝清楚时机未到。白马之盟余威仍在，眼下最紧迫的事情是消除军功集团对皇帝生命安全的巨大威胁。于是，贾谊为文帝出谋划策，除建议让军功列侯回归封地外，还提出另一项主张：军功列侯的封地，有些位于中央政府的直辖州郡，有些位于诸侯王的王国之内，应将那些位于诸侯王辖境的侯国迁徙至中央直辖的州郡。如此，便可最大限度切断军功列侯与诸侯王的联系，有利于长安更好地监视与控制这些军功列侯。这两项政策若能全面付诸实施，原本有能力发动诛吕政变的军功列侯，便会成为一个个彼此隔绝的侯国封君，无法再大规模串联，也难再影响长安的政治运作。不想回封地的军功列侯需要在长安朝廷拥有正式职务，或者获得皇帝的特别恩准，无形中也增加了皇权的分量。

离开长安即意味着政治影响力的消失，军功列侯很清楚这一点。所以文帝的诏令遭遇了强硬的消极抵制。没人公开站出来反对，但也没人积极响应。自诏令颁布后长达一年的时间里，军功列侯继续待在长安的私宅里，没有理会年轻皇

1　见《汉书·贾谊传》。

帝的意志。于是，在文帝三年（前177年）十一月，皇帝下达了催促列侯离京的第二道诏书。诏书说：朕之前命令列侯回归封地，结果众人推辞不走。丞相你乃是朕信任倚重之臣，请丞相做个表率，带头回归封地。丞相即周勃。为逼迫周勃做列侯归国的表率，文帝解除了他的丞相职务，使其失去了留在京城的正当理由。十二月，被解职的周勃怀着怏怏之情，离开京城回到封国。陈平死后，周勃是长安军功列侯的首脑，周勃走了，其他军功列侯也只好陆续离开。

军功列侯群聚长安，文帝须战战兢兢度日。周勃做丞相时，朝会议事完毕，"上礼之恭，常目送之"[1]。这看似是对周勃的礼遇，实则表明皇帝对军功列侯相当畏惧。待到军功列侯集体回归封地，形势倒转，就变成了周勃须战战兢兢度日。"每河东守尉行县至绛，绛侯勃自畏恐诛，常被甲，令家人持兵以见。"[2]绛国位于河东郡境内，每逢河东郡太守与郡尉巡视至绛国，周勃就会紧张不安，担心突遭抓捕，故常身披甲胄且命家丁全副武装，才敢与太守郡尉相见。可以说，此时的周勃已完全丧失叱咤风云的影响力。文帝四年（前176年），文帝以谋反罪将周勃抓进诏狱，经历一番折辱后，以诬告结案将之放出。周勃当然不是真的要谋反，文帝也不

1　《汉书·爰盎传》。
2　《汉书·周勃传》。

是真的要杀他。先逮捕再折辱又放出，只是为了彰显皇权并打击这位军功列侯领袖的威望。

由此也可见贾谊的妙策很有效，极大地消除了军功集团对皇帝的生命威胁。文帝执政时期，要求军功列侯回归封地的政策始终没有动摇。直到景帝年间，鉴于军功列侯大多已经去世，无职不许住在长安的禁令才解除。

贾谊得罪军功列侯的代价，是失去了在中央担任高级官职的机会。文帝一度计划提拔贾谊出任公卿，结果"绛、灌、东阳侯、冯敬之属尽害之"[1]，绛即绛侯周勃，灌指颍阴侯灌婴，东阳侯指张相如，三人皆因军功封侯，冯敬也有军旅经历。这些军功之臣群起指责贾谊"年少初学，专欲擅权，纷乱诸事"，可见贾谊已成了他们的眼中钉。文帝三年（前177年），皇帝为安抚军功列侯，将贾谊贬出长安，丢到偏远的长沙国担任国相。周勃也是在本年被免除丞相职务，并被迫带头回归封地。贾谊被流放与周勃被迫离京，或许是皇帝与军功列侯间的又一次互相妥协。

文帝四年（前176年），贾谊听闻周勃被逮捕且在狱中遭遇各种折辱，曾上奏劝谏文帝须礼遇大臣。文帝六年（前174年），贾谊被召回长安，与文帝在未央宫宣室有过 次长

---

1 《汉书·贾谊传》。

夜之谈。文帝事后感慨，"吾久不见贾生，自以为过之，今不及也"[1]。不过文帝未将贾谊留在长安，而是任命其为梁王太傅，不时派遣使者前往梁国以国事相询。梁王是文帝第四子，梁国又地处中原，此番安排显而易见是在曲线重用贾谊。在此期间，贾谊又为文帝设计了"众建诸侯而少其力"的妙策，以解决刘姓诸侯王势力。按贾谊的办法，刘恒无须动用刀兵，只须多多分封诸侯王的子嗣为诸侯王，将大王国变成若干个小王国，便可逐渐和平瓦解诸侯王对皇权的威胁。

文帝十一年（前 169 年），梁王坠马而亡。贾谊自觉未尽到太傅之责，于次年忧死，时年三十三岁。文帝十五年（前 165 年），皇帝终于开始实施贾谊"众建诸侯而少其力"的计策，先是分封齐悼惠王（刘邦长庶子刘肥）的六个儿子为王，将庞大的齐王国分裂成六个新王国，又分封淮南厉王（刘邦的小儿子刘长）的三个儿子为王，将强大的淮南国分裂成三个新王国。

文帝隐忍至此时才对诸侯王下手，是因为他一直在等待时间发挥作用，等待那些有声望的军功老臣自然死亡。毕竟军功列侯数量众多，势力盘根错节，牵一发而动全身，强行拔除变数太多，只宜交给时间自然解决。所以，历史呈现给

---

1 《汉书·贾谊传》。

后人这样一幅景象：一方面，文帝手段强硬，坚持将军功列侯逐出京城，且敢于抓捕并羞辱军功列侯领袖周勃；另一方面，文帝又颇有节制，未诛杀周勃，且在执政的二十余年间严格遵守"非军功不相"这条源自白马之盟的政治规矩。文帝清楚，只要控制住不许军功列侯群聚长安这条红线，时间可以解决一切——军功老臣会死亡，军功二代天各一方，没机会交游往来，很难出现新领袖。当"高帝时大臣余无可见者"，便不再需要维持刘姓诸侯王的力量来牵制军功列侯，"众建诸侯而少其力"的妙策便可适时登场。

换言之，尽管文帝留在史书中的标签是好黄老之术，但中央集权式的秦制政权，正是在文帝时代显露出了强势回归的迹象。文帝的隐忍配合贾谊的妙策，军功列侯与诸侯王势力开始全面消退。此后，景帝削藩并逼杀军功列侯领袖周亚夫，刘彻实施推恩令，皆只是文帝既定政策的延续。

三、另一个文帝

刘恒的谥号是文帝。

在谥法里，"文"是个极好的词，往往与轻徭薄赋、休养生息联系在一起。文帝在历史上也确实留下了仁厚爱民的形象。《史记·孝文本纪》基本可以视为一篇"文帝嘉言懿行集锦"。这些嘉言懿行至少包括：废除连坐的严酷律法；被缇萦上书救父感动后废除肉刑；颁布汉帝国的第一道罪己诏，不许"秘祝之官"将本属于皇帝的灾祸转移给百官；推行重农政策，减免田地租税；批评祠官祭祀上天时光给皇帝祈福不给百姓祈福；下诏与匈奴和亲，称匈奴侵扰边境是自己德行不够；在位二十三年没有增加"宫室苑囿狗马服御"；听说造一座露台要花费十户中等人家的资产，便取消了计划；后宫之中衣服不许曳地，帏帐不许文绣……

但是，《孝文本纪》里的文帝并不完整。

细查《史记》其他篇章，文帝刘恒还有另一副面孔。他本是自血腥斗争中熬出来的人物。吕后时代杀戒频开，三位赵王先后死于非命，惠帝之子前少帝也死得稀里糊涂。刘氏皇族无不战战兢兢，代王刘恒也不例外，他是靠着隐忍才保全了性命。以周勃和陈平为首的军功老臣们血洗吕氏家族，选择迎立刘恒，也是被他的隐忍所蒙蔽，觉得刘恒母族无势力可言，不会构成威胁。然而，如前文所言，在即位的第二年，文帝便于隐忍中亮出了手腕。他采纳贾谊之策推动"列侯就国"，顺利瓦解了军功老臣在长安城的势力，解除了他们对未央宫的威胁，连军功列侯的领袖人物周勃也曾被他逮捕入狱，遭受折辱。既能隐忍不发，也能杀伐决断，这样的文帝与其说是宽厚长者，不如说更像雄主——整肃官僚、打击诸侯王、开征重税、出击匈奴，这些事文帝全都干过。

文帝时代的百姓过得并不好。贾谊曾对文帝说："汉之为汉几四十岁矣，公私之积犹可哀痛。失时不雨，民且狼顾。岁恶不入，请卖爵鬻子。"[1]百姓们遇上一点天灾便要卖儿卖女，好日子的含金量实在有限。文帝宠幸邓通，赐给他铜山，允许他自行铸钱，以至于"邓氏钱"遍布天下，也是典型的因私欲而破坏制度。[2]

《风俗通义》记载，汉成帝曾就"文帝的真实历史形象"一事多次询问宗室刘向，尤其想知道"躬自节俭，集上书囊以为前殿帷""断狱三百人，粟升一钱"等事迹的真假。刘向的答案是"皆不然"。他告诉成帝：文帝虽有节俭的美名，但"未央前殿至奢，雕文五采，尽华榱璧珰，轩槛皆饰以黄金"。文帝虽号称爱民，但也曾多次出击匈奴，耗费巨大，出现过"百姓饥乏，谷籴常至石五百"的情况。文帝虽废除了连坐与肉刑，但那仍是个"民重犯法"的时代。按刘向的理解，文帝之所以在后世留下仁德爱民的历史形象，是因为他善待批评者：

> 文帝礼言事者，不伤其意，群臣无小大，至即便从容言，上止辇听之，其言可者称善，不可者喜笑而已。

---

1 《汉书·食货志上》。
2 见《史记·佞幸列传》。

言事多襄之，后人见遗文，则以为然。[1]

群臣不论官职大小，皆可向文帝提意见。采纳也好，拒绝也罢，文帝的态度只有褒赞与喜笑，鲜少动怒斥责。后世之人见到这类记载，便自然而然地觉得文帝是仁主圣王。

刘向负责整理官廷档案与藏书，有机会读到真实史料，如此评价文帝自有他的依据。刘向能见到的材料，太史公当然也能见到。所以刘向的一些说法也可以在《史记》中找到依据。比如行人惊了文帝的马，文帝想将其诛杀，幸好时任最高司法长官张释之坚持按律条罚金；盗贼偷了刘邦庙里的器物，文帝想将其族诛，也幸好张释之坚持按律条弃市。这类记载被保留下来，主要是为了褒赞张释之，却多多少少透露了文帝的性格里也有严酷的一面。所以邝士元评价文帝不过是"中主"，吕思勉也说汉人对文帝的称赞多有夸大其词之处。

汉人喜欢夸张文帝的仁政，主要是为了批判武帝的暴政。对那些生活在刘彻高压时代的知识分子来说，歌颂文帝以批判现实是最安全的言说方式。东方朔批评刘彻奢靡无度使天下百姓困苦不堪时，拿出来的武器便是文帝。据东方朔

1　《风俗通义·正失第二》"孝文帝"条。

的列举，刘彻干出了如下奢靡行径：

> 以城中为小，图起建章，左凤阙，右神明，号称千
> 门万户；木土衣绮绣，狗马被缋罽；宫人簪玳瑁，垂珠
> 玑；设戏车，教驰逐，饰文采，靡珍怪；撞万石之钟，
> 击雷霆之鼓，作俳优，舞郑女。[1]

为满足刘彻的欲望，长安宫殿修至千门万户的规模，建
筑物要披昂贵锦绣，狗与马要穿五彩毛毯，宫人要用玳瑁、
珠玑这类宝物来作饰品……作为对比，东方朔列举了诸多文
帝的节俭事迹：富有四海，依旧穿普通织物做的衣服，穿普
通皮革做的鞋履，用普通绳子系剑，坐普通的席子，连宫殿
帷帐也是将废弃的"上书囊"[2]拆了重新织造而成。

有意思的是，刘向告诉汉成帝，据他见到的材料，东
方朔讲述的文帝节俭故事皆不可信。刘向应该是对的，因为
《史记》与《汉书》中仍保存着文帝一再耗费民脂民膏去搞
大规模围猎活动的记载，贾谊与贾山怎么劝都没用。东方朔
大概没机会见到宫中收藏的文帝档案，他笔下那个节俭、仁
厚、爱民的汉文帝，其实是知识分子走投无路后的寄托，只

1　《汉书·东方朔传》。
2　汉制，群臣上章表时如事关机密，则封以皂囊，即上书囊。

为能有一样趁手而安全的工具，用来批判现实。"你爹、你爷爷的政治遗产很好，你要以他们为榜样，继承他们的政治遗产，不要把路给走歪了"，这既是东方朔批判刘彻的套路，也是秦制时代最常见的谏言套路。一千多年后，海瑞批评明朝的嘉靖皇帝，用的仍然是这种路数。海瑞大说特说嘉靖皇帝远不如明太祖朱元璋，其实海瑞奏章里那个仁德爱民的朱元璋形象，与真实史料里的朱元璋相距极远，甚至可以说是两个截然相反之人[1]。

当然了，《史记》对汉文帝的描述，还不至于如海瑞对朱元璋的描述那般颠倒是非。太史公只是将文帝值得称赞的言行集中到了《孝文本纪》，而将不值得效仿的事迹分散至别处，并未刻意篡改历史真相。太史公选择这样做，自然也是为了批判现实。拜"雄主"所赐，太史公生活的时代已陷入了"天下户口减半""中产之家大抵皆破"的悲惨境地，太史公有许多话想说而不能说——他本试图直接记载景帝的短处与武帝的过错，结果引来武帝震怒，删削了《孝景本纪》与《今上本纪》，他遭遇腐刑也有这方面的因素——只好将笔力放在《孝文本纪》里，让文帝的嘉言懿行与武帝的暴行酷政构成鲜明对比。现实里的武帝穷奢极欲，《孝文本纪》里

1　真实的朱元璋形象，可参见笔者所著《活在洪武时代：朱元璋治下小人物的命运》，浙江人民出版社 2022 年版。

的文帝自奉甚俭；现实里的武帝征伐匈奴无休无止，《孝文本纪》里的文帝适可而止以和亲为重；现实里的武帝任用逐利之臣竭力剥削百姓，《孝文本纪》里的文帝轻徭薄赋；现实里的武帝以严刑峻法控制天下臣民，《孝文本纪》里的文帝不但废除了严刑峻法，还允许百姓诅咒自己。

其实，文帝对百姓同样施以严刑峻法。《史记》说"孝文帝本好刑名之言"[1]，可知太史公清楚文帝的政治底色，只是矮子里头拔将军，太史公实在没得选。据《报任安书》透露的心境，太史公面对"天下户口减半"的残酷现实，对于劝谏武帝早已不抱任何信心，武帝在他眼中已是个彻头彻尾无可救药的暴君。这位对现实世界绝望了的撰史者，之所以要刻意塑造出文帝这样一个仁德爱民的历史形象，既是为了批判现实，也是为了将希望寄托在未来——只要《史记》能够流传下去，《孝文本纪》里那个仁德爱民的文帝形象，便会成为评判帝王执政功过的一种标准，成为后人衡量暴君的一种尺度。

如此理解并非刻意拔高，太史公说过，孔子是他最景仰的历史人物。《史记·孔子世家》描述了孔子晚年因政治主张在现实世界无法得到推行而生出的巨大焦虑，这焦虑

---

1 《史记·儒林列传》。

最后靠撰写《春秋》将希望寄托于后世才得以化解。孔子的焦虑也是太史公的焦虑，《史记》便是太史公的《春秋》。孔子作《春秋》的目的不是详述史实，而是在不篡改史实的基础上重点讲述那些足以传递价值观的内容。孔子期望用这种价值观来影响后世，让世道变得好一点。太史公写《孝文本纪》的目的，也不是详述文帝干过的每件大事，而是在不篡改史实的基础上塑造一个具体的好君王榜样，用于批判后世的暴君。《孝文本纪》被处理成文帝的"嘉言懿行集锦"，不是太史公见不到文帝奢靡杀伐的另一面，而是自高帝刘邦而下至武帝刘彻，只有文帝相对适合被塑造成仁德爱民的好君王——刘邦和吕后满手血污，惠帝垂拱没有太多具体言论与事迹传世，两位少帝皆死于非命，景帝和武帝则是典型的坏榜样。在更遥远的时代，只有传说故事与秦始皇、秦二世这样的暴君。历史很苍啬，从未诞生过理想中的圣王，太史公只能退而求其次，努力发掘文帝的闪光点。

这正是《孝文本纪》用了许多篇幅去记载"上曰"，而很少花费笔墨去记载文帝如何对付军功老臣与诸侯王的原因——尽管后者才是文帝政治生涯的主体。有一项简单的数据比对，颇有助于我们体会太史公的这种良苦用心：《孝文本纪》载有十七段"上曰"，其中十三段含有强烈的价值观，在讲好帝王该如何围绕民本去施政。《高祖本纪》篇幅远超《孝文本纪》，却只有五段"上曰"，皆是论事，无价值观传递。《孝景本纪》根本没有"上曰"，《孝武本纪》只有三段"上曰"，丝毫不涉及价值观（这两篇大概率已非司马迁的原作）。这位无权无势的撰史者忍辱含垢完成《史记》，于《孝文本纪》中用大量"上曰"，塑造出一位仁德爱民的君王形象，是因为他活在一个"天下户口减半"的残酷时代，只有用这样的方法才能将自己的"道"传递给后世，才能给后世的君王们套上一根缰绳。

这缰绳并不牢靠，甚至可以说很乏力，但已是太史公在他所处的时代所能做到的极致。

第四章

崩坏

文帝时代真正让百姓怀念的，不是吃饱了肚子，也不是政治清廉——这些都只是后人虚妄的想象——而是朝廷放松了对社会的高强度管控。这种放松主要集中在两个方面：一是在经济上放弃了对刑徒的依赖，不再像秦帝国那般大搞刑徒经济；二是实施司法改革，让国家暂时走出了举报型社会。

一、打破政治规矩

公元前157年，汉文帝去世，其子刘启继位，是为汉景帝。景帝时代是汉帝国极其关键的转型期。

前文说过，刘邦建国的帝位合法性来自诸侯推举。诸侯之所以推举刘邦做皇帝，是因为他在灭秦与灭项羽两件事上"功"最大，且在恢复诸王、封赏功臣方面"德"最高。刘邦的帝位与秦始皇的帝位是两个完全不同的概念。秦始皇的帝位意味着至高无上、不容置疑，是绝对权力；刘邦的帝位仅意味着他的功与德比其他诸侯大，是相对权力。据此也可以说，所谓西汉建国，乃是"按功劳大小分配战利品"。功劳最大的刘邦分得帝位，其次者分得王位，再次者分得侯位，各级别享有大小不同的蛋糕。最末梢的"军吏卒"，按高帝五年（前202年）诏被授予第五等爵"大夫"，亦可获得五顷左右的田宅。

这种粗糙的分蛋糕模式不会稳定。帝、王、侯的权力边界不清晰，彼此缺乏信任。皇帝觉得下面的王、侯迟早会造反，早镇压晚镇压都得镇压；下面的王、侯觉得皇帝迟早会消灭自己，早反晚反总归得反。所以，刘邦建国后杀臧荼、杀韩信、杀彭越、杀英布……杀得血腥满身，仍寻不到他想要的安全感。

到了高帝十二年（前 195 年）三月，箭伤沉重、自觉时日无多的刘邦，终于决定放弃杀戮转向妥协，试图通过与功臣集团举行盟誓的方式，固化各自的权力边界，以换取汉帝国的长治久安。这便是著名的白马之盟。当时共有三方势力参与白马之盟，分别为代表皇权的刘邦、代表王国的刘姓诸侯王与代表军功集团的列侯。盟誓确立了三项政治规矩：非刘氏不得王；非军功不得侯；非列侯不得相。若有人违背这些政治规矩，天下共击之。

这三条政治规矩，具化到汉初的高层政治中，体现为皇权将无为当作施政方针，以不折腾诸侯王与军功列侯来换取他们的支持；军功列侯则满足于主持外朝政务，汉帝国前六十年里出任丞相的萧何、曹参、王陵、陈平、审食其、周勃、灌婴、张苍、申屠嘉、陶青、周亚夫、刘舍，全部来自军功老臣或军功二代，只有吕产一人例外。这唯一的例外成了引爆"诛吕安刘"政变的导火索。汉初的许多政治事件，只有放到上述政治规矩之中才好理解。比如军功排名第一的萧何刚死，曹参没收到皇帝的旨意，便已知晓自己将继任丞相，紧急催促家人收拾行装前往长安。曹参如此自信，是因为按照当时的政治规矩，排名第一的军功老臣在丞相任上去世，本就该他这排名第二的军功老臣继任。再如文帝晚年有意让外戚窦广国做丞相，思虑再三还是选择了军功列侯出身的申屠嘉，也是因为他不想破坏政治规矩，不想刺激军功列侯，无意引起不必要的政治动荡。

可是，文帝死后不久，申屠嘉便被年轻的新皇帝给气死了。

与萧何、曹参、周勃、陈平这些一线元老相比，申屠嘉只能算二线军功列侯。他臂力强劲，能开强弓硬弩，自底层士兵干起，随刘邦辗转征战多年，打项羽、征黥布时上升为低级军官。战争结束时军功仍处于中游偏下程度，惠帝年间被任命为淮阳郡守，很符合白马之盟定下的蛋糕分配规矩。文帝即位后，遴选随刘邦南征北战、职俸达二千石的军功老臣，集体授予关内侯爵位。共得二十四人，申屠嘉恰在其中。文帝晚年，有名的军功老臣基本凋零，申屠嘉遂被任命为丞相。不过丞相一职似乎并不适合他，《史记》给他的评语是学问粗疏、不懂权变，能力一般，待人处事的手腕也有欠缺。申屠嘉上位的主因是文帝尊重白马之盟，看重其军功列侯身份。当然，关于怎么做丞相，惠帝时代已留下"萧规曹随"的旧例，申屠嘉并无太多繁杂政务需要处理。他在文帝时代任相五年，没留下什么值得一提的事迹。

文帝执政时期，有意维持对申屠嘉的尊重。邓通是文帝宠爱的弄臣，某次申屠嘉入见，邓通坐于文帝身旁未按规矩行礼。申屠嘉对文帝说，陛下喜欢邓通可以让他富贵，但不能乱了朝廷礼制。文帝打圆场说小事不必较真。申屠嘉不买账，回府后便下发丞相令召唤邓通。邓通只得前往丞相府"免冠、徒跣"谢罪，至"顿首，首尽出血"的程度。邓通自丞相府归来后，对文帝哭诉"丞相几杀臣"。申屠嘉与邓通这段冲突，彰显的不是军功列侯在外朝的影响力，而是文帝仍有意维持军功老臣的体面。申屠嘉作为军功列侯的领袖人物，将邓通的无礼视为对整个军功集团的冒犯，文帝放任申屠嘉折辱邓通，且派人持节对申屠嘉说"此吾弄臣，君释之"[1]，显见文帝无意将这类小事上升为皇权与军功列侯之间的冲突。

文帝去世后，申屠嘉留在丞相任上，继续代表军功集团领导外朝。景帝对申屠嘉的尊重，却已远不如文帝。

景帝最信任的朝臣是晁错。晁错曾是太子之师，辩才高明。景帝即位后，晁错自八百石中大夫升迁为二千石内史，进入了汉帝国高层决策圈——这个高层决策圈只有景帝和晁错两人，史载"错数请间言事，辄听"[2]。晁错拉着景帝说悄悄话，两人咬完耳朵便做出决策。这当然是不正常的决策模式，相当于将以申屠嘉为首的外朝重臣排斥在外，破坏了汉帝国已经实施了数十年的政治规矩。

晁错让军功列侯权益受损，自然会引来军功集团的抵制。晁错不知韬光养晦，亦给了申屠嘉发难的机会。内史府

---

1 《史记·张丞相列传》。
2 《汉书·晁错传》。

大门朝东，晁错为方便出行在南面另开大门。开门不算大事，问题是为了开门打穿了太上皇庙的围墙。这种事普通人不敢做，晁错敢做是因为他正得景帝宠信。申屠嘉闻知后"奏请诛错"，可诡异的是，申的弹劾竟被晁错提前侦知。晁错连夜进宫与景帝商量应对之策。次日，申尚未将弹劾内容说完便被景帝打断。景帝为晁错辩护，称拆掉的只是太上皇庙的外墙，且拆墙前已得到自己的允准。这番过于明显的偏袒让申屠嘉深感受辱，归家后一病不起，呕血而亡。

景帝不尊重申屠嘉，实际上是不尊重军功老臣，不尊重围绕白马之盟形成的政治规矩。打破这些政治规矩，恰是他信赖、重用晁错的主因。晁错是打压军功老臣的工具，也是削藩政策的积极推行者。景帝的理想，是重塑秦始皇时代的绝对皇权，而非与军功列侯、诸侯王共治天下。晁错早年修习申商刑名之术，与景帝的雄图大略一拍即合。

公元前 154 年，已升任御史大夫的晁错正式着手削藩。先以楚王在薄太后（文帝之母）丧事期间与宫人发生性关系为由，削掉楚国东海郡与薛郡；接着又以相似方式，削掉赵国河间郡与胶西王六县。随后，削藩的剃刀又落在吴王刘濞头上。齐、楚、吴原是汉初最大的三个王国。齐下辖七十余城，楚下辖四十余城，吴下辖三郡五十三城。齐国在文帝年间被肢解；楚国在刘邦时代被分割为荆、楚两国，其中楚国尚余三郡三十余城，被晁错削掉两个郡后已无足轻重。剩下来最强大、最难对付的便是吴国。吴王刘濞在南方立国四十余年，煮海为盐，铸铜为钱，"国用富饶，百姓无赋"。晁错欲削掉吴国最富饶的两个郡，即产盐的会稽与产铜的豫章，两郡合计三十余城。若刘濞不反抗，便意味着吴国将丧失最富庶的封地，仅剩贫瘠的沛郡。

刘濞不能不反抗，毕竟景帝是他的杀子仇人。文帝时代，刘濞派吴王太子入长安为人质，刘启与吴王太子因下棋起了争执，"皇太子引博局提吴太子，杀之"[1]。这桩仇怨在刘濞与景帝之间种下了难以化解的猜疑，彼此再无法建立信任。晁错欲剥夺吴国的经济命脉，刘濞便只能放手一搏。遂有了以吴国为首、以"诛晁错，清君侧"为旗号的七国之乱。

战乱爆发后一个月，晁错被景帝下旨腰斩于长安东市，临死前穿着华丽的朝服。

景帝抛弃晁错，是因为前线汉军正节节败退，诛杀晁错可以满足诸侯王"诛晁错，清君侧"的诉求，消除七国联军向长安进军的合法性。此外，晁错是气死军功老臣申屠嘉的当事人，是军功列侯的眼中钉，诛杀晁错等同于释放信号，显示皇权有意调整与军功列侯的关系，有助于皇权重新获得军功列侯的支持。与晁错之死大略同期，军功老臣周勃之子

---

1 《汉书·荆燕吴传》。

周亚夫出任平叛军队的最高指挥官，意味着军功列侯已明确站队支持皇权。晁错之死虽冤，但当他以法家申商刑名之术来取悦景帝时，便已为自己的悲剧命运埋下了伏笔。商鞅当年也是以残酷的法家权术取悦秦王，最终惨死在法家权术中。李斯当年同样以残酷的法家权术取悦秦始皇父子，最终同样惨死在法家权术中。晁错不过是再次上演了类似剧目。

晁错会死，申商刑名之术不会。无为的时代即将结束，皇权专制的时代即将到来。公元前143年，军功列侯的领袖、平定七国之乱的大功臣、前丞相周亚夫，被景帝逼死在狱中。周亚夫下狱的直接原因，是其子私买违禁葬器遭人告发，周亚夫受牵连被问成谋反罪，遂于狱中绝食五日呕血而亡。[1]周亚夫选择死，是因为他知道景帝希望他死。

下狱前，周亚夫介入过两件让景帝极为不满的政治事件。一件是反对废黜栗太子。公元前153年，皇子刘荣被景帝立为皇太子。因其母是栗姬，故称栗太子。不久后，薄皇后因无子被废，宫内爆发皇后之争，王夫人击败栗姬获胜。景帝遂决定废黜栗太子，改立王夫人之子胶东王刘彻为太子。此事遭到以丞相周亚夫为首的外朝大臣的激烈反对，但景帝一意孤行，不惜杀人立威，终于废黜刘荣另立刘彻。另

1　见《汉书·周勃传附周亚夫传》。

一件是阻碍王信封侯。公元前 149 年，窦太后希望封王皇后之兄王信为列侯。景帝就此事与丞相周亚夫商议，周亚夫搬出白马之盟表示反对，景帝暂时打消主意。公元前 147 年，景帝不顾周亚夫的反对，违反白马之盟坚持册封匈奴降王徐卢等多人为列侯，君臣间发生严重冲突，周亚夫托病辞去丞相之位。公元前 145 年，景帝封王信为列侯，随后便发生了周亚夫被捕下狱、绝食而死之事。

这两件事究其实质，都是皇权意欲专制而遭到军功集团抵制。周亚夫作为军功二代领袖，试图守住白马之盟中"非军功不得侯"的政治规矩。但时代已经变了，军功列侯早已不如高帝、吕后时代那般强势，诸侯王势力也因七国之乱被镇压而一蹶不振。周亚夫意欲维持的政治规矩，已是景帝亟欲废除的枷锁。所以，周亚夫下狱饿死的同年，景帝免去了军功二代刘舍的丞相职务，改以非军功集团出身的卫绾为丞相——卫绾早年以擅长"戏车"[1]取悦文帝而为郎，后以中郎将身份长期服侍在文帝左右，文帝去世时叮嘱景帝要善待卫绾。卫绾虽在景帝六年（前 151 年）因军功获封建陵侯，但不属于外朝军功集团，而是皇帝的内朝亲信。正因卫绾是皇帝亲信，所以他"自初宦以至相，终无可言"[2]，一辈子以

1　大约是指某种操控战车的杂技。

2　《汉书·卫绾传》。

皇权的意志为意志，在政事上毫无独立主张，只留下了"长者""敦厚"之类的名声。

按萨孟武先生的说法，"丞相代表列侯，统宰百揆，借以牵制天子的专擅，所以西汉虽是君主政治，而在武帝以前，却不是君主专制，而是天子与列侯的共和政治"[1]。如今，申屠嘉死了，晁错死了，周亚夫也死了，由白马之盟构筑起来的政治规矩已然崩溃，脆弱的共和政治也即将结束。

二、三十税一神话

文帝于公元前 180 年登基，在位 23 年。景帝于公元前 157 年登基，在位 16 年。文景二帝执政的这近四十年时光，通常被称为中国历史上的第一个治世。通用的历史教材即如此描述这段时期：

汉文帝和汉景帝注重农业生产，提倡以农为本，要求各级官吏关心农桑，并进一步减轻赋税和徭役，把田赋降到了三十税一。文帝和景帝时期，重视"以德化

---

1 萨孟武：《中国社会政治史（先秦秦汉卷）》，生活·读书·新知三联书店 2018 年版，第 157 页。

民"，废除了一些严刑峻法……这一时期的统治局面，历史上称为"文景之治"。[1]

不过，以上表述容易给人造成一种错误印象，认为"三十税一"大大减轻了百姓负担，百姓在文景时代可以过上比较轻松的好生活。

"三十税一"确是历史事实。据《汉书·文帝纪》，文帝曾下诏"赐农民今年租税之半"，汉初的田赋是十五税一，减半就是三十税一。《汉书·食货志》也记载景帝"令民半出田租，三十而税一也"。可见三十税一这项政策，在文帝与景帝时代确实存在过。但"三十税一大大减轻了百姓负担"却是个很大的误解。理由也很简单：在文景时代，真正构成百姓负担主体的，不是田亩税（田赋），而是人头税。将田赋减为三十税一而人头税负担依旧，无助于实质性改善民生。

这里的田亩税与人头税皆取其广义。田亩税指按照田亩数据来征收的一切税种，人头税则指按照家庭人头数据来征收的一切税种。前者主要是田赋，按政府估算的田亩产出来征，"三十税一"的税率指的正是这一块。后者包括口赋（针对未成年人征收）、算赋（针对成年人征收）、徭役和兵役等，全部按户口人头来征，与"三十税一"政策无关。学者高树林以粮价折算方式，测算过汉代百姓每户每年的田亩税和人头税，其结论是，人头税占到了汉代百姓负担的九成以上，田亩税只占了不到一成。[1]具体数据见下面的"汉代每户一年赋税负担表"。

折算标准	赋税总额	田亩税		人头税	
		总额	占赋税总额 %	总额	占赋税总额 %
以石粟十钱计	3984.8 钱	33 钱	0.83	3951.8 钱	99.17
以石粟五钱计	3968.3 钱	16.5 钱	0.42	3951.8 钱	99.58
以石粟三十钱计	4050.8 钱	99 钱	2.44	3951.8 钱	97.56
以石粟三十钱、人头税减半计	2074.9 钱	99 钱	4.77	1975.9 钱	95.23

简单解释一下表中数据的由来。表里的汉代家庭，假定为常规的五口之家，可以理解为夫妻二人加上三个子女，也可以是夫妻二人两个子女一位老人。之所以用五口之家来测算，是因为晁错对汉文帝说过："今农夫五口之家，……其能耕者不过百亩，百亩之收不过百石。"[2]这相当于提供了一项关

1　见高树林：《试论中国封建社会赋税制度的税役变化问题》，载《中国史研究》1989 年第 1 期。

2　《汉书·食货志上》。

键数据：五口之家耕足 100 亩田地，每年最多能收 100 石粮食。五口之家耕种一百亩已是极限，收获一百石也是极限，多数家庭其实做不到。姑且以该数据为准，按"三十税一"政策，该五口之家须向朝廷交田赋三石三斗。

再来看人头税。西汉针对未成年人的口钱是每丁二十三钱，针对成年人的算赋是每丁一百二十钱。因为朝廷常重复征税，实际征收量不止此数。不过这里姑且不考虑此类情况，假定政府能做到照章办事。徭役、兵役也皆按朝廷规定的折钱标准来计算，如兵役"践更"（出钱请人代为服役）标准是每月二千钱。朝廷常临时征发劳役，也姑且不考虑这些负担，同样假定政府很守规矩。

如此，便可以利用汉代的粮食价格，将一个普通家庭要负担的田亩税与人头税全部折算为钱，进而得出田亩税负担与人头税负担在总负担中的比例。表中使用了多个价格，是因为汉代历史漫长，不同时代的粮食价格有较大差别。最后一项人头税减半，是为了尽可能避免因"人头税测算过高"而引起质疑，相当于"退而言之"。当然，这种测算不可能精确。可虽不精准，也足以直观说明田亩税在汉代百姓的负担中不占据主导地位，仅将田赋从十五税一减为三十税一，无助于真正减轻汉帝国百姓的沉重负担。而真正将汉帝国百姓压得喘不过气来的，其实是人头税，是劳役、兵役、算钱与口钱。

这也是晁错向文帝叙述百姓生存惨况时，会将重点落在人头税上的主要原因。

> 今农夫五口之家，其服役者不下二人，其能耕者不过百亩，百亩之收不过百石。春耕夏耘，秋获冬藏。伐薪樵，治官府，给繇役；春不得避风尘，夏不得避暑热，秋不得避阴雨，冬不得避寒冻，四时之间亡日休息；又私自送往迎来，吊死问疾，养孤长幼在其中。勤苦如此，尚复被水旱之灾，急政暴虐，赋敛不时，朝令而暮改。当具有者半贾而卖，亡者取倍称之息，于是有卖田宅鬻子孙以偿责者矣。[1]

五口之家中，至少有两名成年劳动力需要去"伐薪樵，治官府，给繇役"，一年四季不得休息。这些按人头摊派的负担，便是广义的常规人头税。晁错告诉文帝，这些沉重的常规人头税，再加上非常规的水旱灾害、急暴之政与额外赋敛，共同造成了百姓们不得不卖田宅、卖子孙才能活命的社会现象。

既然"三十税一"解决不了人头税负担沉重的问题，文景时代的百姓们当然只好另寻活路。这个活路就是逃亡，不

---

1 《汉书·食货志上》。

再做朝廷的编户齐民。晁错在给文帝的奏疏里对比过做农民和做商人的不同命运——农民要承担沉重的人头税，人头税要用钱缴纳[1]，农民的地里只出产粮食不出产铜钱，粮食是大众商品，很难卖出高价，所以许多人为了缴足朝廷的人头税只好"卖田宅鬻子孙"；反观商人，虽然要承担的"算赋"（人头税之一）是农民的两倍，但他们通过贸易可以直接赚到铜钱，境况就比农民好得多，有些人甚至可以过上"衣必文采，食必粱肉"的好日子。于是现实就成了"法律贱商人，商人已富贵矣；尊农夫，农夫已贫贱矣"。不管朝廷如何出台政策打击商人鼓舞农民，都没有用。农民仍在贱卖土地，或加入商人队伍，或直接成为流亡者。同时代的贾谊，也留下了百姓纷纷选择流亡的信息。他告诉文帝，淮南之地的郡县百姓之所以纷纷抛弃家园，逃亡到诸侯王的地盘，不是因为田赋太重，而是徭役太重。"其吏民繇役往来长安者，自悉而补，中道衣敝，钱用诸费称此，其苦属汉，而欲得王至甚"[2]——往来长安的徭役将这些百姓压得喘不过气来，所

---

1 算钱、口钱须直接用钱缴纳；徭役和兵役可以选择出人，也可以选择出钱雇人代替。对普通五口之家而言，壮年劳力去服徭役或兵役往往意味着家庭经济状况的崩溃，故而在金钱足够的情况下，民众往往更愿意出钱雇人。但汉代底层百姓的普遍情况是挣钱很难，许多人往往连口钱与算钱都无法缴足。

2 《汉书·贾谊传》。

以他们不想再做朝廷的编户齐民，而是用脚投票跑到诸侯王的封地里去。

为消除百姓纷纷逃亡这一社会现象，晁错曾给文帝提供过一套解决办法。他建议朝廷将粮食升格为赏罚工具，百姓向官府奉献粮食，可以获得爵位或者免除罪罚。如此，富人为提高社会地位，或为减免罪行，就会拿钱到市场上去购买农民出产的粮食。购买粮食的人多了，粮价就会上涨。粮价上涨，农户的收入就会增多，就会觉得种地是件比逃亡更划算的事，从而愿意留在土地上做朝廷的编户齐民。

文帝采纳了晁错的建议，下令鼓励天下百姓向朝廷驻军的边塞地区奉献粮食。奉献六百石者可获得上造爵位，奉献四千石者可获得五大夫爵位，奉献一万二千石者可获得大庶长爵位。因有钱人交粮食买爵位很踊跃，晁错又向文帝建议：边塞将士吃不完奉献的粮食，等边塞地区储足五年之粮，便可改变政策，让有钱人转向地方郡县奉献粮食。等地方郡县也储足一年之粮，便可不时下诏免除农民的田租。文帝再次采纳了晁错的建议，"乃下诏赐民十二年租税之半"，这也正是三十税一政策的由来。

由此可以知道，文帝实施三十税一政策时，并没有减少朝廷的汲取总量。相反，朝廷通过售卖爵位，既从民间获得了大量粮食，也获得了大量金钱——富户往往是商人或官吏，他们将手里的钱拿到市场上购买粮食，这些钱流入农民手里后，又会被拿来向朝廷缴纳各种人头税。结果就是富人手里的钱大量流入官府，农民手里的粮食也大量流入官府。富人获得爵位，而农民并没有真正减少人头税负担，该服的劳役和兵役还得服，该缴纳的算钱和口钱也还得交。唯一的好处是粮食可以多卖几个钱，缴纳人头税的压力会轻一点。

晁错这套搞粮搞钱的办法很有效，故而贯穿了整个文景时代。武帝即位初年，"京师之钱累巨万，贯朽而不可校。太仓之粟陈陈相因，充溢露积于外，至腐败不可食"。[1] 国库里串钱的绳子烂掉了，太仓里露天堆着腐烂的粟米，可见文景时代以人头税征上来的金钱和靠出卖官爵[2]汲取上来的粮食，都远远超出了政府正常开支所需。当粮食与金钱大量流向官府而非留存在民间，结局必定是国富民穷。换言之，即便没有刘彻时代的大折腾，国富民穷也会成为文景之治的终点。至于三十税一，不过是误解造就的仁政神话。

---

1 《史记·平准书》。
2 《汉书》记载张释之"以赀为骑郎，事文帝"，司马相如"以赀为郎，事孝景帝"。可知文景时代不光卖爵位，也卖官职。

三、文景之变

今人虽将"文景之治"当作历史常识，可在太史公所处的时代，并不存在这种常识。

今存《史记·孝景本纪》里的"太史公曰"，就没说景帝什么好话。太史公说，文帝"施大德，天下怀安"，给景帝留下一个人心安定的好时代。景帝"不复忧异姓"，遂将内斗矛头指向同姓诸侯，结果酿成"七国俱起，合从而西乡（向）"的大乱局。虽然景帝最终挺过了乱局，太史公却仍说"安危之机，岂不以谋哉？"批评景帝做事欠缺深思熟虑，欠缺判断能力。

当然，今存《孝景本纪》已未必是太史公的原文。东汉人卫宏在《汉书旧仪注》里说："司马迁作景帝本纪，极言其短及武帝过。武帝怒而削去之。"此说在东汉魏晋时代流传颇广。魏明帝曹叡站在帝王立场痛斥太史公，说他因受刑，"著《史记》非贬孝武，令人切齿"。大臣王肃则回应说太史公"不虚美，不隐恶"，乃良史之才，其著作相当于实录；反而是汉武帝不敢面对历史真相，"取孝景及己本纪览之，于是大怒，削而投之"，造成流传至今的《孝景本纪》

和《孝武本纪》仅有目录没有内容。[1] 王肃是王朗之子，王朗受过正常的经史教育，非常痛恨秦始皇这类暴君。家学影响下，王肃也厌恶汉武帝这类以万民为代价的雄主。

若以卫宏和王肃的说法为准，则太史公所写《孝景本纪》已经失传。失传的原因是太史公记录了景帝的诸多劣迹。也就是说，无论是以今存的《孝景本纪》为据，还是以失传的《孝景本纪》为据，均足以证明太史公对汉景帝没有好感，他不会认同"文景之治"这种说法。

"文景"并称，大概始于班固的《汉书》。在《景帝纪》的赞语里，班固说："汉兴，扫除烦苛，与民休息。至于孝文，加之以恭俭，孝景遵业，五六十载之间，至于移风易俗，黎民醇厚。周云成康，汉言文景，美矣！"——所谓"孝景遵业"云云，当然是在睁着眼睛说瞎话。班固是御用撰史人，也是被皇权踩断了脊梁、丧失了表达自由的人，他只能拿传说中的成康时代来妄赞本朝的文景时代。相比太史公，班固的史德是有所欠缺的。

若论物质生活状况，文帝时代的境况并不好，此点前文已经廓清——历史教科书里大肆渲染的"三十税一"仅限田亩税，而两汉时代百姓承担的赋税，九成以上是人头税。因

1　见《三国志·魏书·王朗传附王肃传》。

田亩税在整个税负中所占比重太低，其税率再轻也不足以减轻百姓负担。"三十税一"的核心价值是做朝廷行仁政的宣传资料。贾谊在给文帝的奏疏里说汉朝建国四十年，百姓仍只能勉强糊口，遇上风不调雨不顺的年景便要饿肚子，便要卖儿卖女，这才是当时的民生实情。

文帝时代的吏治也不好。许多人有种错误印象，觉得王朝初建时官员廉洁政治清明，王朝末期则贪墨遍地腐败横行。其实，秦制政权的公权力从来毫无制度性约束可言，至多不过是朝堂上有些讲良心的臣子会站出来切言直谏。贪腐乃是秦制政权自诞生之日起便泛滥成灾的常态，西汉初年的情况当然也是如此。刘邦建国时，军功集团几乎全面占据郡国守相、郡县令长之职。这些人向下掠夺民脂民膏，向上贪墨朝廷赋税。出生入死的老兄弟，霸占些民财，抢几个民女，皇权并不在意。萧何作为头号功臣，带头"贱强买民田宅数千万"[1]，刘邦的反应是"笑"，毕竟老兄弟追求物质享受对皇权而言是大好事。当然，这种追求不能过头，不能将手脚伸到皇帝的口袋里——当萧何向刘邦请求开放上林苑空地给百姓谋生时，不愿私产受损失的刘邦便"怒"而将萧何关进了监狱。

---

1 《史记·萧相国世家》。

　　惠帝三年（前192年），吕后出台新制度，派御史去地方监察，专门打击贪污挪用朝廷财富的官吏；文帝上台后，又制定新法律，要对"守县官财物"却监守自盗者处以死刑。出现这些政策，足见贪腐情况在当时已颇为严重。张家山汉简载有一位"醴阳令恢"，是拥有左庶长之爵的军功吏，其罪行便是与小吏合谋盗取公家之米。长安的东西都敢侵吞，底层草民那点脂膏当然也不会放过。到了景帝时代，状况非但没有改善，反而继续恶化。"吏以货赂为市，渔夺百姓，侵牟万民"[1]，便是景帝在谕旨中对当时贪腐情况的总结性描述。

　　文帝时代真正让百姓怀念的，不是吃饱了肚子，也不是政治清廉——这些都只是后人虚妄的想象——而是朝廷放松了对社会的高强度管控。这种放松主要集中在两个方面：一是在经济上放弃了对刑徒的依赖，不再像秦帝国那般大搞刑徒经济；二是实施司法改革，让国家暂时走出了举报型社会。

　　先说刑徒经济。按秦代制度，罪人无期。百姓定罪后须终身被官府驱使，为官府服劳役。其罪行轻重，不以服刑年限体现，而以劳作强度区分。罪行重者干一辈子重劳役，轻

1　《汉书·景帝纪》。

者则干一辈子相对较轻的劳役。当然，这只是原则，实际操作并不会严格遵守，轻罪服重劳役才是常态。在秦国，只要犯了罪，便一辈子是罪人，一辈子要给官府做牛做马。这种罪人无期制度，与商鞅变法以来奉行的轻罪重刑理念（小过错从重判决，无过错则预防性判决）、大规模株连政策等，共同构筑起以严刑峻法为核心手段的统治模式，也构筑起规模庞大的刑徒经济——各级官府受利益驱动，为获得更多免费劳动力，有很强的动力去刻意制造刑徒。

严苛的秦法支持官府源源不断地制造刑徒，而刑徒皆是无期，秦国很自然地成了一个"赭衣塞路，囹圄成市"[1]的可怕世界。可以说，刑徒经济才是秦国真正的经济基础[2]。秦始皇二十八年（前 219 年），始皇帝赵政巡行天下，在洞庭湖

---

1 《汉书·刑法志》。

2 此处有一项可供参考的研究。刘三解《秦砖》一书通过解读出土秦简，考察秦迁陵县的刑徒比例，得到如下数据："如果我们不考虑迁陵县未入户籍的濮人、杨人、臾人等少数民族户口，只计算在籍黔首与刑徒的总和为总人口数，则刑徒占总人口比为 25.24% ~ 27.70%，即超过总人口的四分之一。"按这个比例，以葛剑雄《中国人口史（第一卷）》估计的秦帝国人口为 4000 万人上下为据，"也就意味着，等比例放大到全国，可能有 1000 万人穿着赭衣，以刑徒的身份在为秦帝国劳作。这个数字看起来无比惊人，但考虑到在里耶秦简中大量出现的派遣刑徒至田官处耕种公田的记录，以及睡虎地秦墓竹简中记录秦律中动辄得罪的绵密规定，加上严格的连坐制度，也不是不可理解的"。见刘三解：《秦砖》，北京联合出版公司 2020 年版，第 443—444 页。

遭遇大风，盛怒之下要惩罚湘君之神，"使刑徒三千人皆伐湘山树，赭其山"[1]，如此滥用人力将一整座山的树全部砍光，显见赵政手里掌握的刑徒资源相当丰富。骊山秦陵七十万工人，绝大部分是刑徒，原因也在于此。

从"罪人无期"到"罪人有期"，这个转变发生在汉文帝十二年（前 168 年）。该年，文帝下诏："其除肉刑，有以易之；及令罪人各以轻重，不亡逃，有年而免，具为令。"[2]据此，汉帝国废除了肉刑，还给犯罪之人制定了刑期，服刑期满即可恢复自由之身。一般认为，最重的髡钳城旦舂之罪要强制劳役五年，次者完城旦舂之罪要强制劳役四年，鬼薪白粲之罪要强制劳役三年，司寇两年，罚作一年。此举的本质是要否定刑徒经济这种立国模式，国家不是劳役集中营，政府不应该孜孜于想方设法陷民众以刑罪然后将之变成官府的奴隶。

此举极大改变了汉帝国的社会生态。毕竟，这是周秦之变后普通民众首次免于一旦触犯律法便终身为奴的恐惧。所以，仅仅两年后，晁错便在《贤良对策》中将"罪人有期"当成文帝执政期间的重大功绩来颂扬。

不过，要想彻底否定刑徒经济，仅仅推行罪人有期还

---

1 《史记·秦始皇本纪》。
2 《汉书·刑法志》。

不够。如果法网严密，即便罪人有期，刑徒数量还是会持续增长，刑徒经济的规模还是会居高不下。必须是罪人有期而刑罚罕用，罪人数量才会日渐减少，刑徒经济的规模才会日渐萎缩。所以文帝执政期间还实施了一系列司法改革，其中最紧要者，是"选张释之为廷尉，罪疑者予民，是以刑罚大省，至于断狱四百，有刑错之风"[1]，即提拔张释之为最高司法长官，命其负责将"罪疑者予民"这一新的司法判决原则全面推广下去。推广的结果是获罪判刑之人大减。获刑者大减，刑徒经济自然也就难以为继。

除了减少刑徒，"罪疑者予民"还有助于消灭告密之风。

以告密为基本统治手段，是商鞅变法的重要内容。商鞅死后，这套手段被秦国忠实继承了下来。西汉建政后也继承了这套统治术，告密举报是民众日常生活中的常见内容。史载，汉文帝"惩恶亡秦之政，论议务在宽厚，耻言人之过失。化行天下，告讦之俗易"[2]。告讦即向官府举报他人，揭发隐私。这段记载不可全信——古往今来的历史经验证明，仅依赖高层统治者论议宽厚，不可能真正消灭弥漫于整个社会的告密之风——但这段记载至少提供了一个重要信息，那就是在文帝执政初期，汉帝国仍是一个告密大国，汉帝国百姓

---

1 《汉书·刑法志》。
2 《汉书·刑法志》。

仍普遍且时刻生活在可能被举报的恐惧之中。

"罪疑者予民"这项新司法审判原则，恰是从制度上消灭举报者的良策。举报者、审查他人思想言论者的常规手段，无非是捕风捉影、割裂情境与翻查旧账。朝廷鼓励举报与审查，欲用举报与审查来钳人之口，让天下人都活在口是心非的战战兢兢之中。举报中的疑点利益必须归于举报者，举报之风才会大盛；反之，若疑点利益归于被举报者，举报成功率必会断崖式下跌。当告密者无法举报成功，无法自官府得到好处时，便会悻悻然收起其阴毒的视线和残忍的爪牙，回归到茫茫人海之中，成为贤愚难分的普通人。

另一项旨在消弭举报之风的司法举措，是文帝颁布诏令废除了"诽谤谣言之罪"。诏书如下：

> 今法有诽谤妖言之罪，是使众臣不敢尽情，而上无由闻过失也。将何以来远方之贤良？其除之。民或祝诅上，以相约结而后相谩，吏以为大逆，其有他言，而吏又以为诽谤。此细民之愚，无知抵死，朕甚不取。自今以来，有犯此者勿听治。[1]

---

[1] 《史记·孝文本纪》。

　　诏书说，律法里有诽谤妖言之罪，让朝臣不敢说真话，让皇帝没机会听到真意见，也让朝廷得不到贤良之才，故宣布废除。百姓用言语或巫术诅咒皇帝，批评官府，说些刺耳的话，从前会被定为大逆或诽谤之罪，自诏书发布之日起也不再追究。

　　容许百姓骂官府骂朝廷，容许百姓诅咒皇帝，这对告密爱好者、审查他人思想言论爱好者而言，无疑是沉重一击。举报活动中的疑点利益已归于被举报者，连举报他人诅咒皇帝也已不再追究，告密爱好者与审查爱好者当然只能改行。文帝时代一年仅"断狱四百"的发生逻辑便在这里。

　　以上种种，也是太史公愿意赞誉汉文帝的主因。商鞅变法以公权力强迫底层百姓彼此监视、互相举报——五家为伍，十家为什，什伍之中有人犯法，其他人不举报便要受到株连。秦制之下，不独邻里之间，连同床共枕的夫妻也负有举报义务。睡虎地出土秦简中的秦律规定：丈夫行盗，其妻知情并共享所盗之物，须同罪论处。唯有丈夫犯罪后，妻子于案发前主动举报，才能保证自己的嫁妆不被没收。整个社会因之全面走向了沼泽化，底层百姓越挣扎便陷得越深。到了刘邦时代，这种政策仍在延续。萧何以"约法三章"不足以御奸为由，"攈摭秦法……作律九章"，其中便有鼓励举报的内容。刘邦和吕后诛杀韩信等功臣时，也常借助举报者提供的信息来给功臣定罪。

直接见识过深渊者，绝不希望余生再次踏入深渊。熬过了秦始皇时代，也熬过了秦末乱世，年已九十余岁的伏生在给文帝进献其苦心保存的《尚书》时，奋力建言，"与其杀不辜，宁失不经"[1]。这位孔孟信徒希望文帝不要再以恐吓、告密之道来治天下，希望汉帝国的司法能够改行疑罪从无。他坚信放过一名可能的有罪者给社会带来的害处，要远远小于杀害一名可能的无辜者。

间接洞悉深渊者，同样不希望此生有机会亲自体验深渊。思想底色里有明显法家痕迹的贾谊也对文帝说："与其杀不辜也，宁失于有罪也……疑罪从去，仁也。"[2]秦制讲求宁可杀错绝不放过，贾谊希望文帝反其道而行之，宁愿放过绝不杀错。贾谊说，这才是真正的仁政。

这些都是振聋发聩的谏言。须知绝大多数普通人的行为模式，主要由笼罩他们的制度决定。当普通人无力改变制度时，便会与制度共存，选择对自己最有利的行为模式来牟利或规避伤害。制度不义，民众的行为模式也会不义，社会的道德水准会急骤降低，会陷入集体冷漠乃至互害的状态。在这种社会里，人们不再能够对他人具体的痛苦做出友善的回应。社会的自我救济机制会崩溃，人性会被摒弃，律法规条

---

1 《尚书·大禹谟》。
2 《新书》卷九。

会以僵化的形式付诸实施，然后成为勒死社会最有力的绞索。当制度鼓励举报、鼓励宁杀错不放过时，受害者绝不会仅仅是被举报者，而必将是整个社会。

文帝能够接受伏生和贾谊的谏言，与他入主长安之前历事甚多也有直接关系。在吕后执政时期，文帝本人正是告密、监视与言论审查的长期受害者。他本就是饱受深渊迫害之人，在深渊中过了太久不正常的日子，也知道这不正常的源头在哪里。所以即位后不久，文帝便欲废除连坐的酷刑。然而包括周勃、陈平在内的一众朝臣普遍不能理解，理由是"父母妻子同产相坐及收，所以累其心，使重犯法也。收之之道，所由来久矣。臣之愚计，以为如其故便"[1]。让父母兄弟妻子儿女连坐，是为了掐住百姓的软肋，让他们战战兢兢不敢触犯律法，不敢挑战统治秩序。这是古老而有效的办法，不可更改。

文帝回复："法正则民悫，罪当则民从。且夫牧民而道之以善者，吏也；既不能道，又以不正之法罪之，是法反害于民，为暴者也。"[2]律法正派、判决恰当，百姓才会尊重律法与司法机构。引导百姓从善是官吏的职责。引导工作没做好，还用不正派的律法与不公正的判决去威胁百姓，这是暴政，

---

1 《汉书·刑法志》。

2 《汉书·刑法志》。

只会将好人逼成坏人。

文帝这些话，只是在谈一个最基本的道理：要想让社会清静下来，朝廷首先得清静下来；要想让百姓认同朝廷制定的秩序，朝廷自己首先得遵守这些秩序。

于是，文帝时代的最高司法长官张释之，就成了一个努力坚持"法者天子所与天下公共也"[1]理念的人，既用律法约束百姓，也用律法约束皇帝。有人惊了文帝的马，文帝要杀人，张释之只肯按律法罚金；有人偷了刘邦庙里的器物，文帝要族诛，张释之只肯按律法弃市罪犯本人；太子（即后来的景帝）与梁王上朝不下司马门，张释之也会上奏弹劾，一直闹到文帝出面道歉承认教子不谨。

遗憾的是，文帝没有将他的认知固化为制度，而仅以皇权之威下发诏书或变更人事。这些东西无法成为给时代托底的力量，也无法阻遏时代重归秦制。当文帝去世，景帝即位，社会很快便重回旧貌。那位坚持皇帝也要服从律法的张释之，也立即称病不再管事。"欲免去，惧大诛至；欲见谢，则未知何如"——他知道自己与景帝有私怨，因此既不敢辞官，也不敢认错求原谅，战战兢兢陷入了两难。好在景帝不想把事情做得太难看，仅将张释之自政治红人的高台上踢

---

[1] 《史记·张释之冯唐列传》。

下，变成无权无势的闲人。

新上任的廷尉，随即按照景帝的意志重新制定律法，又开始鼓励官员们互相举报。"有能捕告，畀其所受臧"[1]，所谓赃物，会成为举报者的奖赏，社会再次成为告密者与审查者的天堂。再后来，武帝利用算缗告缗政策，将举报之风自官场浩浩荡荡推向民间，"中家以上大抵皆遇告……于是商贾中家以上大率破，民偷甘食好衣，不事畜藏之产业"[2]，整个社会再度陷入争相告密的大恐怖时代，百姓全面失去了安全感。

文帝时代，"天下怀安"，"告讦之俗易"；景帝时代，告密与审查重启；至武帝时代，全民举报到达巅峰，再无人愿意努力劳作，再无人相信勤劳致富。这是巨大的历史变迁。这不是"文景之治"，而是"文景之变"。

---

1 《汉书·景帝纪》。
2 《史记·平准书》。

第五章

雄主

所谓独尊儒术，不过是有选择地自儒家学说中择取有助于粉饰皇权的内容，如封禅、巡狩、建明堂、改正朔、易服色等。这些规模浩大、劳民伤财的政治活动，可以提升皇权的威严，也有助于将刘彻本人塑造成形象伟岸的当代尧舜。至于先秦孔孟原始儒学中要求统治者克己复礼约束自我、压制私欲节约民力的相关内容，从来仅见于宣传而不能付诸实践。

一、无为的余晖

景帝在位十六年，于公元前 141 年初去世。十七岁的太子刘彻登基，后世称作汉武帝。若干年后，刘彻将自己即位的次年追命年号"建元"[1]，意为新时代到来。只是，新时代未必是好时代。刘彻执政五十三年间新政迭出，皆不过是在重建秦制，皆不过是旧制度的卷土重来。

这场卷土重来始于元光元年（前 134 年），而非刘彻即位之日。迟滞的原因是窦太后活着，尚轮不到刘彻做主。迟滞的这六七年，是汉帝国无为之治的最后余晖，也是未来半个世纪里最好的几年。

窦太后是文帝之妻，深知"诛吕政变"的血腥恐怖，亲历了文帝约束皇权、重建皇权、诸侯王与军功列侯和平共处的全过程，受黄老无为思想影响极深。在景帝时代，窦太后始终保持着对朝政的重大影响力。因窦太后好黄老之术，

1　"建元"年号始于前 140 年，终于前 135 年。一般认为该年号是刘彻日后追命，如司马光、赵翼等均持此说。也有部分学者认为是汉武帝登基时创制。笔者倾向于前一种意见。

"诸博士具官待问，未有进者"[1]，"帝及太子诸窦不得不读黄帝、老子，尊其术"[2]——帝便是景帝，太子即刘彻，诸窦指窦氏外戚。儒生辕固生对《老子书》评级甚低，曾被盛怒的窦太后下旨扔进猪圈与野猪搏斗，险些丧命。

刘彻即位后，与生母王太后联手发动了针对祖母窦太后的夺权行动。

建元元年（前140年），王太后集团变更长安高层人事，任命窦婴为丞相、田蚡为太尉、赵绾为御史大夫、王臧为郎中令。这些人皆有儒学背景，与窦太后尊崇黄老的旨趣迥异，且在权力关系脉络中与窦太后很疏远——田蚡是王太后同母异父的兄弟；窦婴是窦太后之侄，但因政见不同触怒过窦太后，关系一度恶化至"太后除窦婴门籍，不得入朝请"[3]的地步。赵绾与王臧是儒者申公的弟子，王臧在景帝时代做过太子太傅，是刘彻的老师。

权力斗争往往外显为思想分歧，刘彻即位初年的这场夺权行动也是如此。黄老无为，主张统治集团内部互不折腾，和和气气，享乐发财。儒家有为，主张整顿乃至重塑统治秩序以提升行政效率。后者势必要触动统治集团内部原定的蛋

---

1 《史记·儒林列传》。

2 《史记·外戚世家》。

3 《史记·魏其武安侯列传》。

糕分配模式。新皇帝大量起用崇儒人士进入最高权力集团，既是为了向窦太后夺权，也是欲借此举对外宣示黄老无为的旧时代已经过去，崇儒有为的新时代正在到来。

两个月后，新皇帝又在赵绾、王臧的帮助下，开始筹划设立明堂。

明堂据说乃周公所造，是周天子接受诸侯朝见、彰明尊卑的场所。赵绾与王臧并不清楚传说中的明堂是何模样，也不知晓明堂之礼该如何实施。但这些不重要，重要的是明堂有助于弘扬皇权的至高无上，也有助于打击推崇黄老之术的窦太后——新皇帝设立明堂并将之纳入朝廷礼仪，相当于旗帜鲜明地宣布黄老已经过时，儒学才是正道。王太后对刘彻说，"汝新即位，大臣未服。先为明堂，太皇太后已怒"[1]，可见权斗局内人皆深知修筑明堂会给汉帝国带来政治路线上的大震动。政治路线变了，权力的蛋糕自然也得重新分配。

与上述手段配套，王氏集团还试图"令列侯就国"，强制列侯离开长安回到封地，不许无事逗留。这无疑是在重施文帝故技，只不过文帝当年针对军功列侯，王氏集团则针对窦氏外戚出身的列侯——史载"时诸外家为列侯，列侯多尚公主，皆不欲就国"[2]。列侯群聚长安方便串联，独居封地则孤

---

1 《资治通鉴》卷十七。

2 《史记·魏其武安侯列传》。

立无援。王氏集团要做的便是借"列侯就国"这一政策，将窦氏外戚势力强行拆散，逐出长安，以减轻向窦太后夺权的阻力。与此同时，王氏集团还以行为不端为由将诸多窦氏外戚贬为平民，踢出了统治集团。

窦氏集团如何应对王氏集团的步步紧逼，史料缺乏记载。可知的是，王氏集团的初期行动似乎一帆风顺。建元二年（前139年），御史大夫赵绾信心满满地亮了底牌，"请无奏事东宫"[1]。长乐宫在未央宫之东，俗称东宫或东朝，正是窦太后的居所。赵绾之意，是要全面剥夺窦太后的权力，逼其彻底退出政治舞台。可局势随后急转直下，失明已久的窦太后雷霆震怒，窦婴与田蚡被罢免职务，赵绾与王臧则死于狱中。刘彻和王太后不得不全面雌伏。

也是在这一年，刘彻的叔父淮南王刘安（刘邦之孙，刘长之子）带着其主持编纂的《鸿烈》（《淮南子》）一书来到长安。刘安携书来京意味深长，且看《鸿烈》中的这些段落：

　　仁义礼乐者，可以救败，而非通治之至也。[2]
　　今夫儒者，不本其所以欲，而禁其所欲，不原其所

1 《史记·魏其武安侯列传》。
2 《淮南子·本经训》。

以乐，而闭其所乐，是犹决江河之源，而障之以手也。[1]

当今之世，丑必托善以自为解，邪必蒙正以自为辟。……分别争财，亲戚兄弟构怨，骨肉相贼，曰周公之义也……行货赂，趣势门，立私废公，比周而取容，曰孔子之术也。此使君子小人，纷然淆乱，莫知其是非者也。[2]

《鸿烈》虽成于众人之手，内容驳杂，但批评儒学、肯定黄老的思想旨趣却很鲜明。上面这些针对儒学的批评，便与窦太后的政治旨趣高度契合。再如下面这些内容：

上多故则下多诈，上多事则下多态，上烦扰则下不定，上多求则下交争。……权衡规矩，一定而不易。不为秦楚变节，不为胡越改容。常一而不邪，方行而不流。一日刑之，万世传之，而以无为为之。[3]

这些话，皆是在劝诫皇帝无为。皇帝多事烦扰，下臣为应付计，必会多诈交争，方方面面都会备受折腾。最好的政

---

1 《淮南子·精神训》。
2 《淮南子·泰族训》。
3 《淮南子·主术训》。

治，是规矩定下后保持稳定，不随意变更。做到无为，才能做到无不为。

刘安有这样的思想不足为奇。自汉兴以来，诸侯王与军功列侯一直是皇权的折腾对象。作为诸侯王里的领袖人物，刘安当然希望长安继续走黄老路线，继续维持宽松的政治环境，如此诸侯王们才有好日子过。刘安在建元二年这样特殊的年份，带着主张黄老无为的《鸿烈》来到长安，自是在代表诸侯王表达对窦太后的支持。

史载，刘安入朝后，"献所作内篇，新出，上爱秘之。……每宴见，谈说得失及方技赋颂，昏莫然后罢"[1]——刘彻不久前还打着崇儒反黄老的旗号向窦太后夺权，当然不可能真的欣赏《鸿烈》。尽量表现出对《鸿烈》的兴趣而非反感，以博取窦太后的谅解，才是这位刚遭受镇压的年轻皇帝的真实心态。至于刘安常在宴会上与刘彻讨论政治得失，或许也是奉了窦太后的旨意，试图以宗室长辈的身份，引导误入歧途的年轻皇帝回归黄老无为的轨道。在窦太后眼里，刘彻是叛逆者，但也是自己的亲孙。她希望刘安及其《鸿烈》能对刘彻起到再教育作用，是情理中事。

遗憾的是，刘彻对无为从来就不感兴趣。年轻而自命雄

---

1 《汉书·淮南衡山济北王传》。

才的帝王目之所见，是国库里串钱的绳子已经朽断，是太仓里露天堆着因吃不完而腐烂的粟米。他内心躁动，深感有为的时机已经成熟，有许多伟大蓝图正等着他去实现。至于谁会成为这伟大蓝图下的炮灰，自幼锦衣玉食的年轻皇帝并不在乎。

二、尊儒实为灭儒

建元六年（前 135 年），窦太后去世。约束年轻皇帝的缰绳消失[1]，刘彻告别蛰伏，重掌大权，再次发起尊儒运动。《史记·儒林列传》如此记载这场剧变：

> 及窦太后崩，武安侯田蚡为丞相，绌黄老、刑名百家之言，延文学儒者数百人，而公孙弘以春秋白衣为天子三公，封以平津侯。天下之学士靡然乡风矣。

此即史上著名的"罢黜百家，独尊儒术"。

需要注意的是，刘彻此番尊儒，目的已不是要借思想流

1　《史记·孝武本纪》对建元二年至建元六年（前 139—前 135 年）这段时间的汉武帝行迹不着一字，然后以一种意味深长的方式记录下最高权力的回归："后六年，窦太后崩。其明年，上征文学之士公孙弘等。"

派之争在统治集团内部夺权，而是欲借儒学来重新确定汉帝国的立国之本，并满足其个人大有可为的政治欲望。具体而言，是试图通过尊儒，来为汉帝国赋予新的政权合法性，并将刘彻的统治粉饰成前所未有的盛世。

寻求新的政权合法性，是因为旧的政权合法性一直不能让刘氏皇权满意。

刘邦建政的实质，乃是一场规模浩大的战利品分配。由楚王韩信、韩王信、淮南王英布、梁王彭越等人领衔的劝进书里说，刘邦的功与德最高，故应做皇帝，次者可为诸侯王，再次者可为列侯，最末梢的士卒亦可获授爵位与田宅。也就是说，刘邦做皇帝的合法性来源，是"天命无常，唯有德（功）者居之"。

可是，"天命无常，唯有德（功）者居之"这类论调，固然可以为现政权提供合法性，却也会成为竞争者推翻现政权的口号。功德的有无与多少乃是主观认知，须供天下人讨论评议，又相当于给皇权套上了舆论枷锁。所以景帝执政期间，要不要继续维持"天命无常，唯有德（功）者居之"这种合法性说辞，已成为极重要的政治问题。相关的典型事件，便是辕固生与黄生关于"汤武受命"评价的御前争论。史载：

> 黄生曰："汤武非受命，乃弑也。"辕固生曰："不然。夫桀纣虐乱，天下之心皆归汤武，汤武与天下之心而诛桀

纣，桀纣之民不为之使而归汤武，汤武不得已而立，非
受命为何？"黄生曰："冠虽敝，必加于首；履虽新，必
关于足。何者，上下之分也。今桀纣虽失道，然君上也；
汤武虽圣，臣下也。夫主有失行，臣下不能正言匡过以尊
天子，反因过而诛之，代立践南面，非弑而何也？"辕固
生曰："必若所云，是高帝代秦即天子之位，非邪？"于
是景帝曰："食肉不食马肝，不为不知味；言学者无言汤
武受命，不为愚。"遂罢。是后学者莫敢明受命放杀者。[1]

辕固生是儒者，黄生的学问旨趣不明。按黄生的意见，
商取代夏，周取代商，皆是以武力弑君推翻前朝，算不得受命
于天。且帽子再破也应戴在头上，鞋子再新也只能穿在脚上，
上下之分不可混淆。夏桀商纣再糟糕也是君王，商汤姬发再贤
明也是臣下，弑君行为必须否定。辕固生的意见恰好相反，认
为夏桀商纣荒淫暴乱丧尽人心，将之推翻正是上应天道下顺民
心。若推翻暴君不被允许，那么"高帝代秦即天子之位"岂非
做错了？景帝无法否定反秦战争的正义性，又不愿意承认暴君
应该被推翻，只好站出来和稀泥，强行终止了辩论。

景帝没能解决的问题，刘彻决意解决。站在刘氏皇权角

---

1 《史记·儒林列传》。

度审视，刘彻确是解决该问题的最佳人选——经过文、景两代数十年谋划，军功列侯与诸侯王皆已式微，体制内再无人能、也再无人敢以白马之盟为依据来约束皇权。

元光元年（前134年）五月，刘彻下诏征集贤良对策，号召知识分子为新时代出谋划策。年轻皇帝雄心勃勃，在诏书里说自己立志做比肩尧、舜的当代圣王。他鼓励贤良们总结历史经验，将如何成为当代尧舜的办法写成书篇文章，且承诺会亲自逐一阅览。年约六十岁[1]的儒者董仲舒夹杂在众多上书者当中。年轻皇帝对他的文章产生了浓厚兴趣，又两次策问。三次策问得到三份回复，合并起来便是汉代政治史上极为重要的文献"天人三策"。

第一策谈论的便是刘彻很关心的政权合法性问题。刘彻想知道上古圣王因何拥有天下，各种灾异因何而发生，该怎样做才能让百姓和乐祥瑞普降。董仲舒答道：天下由谁获得取决于天命，灾异是天人之间的政治对话。政治无道，上

---

1 董仲舒的生年，《史记》与《汉书》皆不载。学界研究存在诸多不同意见。如清代人苏舆《春秋繁露义证》认为董仲舒约生于公元前179年（汉文帝前元元年），周桂钿《董子探微》则论证董仲舒约生于公元前200年至前196年之间（汉高帝七年至十一年），王永祥《董仲舒评传》则认为将董仲舒的生年断定为公元前192年至前191年间（汉惠帝三年至四年）最为适宜。笔者倾向于认为后两种意见更接近实情。再考虑到董仲舒未必是在汉武帝下诏征集贤良对策的同一年即上书，估测认为董仲舒引起皇帝注意的年龄在六十岁上下，应属合理。

天就降下灾异来谴责警告，屡次谴责警告无效，上天就会改变初衷，将天命转移给别人。获得天命眷顾者，上天会为其降下吉兆。反之，若朝廷废德教而任刑罚，上天必会降下灾异。总之，祥瑞与灾异不会凭空产生，祥瑞是针对善政德政的赞赏，灾异是针对恶政暴政的警告。

第二策主要谈论汉帝国的治国路线，即该尊黄老还是崇儒学。董仲舒身为儒者，自是立场鲜明地支持儒学。

第三策重点谈论统治基础。周秦之变后，贵族政治消亡，官僚集团取代贵族集团成为政权的统治基础。刘邦建国时，其官僚群体主要由军功集团构成。到了刘彻时代，诸侯王与军功列侯已经式微，但郎选、任子、资选这三种途径仍是官僚系统的主要选官途径。郎选，指皇帝的近卫侍臣任职期满后可升迁为官；任子，指二千石及以上高官子弟有优先做官的特权；资选即花钱买官。董仲舒对这些选官方式颇为不满，建议在中央设立太学培养官吏，并从民间选举贤良，让平民出身的普通下层知识分子也有机会进入统治集团。且主张独尊儒学，"诸不在六艺之科孔子之术者，皆绝其道，勿使并进"，以便为汉帝国塑造出一群以儒学为思想底色的官僚集团，来作为新的统治基础。[1]

---

[1] "天人三策"的具体内容，见《汉书·董仲舒传》。

"天人三策"还主张实施礼制以维持尊卑有序；建立明堂以约束贵族势力；限制豪民占田以打击地方有势力者。这些都引起了年轻皇帝的兴趣。

皇权受命于天，灾异与祥瑞乃天人之间的感应，这是董仲舒为汉帝国政权合法性提供的新理论——刘邦当年做皇帝，一众诸侯王联名劝进的文书里无只字提及天意，亦无只字提及赤帝子斩白帝子之类神话，仅言其战功与德行比其他人更高，亦即刘邦的皇权乃"受命于人"。董仲舒这套新理论，是要将汉帝国的皇权从"受命于人"转型为"受命于天"，是要用虚无缥缈的天意来取代切切实实的人意。

皇权神授取代皇权人授，是因为天意远比人心容易操控。人授时代，诸侯王与列侯的意见必须重视，无法简单粗暴地被代表。如文帝立太子时，便不敢将父死子继视为理所当然，而要再三谦让，并敦请诸侯王与列侯自"诸侯王宗室昆弟有功臣"[1]中推举贤能有德之人为储君候选。这谦让中有诛吕政变的阴影，也是君权人授传统所致。神授时代则不然。灾异是否存在取决于当权者是否允许公布天灾；祥瑞是否存在也取决于当权者是否需要祥瑞。说是皇权神授，实则神是何种意见，完全取决于皇权需要神出具何种意见。让神

---

1 《史记·孝文本纪》。

按照皇权的需要表态，远比让人按照皇权的需要表态来得容易。这是刘彻对天人感应之说深感兴趣的主因。

董仲舒向刘彻推销天人感应，却是想要给皇权戴上枷锁。他创造了一套叙事逻辑：政统之根本在于民心，能否获得民心取决于君王施政的好坏。施政败坏必然酷刑泛滥，酷刑泛滥会生成冤厉之气，冤厉之气会引起天意降灾示警……按照这套逻辑，官员与知识分子可借灾异讽谏皇帝，进而推动政治改良；皇帝不能无视灾异，也不能拒绝承担施政有误的责任。

只是董仲舒的愿望注定落空。建元六年（前135年），辽东高庙与长陵高园殿遭遇火灾，董仲舒将之当成灾异推演，欲对现实政治有所批判。草稿未上而被主父偃窃取送至刘彻手中。刘彻召见诸儒讨论，董仲舒弟子吕步舒也参与其中。吕步舒不知草稿乃董仲舒所拟，迎合皇权意志给了个"大愚"的评价。同样的灾异由同门师徒解读，却结论迥异。董仲舒的灾异推演逻辑被证伪，随即被刘彻扔进死牢，险些丧命。经历此事后，董仲舒"遂不敢复言灾异"[1]。连天人感应之说最有力的倡导者[2]也无法以天意约束君王，余者可想而知。

---

1 《汉书·董仲舒传》。
2 董仲舒并非"天人感应"这套理论的原创者。西汉初年的儒生陆贾也谈过类似的天人问题。探讨自然秩序（天意）与社会秩序（人事）之间的关联，可说是西汉时期一种颇为流行的政治思想。

刘彻采纳皇权神授，是因为神化刘氏皇权有助于增加汉帝国合法性。刘彻严惩董仲舒，是因为允许知识分子以灾异为切口批判现实，会妨害皇权肆意妄为。"天子与列侯的共和政治"已经结束，缺乏制度约束的皇权可随意剪裁历史与现实，也可随意剪裁他人的思想与理论，甚至可随意塑造时代的精神状态。"罢黜百家，独尊儒术"便没有给儒家知识分子带来春天，反成了儒家知识分子的灭顶之灾。钱穆深度分析过刘彻为何要抛弃黄老而独尊儒术：

> 黄老、申商本所以饰衰世，非以饰升平。又兼六国亡于秦，秦亡于汉，既值衰乱之际，又复已施不验，不足以歆观听，而厌人主奇伟非常之意。唯儒家高谈上古唐虞三代之治隆，太平之盛德，礼乐制度之美，如公孙弘所称周公之治，在当时转为可喜之新论。[1]

黄老无为，适用于乱世初定之际。申商惨苛，已因秦帝国的灭亡而被舆论彻底否定，只适合偷偷干而不宜公开宣传。唯有儒学中留存的礼乐制度、三代之治这类东西，适合拿来装点盛世，适合成为政治命题以满足皇帝追求雄才大略

----

[1] 钱穆：《国学概论》，商务印书馆1997年版，第89页。

的虚荣之心。所谓"人主奇伟非常之意"，便是指刘彻欲做当代尧舜的雄主心态。

汲黯曾当面批评刘彻"陛下内多欲而外施仁义，奈何欲效唐虞之治乎"[1]。钱穆的分析与汲黯的批评，隔着两千年的历史长河，却是同一个意思。所谓独尊儒术，不过是有选择地自儒家学说中择取有助于粉饰皇权的内容，如封禅、巡狩、建明堂、改正朔、易服色等。这些规模浩大、劳民伤财的政治活动，可以提升皇权的威严，也有助于将刘彻本人塑造成形象伟岸的当代尧舜。至于先秦孔孟原始儒学中要求统治者克己复礼约束自我、压制私欲节约民力的相关内容，从来仅见于宣传而不能付诸实践。

这也决定了刘彻时代庙堂之上得志的儒生，皆是些溜须拍马之徒。如公孙弘深受刘彻欣赏，官至丞相，却毫无政治人格，"每朝会议，开陈其端，令人主自择，不肯面折庭争"，即便与他人商议妥当，只要面奏时察觉皇帝有不同意见，便会"倍其约以顺上旨"，事事以迎合皇帝意志为重。[2] 汲黯曾当庭揭穿公孙弘的虚伪，刘彻却"益厚遇之"，对公孙弘更加信任。另一位备受刘彻重用的儒士主父偃，以《易》和《春秋》起家，却性格阴狠贪婪，毫无廉耻之心，

1　《汉书·汲黯传》。

2　见《史记·平津侯主父列传》。

常年迎合刘彻的好大喜功，建言献策无不劳民伤财，且喜举报他人隐私，在长安朝堂造成了一种"大臣皆畏其口，赂遗累千金"[1]的恶劣局面。由这些事实，足见刘彻的所谓尊儒，乃是对先秦孔孟儒学的扭曲。他以公孙弘、主父偃之流为尊儒对象，实际上是在变相挤压乃至消灭那些有独立人格的儒者。

尊儒成了基本国策后，刘彻时代"公卿大夫士吏斌斌多文学之士矣"。目睹这一盛况的太史公并不兴奋，反而心境沉郁地"废书而叹"。究其原因，便是他已看透尊儒的本质乃是灭儒。满朝皆儒士，但满朝亦皆伪儒。在太史公看来，这些伪儒皆无资格进入《史记·儒林列传》。被太史公纳入《儒林列传》者，多是坚持独立政见与自由人格者，也都是些不得志之人。如申公曾被召到长安与汉武帝谈论治乱之事，主张"为治者不在多言，顾力行何如耳"，劝年轻皇帝少搞宣传，多做对百姓有益的实事，汉武帝闻言"默然"，不久后便以疾病为由将申公遣离长安送回老家了。另一位儒士辕固生也因性格刚正不阿，无法适应长安城糟糕的政治气候，而被汉武帝自长安罢归。辕固生受征召来长安时，曾告诫同行的公孙弘"务正学以言，无曲学以阿世"。结果专职

---

1 《史记·平津侯主父列传》。

曲学阿世的公孙弘官运亨通做到丞相，辕固生则滞留长安多年，饱受"诸谀儒"的毁谤。[1]

太史公以"诸谀儒"三字称呼毁谤辕固生之人，既点明了长安城儒士云集但皆是伪儒的本相，也戳破了刘彻尊儒实为灭儒的真面目。

三、消灭有组织者

独尊儒术之外，新时代还致力于消灭一切可能威胁皇权的有组织力量。其标志性事件，是刘安、窦婴、灌夫、郭解等人的非正常死亡。

元狩元年（前122年），汉武帝以刘安"阴结宾客，拊循百姓，为畔逆事"[2]等罪名，派兵进入淮南。据官方说法，自淮南王刘安家中搜出了准备用于谋反的攻战器械，还有伪造的玉玺金印。自知罪无可赦的刘安自杀身亡。

其实，刘安是否有意谋反并不重要。早在建元六年（前135年），刘安就已经预料到了自己的命运。那年，汉帝国的天空划过一颗彗星，刘安遂"益治攻战具，积金钱赂遗郡

1　见《史记·儒林列传》。

2　《史记·淮南衡山列传》。

国"。官方档案将此举定性为蓄意谋反[1]，而更接近实情的解释应是窦太后的去世让刘安深感恐惧，担忧遭到刘彻的清算。清算没在建元六年到来，所谓谋反也就没在那年发生。但清算迟早会来，谋反的帽子刘安甩不掉。

刘安之死，意味着汉代诸侯王广招门客的风气走到了尽头。

长期以来，诸侯王一直是汉代游士最乐于依附的寄主。吕后时期，齐地游士田生手头拮据，便投入营陵侯刘泽府

1　《史记·淮南衡山列传》记载："及建元二年，淮南王入朝。素善武安侯，武安侯时为太尉，乃逆王霸上，与王语曰：'方今上无太子，大王亲高皇帝孙，行仁义，天下莫不闻。即宫车一日晏驾，非大王当谁立者！'淮南王大喜，厚遗武安侯金财物。阴结宾客，拊循百姓，为畔逆事。"也就是将淮南王有意谋反的时间点定在建元二年（前139年）入朝之时，证据则是武安侯田蚡对刘安说过的话。《汉书》的记载与之相同。笔者以为此说不能当真。田蚡之言大概率真实存在，灌夫与田蚡不睦，曾多次散播田蚡与淮南王的这段阴谋，可算是一个佐证。但田蚡说这些话，与其解释为是在支持刘安做皇帝，不如说是在试探刘安入朝的用意，也就是试探窦太皇太后有无废黜刘彻另立皇帝的计划。《史记》所载田蚡之言也不合情理。一者，田蚡是刘彻的舅舅，与刘安并无亲戚关系，没道理抛弃刘彻投靠刘安。二者，刘安生于前179年，当时年已四十；刘彻生于前156年，时年不过十八。正常情况下，刘彻不必急着有太子，刘安也大概率会死在刘彻前面，说刘安是刘彻死后的第一顺位继承人，实在不通。要知道即便刘彻突然暴毙，景帝也还有其他子嗣尚存，断然轮不到上一辈的刘安。情理如此不通而仍记载了下来，只能说刘安谋反乃是当时的钦定结论，田蚡之言则是支撑该结论的重要证据，政治高压下不容太史公不载。

中，为其出谋划策。吴王刘濞招揽四方游士，前往投效者众多，著名者有吴地严忌、齐地邹阳与淮阴枚乘等。梁孝王刘武也喜延揽四方豪杰，燕赵齐鲁吴越等地游士纷纷前往梁国，梁国人才甚至可与长安中央政府抗衡，连已在景帝身边任职的司马相如也离开长安去了梁国，在那里一直待到梁孝王去世。可以说，几乎所有王国都有游士来来去去的踪迹。诸侯选择游士，游士也选择诸侯。诸侯利用游士的才智壮大实力，游士则借重诸侯的权势谋生并实现抱负。

这种现象让长安皇权极不满意。周亚夫率军镇压所谓七国之乱时，得游士剧孟[1]来投。周亚夫兴奋不已，喜道："吴、楚举大事而不求剧孟，吾知其无能为也。"这种反应说明剧孟这类游士有很强大的活动能量，也说明长安皇权很了解这种能量。景帝便对这些游士抱持极高警惕。符离人王孟在江淮之间侠名颇盛，济南人瞷氏[2]、陈地人周庸也是当时很有影响力的游士，景帝皆派了人前去刺杀。淮南王刘安与其弟衡山王刘赐，正是刘彻时代招揽游士最力的诸侯王，史载"淮南、衡山修文学，招四方游士，山东儒墨咸聚于江淮之间"。以修撰《淮南子》为由，刘安府上蓄养了许多门客，被镇压

1　《史记·游侠列传》记载剧孟之母去世时，"自远方送丧盖千乘"，可见其活动能量。
2　《史记·酷吏列传》记载："济南瞷氏宗人三百余家。"

之日"所连引与淮南王谋反列侯、二千石、豪桀数千人，皆以罪轻重受诛"。

如此这般大规模株连，恰说明刘彻在意的并非刘安谋反，而是刘安招纳宾客已形成一股独立于长安皇权的有组织力量。秦制回归，雄主时代到来，这种有组织力量已不被容许存在。

魏其侯窦婴之死亦是如此。窦婴之死的导火索是与外戚田蚡不睦，且介入了田蚡与灌夫的冲突，其支持灌夫的立场引起刘彻不满。实则刘彻真正在意的，仍是窦婴与灌夫作为游士寄主的特殊身份。窦婴喜好养士，"游士宾客争归之"。灌夫家资数千万，"所与交通，无非豪杰大猾"，供养食客数百人。田蚡身为刘彻之母王皇后的同母弟，深知刘彻的敏感点，故在攻击窦婴与灌夫时，跳过了冲突本身的是非曲直，转而指控二人广纳宾客实乃居心叵测：

> 天下幸而安乐无事，蚡得为肺腑，所好音乐狗马田宅。蚡所爱倡优巧匠之属，不如魏其、灌夫日夜招聚天下豪桀壮士与论议，腹诽而心谤，不仰视天而俯画地，辟倪两宫间，幸天下有变，而欲有大功。臣乃不知魏其

等所为。[1]

田蚡以自己喜欢音乐、狗马与田宅，故家中蓄养倡优巧匠，来对比窦婴、灌夫门下多为豪杰壮士，日夜议论朝政时事。这些话切实击中了两人的政治要害。许多年后，卫青总结保身之道，曾提及窦婴之死的教训：

> 自魏其、武安之厚宾客，天子常切齿。彼亲附士大夫，招贤绌不肖者，人主之柄也。人臣奉法遵职而已，何与招士！[2]

有组织能力的诸侯王要死，有组织能力的朝廷重臣要死，有组织能力的民间豪杰，也面临着相同的命运。

元朔二年（前127年），刘彻下诏"徙郡国豪杰及訾三百万以上于茂陵"[3]，即迁徙地方郡国的豪杰及家产超三百万的富户去充实茂陵。著名游侠郭解资产够不上迁徙标准，但因其影响力巨大，也被列入了强制迁徙的名单。王太后与大

1　《史记·魏其武安侯列传》。
2　《史记·卫将军骠骑列传》。
3　据《汉书·主父偃传》，此策出自主父偃的建言。主父偃对汉武帝说："茂陵初立，天下豪桀兼并之家，乱众民，皆可徙茂陵，内实京师，外销奸猾，此所谓不诛而害除。"

将军卫青出面为郭解求情，皆遭刘彻冷拒。同年，郭解被族诛。类似的大规模迁徙，即将地方上有实力者连根拔起，在太始元年（前 96 年）还搞过一回，史书中的记载是"徙郡国吏民豪桀于茂陵、云陵"[1]。短短三十年间折腾两轮，显见刘彻已经意识到三十年的时间足以让民间发育出一批新的有组织能力的人。为避免这些人成为刘氏皇权的威胁，徙陵这种将民间豪杰连根拔起的运动，有必要每隔几十年便来上一回。

在地方郡县长期担任官吏的家族，也屡遭刘彻连根拔起。

在白马之盟与黄老无为之道的共同作用下，西汉初年的地方官僚系统超级稳定，严重缺乏流动性。退伍军士去到地方做官吏，往往一做就是一辈子，还会将职位传给后人。故西汉人王嘉说："孝文时，吏居官者或长子孙，以官为氏，仓氏、库氏，则仓库吏之后也。其两千石长吏亦安官乐职。"[2]——因官吏皆长期在任且代代相传，至文帝时已出现管仓库者干脆让子孙姓仓姓库的现象。小吏如此，二千石长吏也如此。东汉人朱浮也有相似的总结："大汉之兴，亦累功效，吏皆积久，养老于官，至名子孙，因为氏姓。"[3]——西汉

---

1 《汉书·武帝纪》。
2 《汉书·王嘉传》。
3 《后汉书·朱浮传》。

建政后官吏久任不换，在一地一职上做到老死者甚多。职位父子相继，官职名称便成了他们的姓氏。

这种任官模式很容易在地方郡县造就有背景有资产的"豪杰"。刘彻志在回归秦制，消灭一切可能威胁皇权的有组织能力者，断不会容许这类豪杰存在。所以，张敞的祖父做上谷太守，被强制迁徙至茂陵；杜邺的祖父与父亲皆官至郡守，被强制迁徙至茂陵；董仲舒是大学者，在家乡门人子弟众多，亦被强制迁徙至茂陵。

黄老无为的时代已彻底过去，一个对民众实行严格控制、追求高效率汲取与动员能力的新体制正逐渐成型。

四、天下户口减半

依赖这套新体制，刘彻在对匈奴的战争中实现了封狼居胥的成就，也因之在民族主义高涨的时代收获了诸多拥趸。然而一个残酷的事实是，这些拥趸如果穿越回到刘彻时代，大概率会死于非命。据《汉书·昭帝纪》，刘彻统治时期，"海内虚耗，户口减半"；据《汉书·五行志》，刘彻"征伐四夷，师出三十余年，天下户口减半"。户口减半的意思是朝廷控制下的编户齐民少了半数。少掉的这半数，既包括非正常死亡者，也包括逃亡者。亲历刘彻时代的夏侯胜说"物故者半"，可知非正常死亡乃户口减半的主因。

造成这种惨剧的直接原因自然是多方面的，葛剑雄先生总结过四点：

（1）自然灾害。刘彻执政期间有二十六个年份存在水、旱、蝗、地震等自然灾害。

（2）战争与徭役引起人口减少。刘彻执政期间频繁用兵，见于记载者有三十一个年份，且长期大兴土木。

（3）严刑滥杀，造成大量非正常死亡。仅杜周担任廷尉期间，诏狱中便关押了六七万人，在官吏们的操弄下，因这六七万人而被牵连入狱者又有十余万人。刘彻还屡兴大案，株连极广，如刘安谋反案被杀者达数万人，江充兴巫蛊案前后牵连而死者也达数万人。

（4）人口税的影响。刘彻因财政不够支用，颁布新政策，孩子到了三岁就得向朝廷交口钱，许多百姓交不起这笔钱，只好"生子辄杀"，新生儿的养育率因之大跌。[1]

除了第一点，其余三点皆是人祸。人祸如此惨烈，根源正是皇权从有制约走向了无制约，从谨慎无为走向了肆意妄为。当无制约的皇权肆意妄为，高强度的控制与汲取必随之而来，聚敛之祸与酷吏之灾必会让整个社会陷入崩溃。

---

1 见葛剑雄：《汉武帝时"户口减半"考实》，载《学术月刊》1983 年第 9 期。

1. 聚敛之祸

公元前 119 年，即元狩四年，是观察刘彻执政期间聚敛之祸的极佳切口。卫青与霍去病于该年率军发起漠北之役，取得了"匈奴远遁，漠南无王庭"的巨大胜绩。但这一年也是几乎所有汉人的噩梦。因为刘彻在本年连续出台了四项敛财暴政：白鹿皮币、白金三品、算缗告缗与盐铁官营。

因白鹿皮币而肉疼者，主要是王侯宗室。汉制，王侯宗室每年正月要"奉皮荐璧"，即用兽皮托着玉璧进贡给皇帝。这张兽皮一般值数千钱。刘彻为了敛财，在公元前 119 年想出个新主意。他下令把上林苑里的白鹿杀掉剥皮，制成皮币，定价四十万钱。所有参加正月朝觐的王侯宗室都必须购买这种皮币。据《汉律》，皮币的实际价值不会超过一万钱。这种变相勒索引起大农令颜异的反对[1]，刘彻遂以"腹诽"之罪将其处死。

白鹿皮币是一种不顾吃相的极其粗暴的掠夺手段。这手段能够成功，是因为诸侯王早已式微，不再具备抗衡皇权的能力。同样不再具备抗衡能力的列侯，在七年之后，即元鼎五年（前 112 年），也遭遇了灭顶之灾——刘彻以"酎金"的成色不足为由，一次性废免了 106 位列侯。酎金，即列侯

---

1 《史记·平准书》："上与张汤既造白鹿皮币，问（颜）异。异曰：'今王侯朝贺以仓璧，直数千，而其皮荐反四十万，本末不相称。'天子不说。"

献给长安用于助祭的黄金。当时汉帝国列侯共计约 210 人，刘彻一次性废除超过半数列侯而未引发任何值得一提的动乱，足见皇权之盛与侯权之衰。

酎金成色不足云云，自然只是借口。刘彻发起酎金案的真实用意，是为了将这 106 个侯国的人力与物力彻底夺至皇权手中。马孟龙在《西汉侯国地理》一书中对此有很精彩的分析，其研究着重指出一个事实：刘彻分封的 21 名功臣侯里，只有 5 人被牵涉进酎金案；刘邦当年分封的 24 名功臣侯里，有 20 人被牵涉进酎金案。总体来看，"酎金案明显带有重点打击高帝至景帝封置列侯的倾向"，侯国受封越早，越容易成为酎金案的打击对象。而之所以呈现这种倾向，完全是因为侯国受封越早，面积往往越大，人口往往越繁盛，经济往往越发达。这类侯国，恰是刘彻最想抢夺的对象：

> 高帝至武帝早期封置的列侯，基本都是整县受封。但在元朔年间以后，列侯主要以乡聚受封，整县受封的例子十分罕见。那些武帝以前受封的侯国，无论是在地域面积上，还是在人口上都要比武帝以后受封的侯国高出一筹。至元鼎五年，汉初受封的列侯虽然数量较少，但经济总量十分可观。特别是高帝分封的列侯，初封之时便占有名城大邑，封户繁庶，在经过百余年的发展后，

其封国的人口增殖更为迅速。[1]

刘邦分封侯国时，天下初定，人口稀少，大者不过万家，小者不过五六百户，唯地域皆颇为广阔。经惠帝、文帝、景帝时代后，这些侯国渐渐恢复生机，大者已有三四万户，小者人口也多已翻倍。如此丰硕而又没了自卫能力的肥肉，要权力无远弗届的刘彻不眼红不嘴馋，当然是不可能的。曾几何时，王国与侯国是汉民们用脚投票时的重要选项。当中央政权的控制与汲取过于残酷时，汉民们便会拖家带口抛弃田宅，投奔负担相对轻一些的王国或侯国；反之，侯国与王国百姓也可以投奔中央直辖郡县，成为朝廷的编户齐民。这种竞争关系，使得中央郡县、王国与侯国皆不会对辖下百姓实施太过分的压榨。如今皇权大张，天下归于郡县，刘彻视野所及的一应事物皆属皇权，汉民们也就再无用脚投票的机会，只能接受整齐划一的压榨标准。

回到元狩四年。连年兴战造成的巨额财政亏空，仅靠白鹿皮币无法解决，于是，刘彻又于同年推出另一种新货币"白金三品"。名为白金，实为用银与锡混合铸造，原因是国库的银、锡存量甚多。三品指钱的三种纹刻——龙、马、龟，

---

1 马孟龙：《西汉侯国地理》，上海古籍出版社 2013 年版，第六章《元鼎五年"酎金案"研究》。

分别代表不同面值。白金三品不是真金，但刘彻强行给它定了个比真金还离谱的面值，如一枚龙纹钱面值三千钱，而实际价值（即银与锡的价值）则不到百钱。刘彻希望以滥发货币来填补财政亏空。但民众不是傻子，白金三品又没有防伪技术，一时间"吏民之盗铸白金者不可胜数"，酿成了西汉货币史上的一次重大危机，货币秩序彻底崩溃。因朝廷的严厉打击，上百万盗铸者被投入监狱，遭诛杀者不计其数。[1]

白金三品得不偿失。但同年推行的另一场敛财运动"算缗告缗"取得了空前成效。缗，按《史记集解》的说法，指民众"非桑农所生出"的财富，即非农业收入。算缗便是要对这部分收入征税。刘彻颁布新规：凡存在非农业收入的家庭，在算缗令颁布后，须去官府报告财产总额及其构成，然后按比例缴纳算缗钱。普通经商者按 6% 征收，从事盐铁且得到国家特许经营者按 3% 征收，经商且家中有马车者按 12% 征收。

统计每户百姓的资产，并区分农业收入与非农业收入，在汉代是个不可能完成的任务。明知不可能完成，仍要出台算缗这样的政策，是因为刘彻另有办法。他不相信民众会主

---

1 《汉书·食货志下》记载："自造白金、五铢钱后五岁，而赦吏民之坐盗铸金钱死者数十万人。其不发觉相杀者，不可胜计。赦自出者百余万人。然不能半自出，天下大氐无虑皆铸金钱矣。犯法者众，吏不能尽诛。"

动申报，但他相信只要充分调动人性之恶，让告密举报之风全面刮起来，便没有任何民众可以隐匿资产，逃避算缗，政府所得只会多不会少。

这充分调动人性之恶的政策便是"告缗令"。告缗，即鼓励民众向官府举报周围人隐匿资产不纳缗钱。举报成功后，被举报者的资产将被没收，没收资产的一半将作为奖励分给举报人。随后，一场持续数年之久的全民大告密运动席卷了汉帝国。大告密运动带来的直接后果是商人与中产之家几乎全部遭到举报破了产。长远后果是社会发生变异，民众普遍满足于维持基本生存，无人愿意用心经营，也无人胆敢积累财富。唯官府里的盐铁缗钱异常丰饶。[1]

以上种种，皆属于突发式抢钱、运动式敛财。这些手段固然残暴，却无法与制度性掠夺相提并论。元狩四年启动的盐铁官营，与稍后推行的均输平准之法，才是让汉帝国百姓最具切肤之痛的汲取手段。这两项暴政，让底层百姓就连做个吃不饱饿不死的最低限度的"人"，也成了奢侈的幻想。

依西汉旧制，盐铁可以私营，民间有许多大盐铁商，大

---

1 《汉书·食货志下》记载："杨可告缗遍天下，中家以上大氐皆遇告。杜
  周治之，狱少反者。乃分遣御史廷尉正监分曹往，即治郡国缗钱，得民
  财物以亿计，奴婢以千万数，田大县数百顷，小县百余顷，宅亦如之。
  于是商贾中家以上大率破，民偷甘食好衣，不事畜藏之业，而县官以盐
  铁缗钱之故，用少饶矣。"

体能满足百姓吃盐、购置铁农具的需求。桑弘羊告诉刘彻：民众生活离不开食盐，耕种离不开铁制农具，故控制盐铁实施官营是向民众变相征税的绝佳手段。刘彻遂收编民间大盐铁商进入官府，迅速建立起庞大的官营盐铁产业。凡私铸铁器、私贩食盐者，轻者斩趾，重者杀头。

据御史大夫卜式观察，官府专卖的盐、铁，质量差，价格高，还搞摊派定指标，强买强卖。卜式表达了批评意见后，很快被刘彻贬出中央。直到刘彻死后，来自民间的贤良文学，才敢在霍光召开的盐铁会议上控诉该政策的罪恶。他们说：官府铸造铁器，只求完成上级指标，专铸大块头农具，不顾民众对小件农具的需要，嫌铸造小件农具费时耗工；器形不好，质量还差，价格又高，用起来很费劲；卖铁器的衙门经常不上班，民众长途跋涉来城里买农具，常吃闭门羹，耽误农时，最后恶化至"盐铁贾贵，百姓不便。贫民或木耕手耨，土耰淡食"[1] 的地步。百姓放弃了铁制农具，回到用木石农具耕地、用手除草的原始时代；百姓吃不起盐，只好改吃带味道的土与草梗。贤良文学的控诉并无用处，霍光利用他们打倒桑弘羊后，盐铁官营国策仍牢不可动。这也正是制度性掠夺政策的最可怕之处——利益集团如流水，制度性掠夺政策

---

1 《盐铁论·水旱》。

却如铁打的营盘，只要被发明出来，便绝难失传。

通过盐铁官营，刘彻自民间攫取的财富堪称巨量。可是，仅仅过去不到十年，刘彻便将这些财富挥霍一空。御用财税专家桑弘羊遂再献"良策"，在汉帝国全面推行"均输平准"之法。

均输的字面意思，是在地方郡国设均输官，负责接收地方进贡给中央的各类物资，并将之转卖到价格更高的地方来赚取利润。如此，既避免了物资长途运输至长安而朝廷可能不需要的窘境，又能赚取利润，可谓一举两得。平准的字面意思，是朝廷在长安设立平准机构，负责接收各地均输过来的货物，再视长安市场上的物价涨落情况处理。物价太贱则抬价买入，让卖东西的百姓不吃亏；物价太高则平价卖出，让买东西的百姓不吃亏。如此既能打击商人囤积居奇，稳定物价，又能让朝廷多一笔收入，可谓官民两利。

以上种种，皆只是公开宣传中的美好说辞。落实到具体操作中，不受制约的官权力迅速暴露出其贪婪无度的本性。刘彻死后，贤良文学回顾往事，如此总结官府均输官的普遍做法：故意不收当地有的特产，反向民众索求当地没有之物。民众无奈，只好以低价出售自产之物，再以高价买进不产之物，以满足均输官的要求。那些高价买进的本地不产之物，恰又控制在均输官手中。相当于买的时候被均输官剥一次皮，卖的时候再被剥一次皮。均输官如此，平准官也好不到哪里去。据贤良文学披露，平准官对稳定物价以保障民众利益毫无兴趣，他们只热衷"收贱以取贵"，即通过操纵物价来谋取利益。

刘彻时代均输平准的实质，是国家机器的全面商业化，是官府对商品买入与卖出的全面垄断。民间商业因之全面萎缩，民众也没能从官府的垄断中获益——当民众去买东西时，市场上只有一个卖家；当民众去卖东西时，市场上也只有一个买家；且这唯一的卖家与买家都叫"官府"。稍具经济常识者都能明白，这是最糟糕的市场，必将酿成巨大的民生灾难。

2. 酷吏之灾

聚敛离不开酷吏，有聚敛之祸必有酷吏之灾。

今人读史，似乎总愿意怀着一种迷信，认定酷吏大多没有好下场，且皆为现世报，活着时便会倒大霉。其逻辑是，酷吏不过是中国传统帝王术里的工具人。皇帝不关心酷吏的死活，重用酷吏只是要他们去干黑暗的脏活以立君威；杀酷吏则是为了平息民愤并彰显皇权的英明伟大。酷吏替皇帝将脏活干完了，便会被皇帝拉出来清算。

这逻辑看起来顺畅，也解气。唯一的遗憾是与史实不符。《史记·酷吏列传》与《汉书·酷吏传》中所载西汉著名酷吏的结局，足以证伪上述逻辑。两书共载有十五名酷吏的生平事迹，其大致情形，如下表所示。

姓名	行迹	结局
郅都	替景帝整肃宗室列侯，"列侯宗室见都侧目而视"，后因审理临江王刘荣案引起窦太后不满，被杀。	凶死
宁成	替景帝整肃宗室列侯，"宗室豪桀皆人人惴恐"。于刘彻时代被外戚报复，"抵罪髡钳"后成为民间豪族。酷吏义纵做南阳太守时"尽破碎其家"，被杀。	凶死
周阳由	刘彻时酷吏，每任职一地必夷灭当地豪族大家。任河东都尉时与太守争权互相举报，太守自杀，周阳由弃市。	凶死
赵禹	刘彻时酷吏，与张汤一起参与制定律令，司马迁称西汉"用法益刻"自赵禹始，"以寿卒于家"。	善终
张汤	刘彻时酷吏，开腹诽罪之恶例，治狱专以刘彻意志为准，善援引经典粉饰暴行。败于同僚倾轧，自杀。	凶死
义纵	刘彻时酷吏，一日"报杀四百余人"。因维护鼎湖至甘泉官道不力失宠。杨可奉命实施告缗政策，鼓励民众互相举报，义纵抓捕举报者引起刘彻不满，被杀。	凶死
王温舒	刘彻时酷吏，杀人至"流血十余里"。在诏征豪吏运动中受人钱财，助其躲避从征大宛，被告发，灭五族，自杀。	凶死
尹齐	刘彻时酷吏。任职中尉期间"吏民益凋敝"，病死于淮阳中尉任上。死后，仇家欲焚烧其尸体泄愤，未果。	善终
杨仆	刘彻时酷吏。行迹与尹齐相仿。参与征伐南越、东越、朝鲜，因与同僚争执被免为庶人，病故。	善终
咸宣	刘彻时酷吏。"微文深诋，杀者甚众"。率众追杀逃吏时，不慎射中上林苑门，被问成大逆之罪，自杀。	凶死
杜周	刘彻时酷吏。任职廷尉期间，诏狱关押了六七万待审罪犯，罗织株连者达十万余人。病死。遗留家产"累数巨万"，子孙后代皆任官职。	善终
田广明	刘彻时以酷吏起家，"以杀伐为治"。宣帝时率军出击匈奴，因驻军不进"引空军还"被问罪，自杀。	凶死

续表

姓名	行迹	结局
田延年	霍光执政时期酷吏，参与废黜昌邑王的政治活动。惯以非法手段没收富户财物。因贪污巨款被揭发，自杀。	凶死
严延年	宣帝时酷吏。冬月论囚"流血数里"，人送外号"屠伯"。被同僚举报"怨望诽谤"，论罪弃市。	凶死
尹赏	成帝时酷吏，施政风格"残贼"，诛杀吏民甚多，"三辅吏民甚畏之"。病死于执金吾任上。四子皆官至太守。	善终

由上表可知，十五名酷吏中，不得好死者十人，得善终者五人，占到了三分之一。不得好死的十人中，有半数人的死亡与做酷吏无关。如宁成被杀，是因为他回到民间后成了有势力的豪族，本就是刘彻要消灭的对象；周阳由被杀是因为与同僚争权；义纵被杀是因为忤逆了刘彻的意志，阻挠告缗运动；咸宣的死是个意外；田广明死于领军作战不力。这些死因，皆不属于干完脏活后被皇帝摘了脑袋以平民愤的情况。换言之，民愤不重要，在西汉做酷吏因皇权要平息民愤而遭现世报的概率很低。

其实，酷吏在西汉是个规模极庞大的群体，尤以刘彻执政时期最盛，并非只有上述区区十五人。关于此点，太史公已说得很清楚：

> 自宁成、周阳由之后，事益多，民巧法，大抵吏之

治类多成、由等矣。[1]

刘彻时代折腾百姓的手段层出不穷，百姓逃避折腾的方式也多种多样，所以宁成、周阳由这类酷吏型人才成了官僚集团的主体。

太史公还说：

> 自温舒等以恶为治，而郡守、都尉、诸侯二千石欲为治者，其治大抵尽放温舒。[2]

自王温舒等以穷凶极恶为治理之道并得到刘彻的宠任，汉帝国的郡守、都尉与诸侯国里的二千石官员，皆有样学样，普遍以王温舒等为施政榜样。

太史公又说：

> 至若蜀守冯当暴挫，广汉李贞擅磔人，东郡弥仆锯项，天水骆璧推咸（成），河东褚广安杀，京兆无忌、冯翊殷周蝮鸷，水衡阎奉朴击卖请，何足数哉！何足数哉！[3]

1　《史记·酷吏列传》。

2　《史记·酷吏列传》。

3　《史记·酷吏列传》。

　　这些话，是在明明白白告诉世人，《史记》只为十余名酷吏做传，绝非那个时代只有那十余名酷吏，而是那十余名酷吏祸害最大。他们或是时代政治风气转变的标志，或参与了与酷吏有关的制度化建设，或在长安获得极大权力后祸害甚众。在这些人之外，汉帝国的酷吏数不胜数——蜀守冯当专尚暴力，广汉李贞喜将人剁碎，东郡弥仆爱锯人脖子，天水骆璧专以椎击成狱，河东褚广胡乱杀人，京兆的无忌与冯翊的殷周犹如蝮蛇鸷鸟般阴毒，水衡都尉阎奉常以棍棒逼供索贿……在刘彻的引导下，汉帝国官僚已集体转向酷吏化。面对泛滥成灾的酷吏，太史公能做的，唯有在史书中留下"何足数哉！何足数哉！"这般沉痛的哀叹。

　　太史公希望酷吏无好下场，希望他们遭受现世报。可事实是，刘彻在世之日虽大规模整肃过酷吏，但整肃的原因从来就不是嫌他们太酷虐，而是觉得他们在酷虐方面做得还不够。[1]刘彻死后，则始终未见针对酷吏的清算运动。故而直到西汉末年，酷吏在官僚集团中仍极为常见，史载"自是（刘

---

[1] 《史记·平准书》记载："法既益严，吏多废免。兵革数动，民多买复及五大夫，征发之士益鲜。于是除千夫五大夫为吏，不欲者出马；故吏皆适令伐棘上林，作昆明池。"朝廷的法令越来越严酷，官吏们在施政时跟不上节奏便要被废免。民众为了保全性命，倾家荡产去购买可以免兵役的爵位。结果这些买了爵位的百姓又被朝廷指定去做酷吏。这些人若不够酷虐，自然也要被废免。而前一批被废免的酷吏，已被发配去了上林苑做苦役。刘彻时代刻意制造酷吏的手段之狠毒，由此可见一斑。

彻时代）以至哀、平，酷吏众多"[1]。

为什么历史没有按照民众期望的逻辑发展？为什么酷吏没有如民众期望的那般在干完脏活后被皇帝抛弃清算？原因很简单——只要皇权与官权不受制约，脏活便永远干不完，便永远需要大量酷吏去对民众实施高强度控制与汲取。只要皇权与官权不受制约，民意便不再重要，平息民愤便不会成为统治术里的必选项，真正的必选项只有巩固官僚集团与军队的向心力。刘彻执政半个世纪，闹到"天下户口减半"的地步，民愤之大无以复加。可他活着的时候，并不曾在意过要对民众有所交待——民众已被强制打散成互相监视、互相举报的原子化状态，这种高度散沙化的民众不可能对皇权造成威胁，皇权也不会在乎他们愤不愤怒。

不止官员集团在刘彻执政期间全面酷吏化，基层乡官部吏同样如此[2]。

汉顺帝时，左雄在奏疏里回顾往事，曾说文景时代的汉帝国"吏称其职，人安其业"。文景时代吏祸不深，不是因为那时的吏更有道德觉悟，也不是因为那时的吏收入丰厚足以养廉[3]，

1　《汉书·酷吏传》。

2　汉制，六百石以上是官，六百石以下是吏。

3　汉代官与吏的月俸差距很大，一名二千石官员的月俸是 16000 钱，一名百石之吏的月俸只有 720 钱。

而是因为朝廷的施政方针仍是黄老无为。无为之治，意味着朝廷对吏尚未实施严苛的绩效考核制度。没有严苛考核，也就没有严厉惩罚，吏的俸禄虽低，却不失为一份好工作。所以文景时代的吏往往一做就是几十年，甚至能将职位传给子孙后代，即汉人朱浮所言"大汉之兴，亦累功效，吏皆积久，养老于官，至名子孙，因为氏姓"。在职位上做久了，有些基层之吏干脆将职务名称当成了自家姓氏。

可是，自景帝中晚期开始，汉帝国抛弃了无为之道，走向了有为时代。至刘彻时，皇权对有为的追求达到了前所未有的巅峰。朝廷对吏的要求也全方位提升，绩效考核越来越严，惩罚越来越重，这直接导致刘彻执政的半个世纪里，吏祸无处不在。刘彻死后，霍光为打击政敌桑弘羊，召开盐铁会议，来自民间的贤良文学难得获得了一次畅所欲言的机会。他们如此描述底层之吏的境况：

> 今小吏禄薄，郡国繇役，远至三辅，粟米贵，不足相赡。常居则匮于衣食，有故则卖畜粥业。[1]

在那折腾不休的有为时代里，各种任务摊派到小吏头

---

1 《盐铁论·疾贪》。

上，各样考核降临在小吏头上。仅自地方郡县押送壮丁前往长安三辅这项徭役，便足以将小吏们压垮。他们那点微薄的俸禄根本不足以支撑这些工作的开支。平常时日居住在本乡，小吏已是衣食匮乏；朝廷有工作摊派下来，小吏便要变卖牲畜与家产。工作不好干，又有严苛的层层追责制度，下吏只能向上官行贿，以求宽限或减免。大官盘剥小官，小官盘剥基层之吏，贤良文学发出质问："乡安取之哉？"基层之吏还能去盘剥谁？当然只能是普通百姓。据此，贤良文学给出了一句今日读来仍振聋发聩的结论：

> 故贪鄙在率不在下，教训在政不在民也。[1]

问题的根源从来在朝堂不在基层，败坏天下者从来是施政者而非百姓。只是很遗憾，这些批评没能发生作用。在皇权不受约束、民意无关紧要的时代，也不可能发生作用。

刘彻活着时，鲜少有人敢公开批评国家机器的全面酷吏化，连太史公也不行。之所以这样说，是因为《史记》中有一个奇怪现象：全书使用"道不拾遗""山无盗贼"之类褒义词最多的地方，不在别处，恰在《酷吏列传》。如酷吏郅

---

[1] 《盐铁论·疾贪》。

都靠杀人治理地方，民众"皆股栗"，于是"郡中不拾遗"；酷吏义纵常"族灭"他人，于是"河内道不拾遗"；酷吏王温舒动辄挥舞屠刀"灭宗"，被恐惧笼罩的广平郡也"道不拾遗"。《汉书》所载酷吏严延年动不动就杀人全家，同样拥有"郡中震恐，道不拾遗"的治绩。此外，杨仆、尹齐这些喜好严酷杀戮的酷吏，也皆有"山无盗贼""盗贼不敢近"之类政绩。

"道不拾遗""山无盗贼"是好词，但以上种种，显而易见是靠无孔不入的告密与残忍凶暴的刑罚造就，好词的背后是沉重的民生灾难。太史公无法在史书中明言这些灾难，不得不沿用"道不拾遗""山无盗贼"这类好词，是因为刘彻在追求这些好词，他要用这些好词构筑起自己当代圣主的形象。承认并宣传酷吏们的地方治理实现了"道不拾遗""山无盗贼"，是刘彻时代极重要的政治任务。唯有赞美酷吏们做得对做得好，才能证明刘彻的用人之道英明神武，才能证明刘彻的政治理想已经达成。据此也可以说，在太史公见到的档案材料里，"道不拾遗""山无盗贼"恰是形容酷吏治绩的标配。刘彻是《史记》绕不开的读者，《孝景本纪》便因触怒于他而惨遭抽删。为了完成空前绝后的《史记》，太史公不得不有所妥协。好在，每一个活在刘彻时代的人，都清楚"道不拾遗"的真实含义，都清楚那背后是疯狂的举报、残酷的控制和恣意的杀戮。

尤其意味深长的是，在太史公笔下，那主张愚民、贫民、弱民的商鞅，也完成了"道不拾遗""山无盗贼"的壮举：

> 行之十年，秦民大说，道不拾遗，山无盗贼，家给人足。民勇于公战，怯于私斗，乡邑大治。[1]

在西汉知识界，商鞅是公认的典型酷吏。他为人"刻薄""少恩"，以连坐之法控制百姓，强迫百姓互相监视互相举报，"不告奸者腰斩，告奸者与斩敌首同赏"。以这种方式造就的"道不拾遗""山无盗贼"，与义纵、王温舒这些刘彻时代的酷吏造就的"道不拾遗""山无盗贼"，显然是一回事。了解商鞅的"道不拾遗"是怎么回事，也就理解了义纵、王温舒这些人的"道不拾遗"是怎么回事。反之亦然。商鞅是秦制的奠基者，商鞅的徒子徒孙在刘彻时代大规模复现，是因为秦制正在全方位回归。

其实，在《酷吏列传》中，太史公还是忍不住披露了时代的真相。他说，自官僚系统全面酷吏化之后：

> 吏民益轻犯法，盗贼滋起。南阳有梅免、白政，楚

1　《史记·商君列传》。

有殷中、杜少，齐有徐勃，燕赵之间有坚卢、范生之属。大群至数千人，擅自号，攻城邑，取库兵，释死罪，缚辱郡太守、都尉，杀二千石，为檄告县趣具食；小群以百数，掠卤乡里者，不可胜数也。[1]

道不拾遗是被迫，山无盗贼是谎报。奏疏之外的真实世界里，百姓已普遍被逼至活不下去的程度，起兵造反者前赴后继。他们或数百人为一支，或数千人为一群，攻击城池、掳掠乡野、释放囚犯、诛杀地方官员……刘彻施展雄才大略五十余年的终点，是天下鼎沸与户口减半。

3. 雄主之癖

聚敛之祸与酷吏之灾，皆是为满足刘彻的雄主之癖而生。

发动战争是刘彻满足雄主癖的主要手段。对外不断出击，对内疯狂汲取，频繁征伐将汉帝国变成了一架无休无止的战争机器。但并非所有战争皆有必要，如大宛的存在对汉帝国并不构成威胁，用兵大宛不过是为了得到名马，并为宠妃李夫人之兄李广利制造立功封侯的机会。用兵南越国也与汉帝国的政权安全无关，仅是为了满足刘彻个人开疆拓土的

---

1 《史记·酷吏列传》。

野心。

正因刘彻时代有大量战争没有必要，故班固在《汉书》中如此评价刘彻：

> 汉承百王之弊，高祖拨乱反正，文景务在养民，至于稽古礼文之事，犹多阙焉。孝武初立，卓然罢黜百家，表章六经。遂畴咨海内，举其俊茂，与之立功。兴太学，修郊祀，改正朔，定历数，协音律，作诗乐，建封禅，礼百神，绍周后，号令文章，焕焉可述。后嗣得遵洪业，而有三代之风。如武帝之雄材大略，不改文景之恭俭以济斯民，虽《诗》《书》所称何有加焉！[1]

刘彻因频繁发动战争而谥号"武"，班固给刘彻拟定的赞词里无一字提及战争，足以表明这位东汉史学家对这些战争的态度。作为御用撰史者，班固无法直抒胸臆批评刘彻，只能回避刘彻的"武功"，并发出"如果刘彻的雄才大略没用在那些地方，而用在这些地方，那该多好啊"的沉重慨叹。

班固生活的东汉初期，是一个思想管控如火如荼的时

---

1 《汉书·武帝纪》。

代，这是他无法直抒胸臆的主因。光武帝、汉明帝、汉章帝三代君主皆极关注刘彻的历史评价问题。永平十七年（74年），明帝诏问班固，当面向他传递了皇权针对太史公的批评意见："司马迁著书，成一家之言，扬名后世，至以身陷刑之故，反微文刺讥，贬损当世，非谊士也。"[1] 明帝挥舞动机论的大棒，将太史公针对刘彻穷兵黩武的批评，说成身陷腐刑后的蓄意报复，进而否定了太史公的人品与史德。在明帝眼里，真正的"谊士"代表是从不批评皇帝，且临终还在给刘彻"颂述功德"的司马相如。明帝赞誉司马相如为真忠臣，"贤迁远矣"。班固接受了这样的最高指示，自不能再在《汉书》里批评刘彻穷兵黩武。可即便如此，他还是在管制的罅隙中找到了独特的表达手段，将自己对刘彻"雄才大略"的否定，委婉传递给了后世。在太史公的《今上本纪》早已被消失的时代，班固的委婉殊为不易。

刘汉皇权灰飞烟灭后，史家终于有了独立评价刘彻的空间。如司马光在《资治通鉴》中写道："孝武穷奢极欲，繁刑重敛，内侈宫室，外事四夷，信惑神怪，巡游无度，使百姓疲敝，起为盗贼，其所以异于秦始皇者无几矣。"[2] 在司马光看来，刘彻与秦始皇乃一丘之貉，秦始皇行过的暴政刘彻一样

---

1 《文选·典引序》。
2 《资治通鉴》卷二十二。

不落，唯一的区别是秦帝国二世而亡，而汉帝国撑了下来。

雄主之癖出现在刘彻身上亦非偶然。与其说是刘彻的雄主癖将汉帝国拖入了聚敛之祸与酷吏之灾的泥潭，不如说是汉帝国自身的运作逻辑必会在某个时期强烈呼唤刘彻这种有雄主癖的皇帝。

众所周知，汉帝国起自反秦战争，本该建立在批判秦制、反思秦政的基础之上。可现实是，这种批判与反思始终局限于知识界，与统治秩序直接相关的制度设计如官僚系统、赋役系统等仍是"汉承秦制"[1]。这是一种典型的路径依赖。毕竟负责构筑汉帝国统治秩序的萧何等人本就是秦吏出身，而楚汉战争又恰是一场秦制的胜利。刘邦入咸阳，萧何接收了秦帝国府库中用于控制和汲取百姓的各类档案文书[2]，这是汉政权能在关中地区重建秦制的关键。秦制变天下为郡县，变贵族为官僚，集所有政治权力于君王一身，较之权力架构多元分散且彼此掣肘的周制，无疑有着更强大的控制民

---

1 《汉书·百官公卿表上》提及汉代的中央官制、地方统治模式与爵位设计"皆秦制"。《后汉书·班彪传上》中也记载了班彪的总结："汉承秦制，改立郡县，主有专己之威，臣无百年之柄。"可知西汉虽然在思想层面对秦制采取否定态度（至少公开宣传时如此），在实操层面却继承了秦制。

2 《史记·萧相国世家》记载："沛公至咸阳，诸将皆争走金帛财物之府分之，（萧）何独先入收秦丞相御史律令图书藏之。沛公为汉王，以何为丞相。项王与诸侯屠烧咸阳而去。汉王所以具知天下厄塞，户口多少，强弱之处，民所疾苦者，以何具得秦图书也。"

众和汲取钱粮的能力。这种强大的控制与汲取能力，既是秦王能够消灭六国的主因之一，也是汉政权能够消灭楚政权的主因之一。楚汉战争期间，刘邦因军事指挥能力远不如项羽而屡战屡败，落荒而逃时甚至不惜将儿女自车中踹下。然而，因关中重建了秦制，可以源源不断地为前线提供兵员与粮草，刘邦败而不溃，得以不断重聚力量，最终于垓下一战击败项羽，夺取天下。缺乏外力冲击以破除路径依赖，成功的历史经验又近在眼前，二者合流，终于使汉帝国在宣传上虽坚持批判秦制，实操上却极力向秦制回归。

也就是说，秦制在刘彻时代重现，不能仅视为刘彻个人欲望所致，而应视为一段漫长趋势的必然结果。该趋势自汉帝国建政伊始即已启动。刘邦终生致力于消灭异姓诸侯王，吕后执政试图撼动白马之盟，文帝与景帝致力于消除军功列侯对长安的政治影响力，不惜挑动内战来打击王国势力，皆是这漫长趋势的一部分。至于刘彻，不过是坐收成果之人。

尤为关键的是，刘彻收获的秦制皇权是一种无限权力，不受任何制度性力量约束。经过刘氏皇权半个世纪的运作，白马之盟已沦为旧梦，诸侯王与军功列侯皆已不成气候，一切有组织能力的群体皆已被消灭；而长达数十年的清静无为，让经济规律有了起到正面作用的空间，使社会财富总量有了大幅增长，新式汲取之术则让国库与太仓爆满。于是，在建元六年（前135年），前所未有的资源与前所未有的权力，被集中到了一人之手。这是巨大的诱惑。既无人可以阻止汲取系统横征暴敛，也无人能够阻止挥霍系统穷奢极欲。在这样的制度下，要求坐在权力金字塔顶端的刘彻控制自身欲望，不去以天下人为代价来实践自己的所谓雄才大略，可能性显然极低。换言之，刘彻不是秦制在西汉中叶全面复现的原因，而是结果。

也正因皇权不受约束，无人能迫使其反省并承担责任，故雄才大略一旦启动便会进入无节制无终点的状态。若非汉帝国的人力与物力已被榨取殆尽，百姓已无路可走纷纷挺身为盗，"聚党阻山林，往往而群"，刘彻的战争机器绝不会在征和四年（前89年）停止运转。可即便停下了对外战争，汉帝国对内镇压的强度也未稍减。如刘彻晚年颁布的"沈命法"中便有极严酷的规定：地方官员辖区内出现盗贼而未发觉，发觉了而未去捕剿，捕剿了而未能够成功者，"二千石以下至小吏主者皆死"。法令如此酷烈，既说明百姓活不下去啸聚为盗的情形非常严重，也说明刘彻无意采取与民休息的办法来解决问题。皇帝无意治本，地方官员为保全项上人头，自然也只好继续欺上瞒下：

> 其后小吏畏诛，虽有盗不敢发，恐不能得，坐课累府，府亦使其不言。故盗贼浸多，上下相为匿，以文辞

避法焉。[1]

小吏怕死，境内有无力剿灭的盗贼，便干脆不报告。下级官吏汇报，上级官员怕受牵连，也会提醒他们撤回。于是，流民群聚为盗贼者越来越多，地方官员以文辞糊弄朝廷，仿佛处处太平。《汉书》中的"海内虚耗，户口减半"，夏侯胜所言"百姓流离，物故者半"，便是发生在这种治理逻辑之下。统计数据显示：

> 武帝在位的五十四年间，人口能保持正常增长（约每年千分之七）的只有七年，低于正常增长的二十一年，而人口减少或毫无增长的有二十六年。[2]

这些非正常死亡的汉民，俱是刘彻实践雄才大略的代价。

1　《史记·酷吏列传》。
2　葛剑雄：《夏侯胜与汉武帝"庙乐"之争》，载《万象》2000 年第 1 期。

第六章

反思

对汉帝国知识界来说，后刘彻时代最重要的事情便是守住真实的历史记忆。只有真实的历史记忆才能催生真实的历史教训，只有真实的历史教训才能阻止历史悲剧的重演。故此，司马迁留下了《平准书》与《酷吏列传》，桓宽搜集文献资料编成了《盐铁论》，夏侯胜公开站出来反对歌颂刘彻。

一、伟大的盐铁会议

后元二年（前 87 年），汉武帝刘彻病死于长安城西的五柞宫，享年七十岁。自十六岁继承帝位，这位雄主已统治汉帝国达五十四年之久。可惜雄主时代对普通人而言往往意味着灾难。刘彻活着时，天下人战战兢兢不敢对现实政治稍有异议；他死了，一切就都不一样了。

刘彻临终时，将皇位传给了年仅八岁的幼子刘弗陵（史称汉昭帝），并以霍光（大司马、大将军）、金日磾（车骑将军）、上官桀（左将军）、桑弘羊（御史大夫）、田千秋（丞相）五人为辅政大臣。这五人皆是刘彻亲信，霍光、金日磾、上官桀长期任职内廷，桑弘羊与田千秋属于外朝。让内廷与外朝互相牵制，似是深思熟虑之举。只是以人来制衡人，远不如以制度来约束制度。经由"白马之盟"确立的皇权、诸侯王、军功列侯三足鼎立的格局，尚且能被彻底击碎并退化为可怕的无限皇权，刘彻的临终安排自然更为脆弱。金日磾很快去世；丞相田千秋明哲保身，凡事"终不肯有所言"[1]。刘彻死后仅两年，所谓五人托孤辅政，就已变成了霍光、上官桀、桑弘羊三人间的勾心斗角。

上官桀与霍光本是姻亲，其子上官安娶了霍光之女。辅政初期，每遇霍光"休沐"，上官桀"辄入代光决事"[2]。始元四年（前83年），汉昭帝年满十二岁，到了立皇后的年纪。上官安有意让年仅六岁的女儿入宫为后，毕竟上官氏既是上官桀的孙女，也是霍光的外孙女。孰料霍光以外孙女年纪尚幼为由，拒绝了这一提议。遇挫的上官家转而寻求皇族内部实权派人物盖长公主（刘彻之女、汉昭帝之姐）的支持。同年四月，上官氏顺利被册立为皇后。上官桀与桑弘羊、盖长公主越走越近。霍光亦紧锣密鼓地部署铲除政敌的计划，掌控外朝的桑弘羊成了霍家亟欲扳倒的对象。

桑弘羊本是洛阳商人之子，因敛财手段花样百出而深受

1　田千秋式的谨言慎行，可以说是刘彻执政期间的特殊产物。刘彻时期先后有十三人担任过丞相，自杀或被处死者有五人；担任御史大夫的前后有十六人，自杀或处死的也是五人。尤其是刘彻三十九岁之后，担任丞相的七人中，唯有素以谨严著称的石庆和田千秋二人没有死于非命；而同一时期担任御史大夫的九人中，被赐死者即有四人。宣布公孙贺为丞相时，公孙贺惊恐万状，在刘彻面前磕头涕泣，死活不肯接受任命，可见外朝大臣形势之险恶。丞相、御史大夫作为外朝大臣的领袖人物，如此频繁地被动辄赐死，显见外朝势力在武帝中晚期已经完全沦陷，丧失了执政的独立性。

2　《汉书·霍光金日磾传》。

刘彻宠信。刘彻死时，年近七旬的桑弘羊仍牢牢掌控着朝廷财政大权。霍光深知民间对刘彻时代的种种聚敛政策痛恨已久，只是苦于没有表达空间。若有合法的发声渠道，汹涌澎湃的批评必会剧烈冲击聚敛政策的制定者与执行者桑弘羊。于是，始元五年（前82年）六月，朝廷在霍光的授意下，颁布诏书征求"贤良文学"，共得六十余人。次年（前81年）二月，这批"贤良文学"应召入长安参加会议，要与丞相、御史大夫就民间疾苦展开对话。

贤良文学是察举制下的举士名目，包括"贤良方正"与"贤良文学士"。贤良方正的选拔标准是"能直言极谏"，也就是敢于讲真话、敢于批评政府乃至皇帝。贤良文学士的选拔标准是"明于国家之大体，通于人事之始终"，也就是有知识、有见解、能办事。这些标准是汉文帝执政时期制定的。始元五年推举出来的这批贤良文学，除满足上述标准外，还有一个特征，就是大多来自底层民间，史载"儒皆贫羸，衣冠不完"[1]。

这些出身寒微、衣食艰难且富有正义感的读书人，熟悉社会底层的悲惨状况，也了解造成这悲惨状况的原因。霍光深信他们来到朝堂，必会有激烈表达。事情发展也确如其

---

[1] 《盐铁论·地广》。

所料。谈话甫一开始，贤良文学便对朝廷现行汲取政策提出了严厉批评，强烈要求"罢盐、铁、酒榷、均输"——盐铁官营与均输平准，皆是刘彻在世之日制定的敛财政策，也是祸害汉朝百姓最深的政策。其具体情形，本书第五章已有叙述，这里不再赘言。

因盐铁问题是讨论重点，故此次官民对话史称"盐铁会议"。会议结束约三十年后，儒学出身的汝南人、庐江太守桓宽搜集资料编成《盐铁论》一书，忠实记录下双方唇枪舌剑的详细情形。据《盐铁论》，贤良文学在对话中不止于批评朝廷的盐铁政策，还集中讨论和反思了刘彻执政五十余年的历史功过——这是汉朝人第一次获得全面反思汉武帝时代的机会。这种机会并非来自正规的问责机制，其昙花一现仅缘于高层政治人物的权斗昙花一现，实是中国两千余年秦制史中的莫大悲哀。

在高居庙堂的桑弘羊等人看来，刘彻时代的文治武功皆达到了前所未有的高峰，乃是极伟大的盛世。但在身居民间的贤良文学眼中，刘彻时代穷兵黩武耗尽民财，田地荒芜内外空虚，"百姓寒苦，流于道路"[1]，"六畜不育于家，五谷不殖于野，民不足以糟糠"[2]，实是极其可怕的凋敝时代。刘彻时代

---

[1] 《盐铁论·地广》。

[2] 《盐铁论·未通》。

凋敝的主因是聚敛之祸与酷吏之灾，贤良文学对刘彻时代的反思，也很自然地集中在这两个方面。

御史大夫桑弘羊及其属官站在朝廷利益的立场，坚持认为盐铁专卖、均输平准这些聚敛政策极为必要，既可缓解朝廷财政困难，也可解决军费开支紧张。且盐铁由朝廷专卖，还有助于防止地方势力割据，使汉帝国再难出现"临山铸铁，煮海为盐"的吴王刘濞式势力。此外，桑弘羊等还认为，由朝廷专卖有利于打击富商大贾，防止他们囤积居奇，操纵市场。

与桑弘羊等人不同，贤良文学的关注焦点是民生，其对盐铁专卖政策的批评，便极鲜明地体现了这一点。在贤良文学看来，专卖政策最大的危害是官商不分。官商靠权力变现中饱私囊，一人得道鸡犬升天，不但"私家累万金"[1]，且"亲戚相推，朋党相举"[2]，百姓却深受其害。负责盐铁生产的部门只对上级部门负责，不会顾及底层民众的实际需求。以铁制农具为例，下级官员只求完成交派的售卖任务以取悦上级，至于官营作坊生产出来的农具是否合用，便不归他们管，也没人在乎。据贤良文学在民间的观察，铸造农具的官营机构往往无视本地土壤的实际情形，只愿按照统一规格铸造农

1 《盐铁论·国疾》。
2 《盐铁论·刺权》。

具，因为这样更容易完成上级交派的铸造数量。于是，市面上出售的农具普遍存在质量问题，或太重农民挥不动，或太轻垦不动地，或极不耐用。不合格的农具必然会耽误农事，这是盐铁由民间商人自由生产的时代从未有过的问题。彼时，如果商家的农具质量不佳或食盐里掺杂着沙子，民众是可以用脚投票去别处购买的。

非只如此。负责盐铁销售的政府部门也不对民众负责，许多郡县的铁器定价不合理，农民很难买得起。销售地点与销售时间也普遍有问题，负责出售农具的官吏想来就来，想走就走，百姓走了几十里山路去买农具，结果"吏数不在"，常吃闭门羹，于是"膏腴之日，远市田器，则后良时"[1]，时间大量消耗在购买农具的奔波途中，反误了农时。更可怕的是，生产部门造出许多不合格农具，销售部门接到上级交派任务，必须将之卖出。为完成任务，地方官府只好强制分配，逼迫辖下百姓购买不合格农具。具体办法是按民户家庭人口数量，简单粗暴地分配铁器和食盐的购买量，且要求民众自行前往或雇人前往生产地搬运。这也是盐铁由民间商人自由销售的时代从未有过的问题。彼时的铁器质量好，商人们还会在农忙时节带着农具来到田间地头供顾客挑选，以尽

---

1 《盐铁论·水旱》。

可能不误农时。

贤良文学在民间的这些见闻，包括民众对旧时代的怀念，皆说明了一个很简单的经济学常识：对消费者来说，充分竞争的市场才是好市场。唯有充分竞争，才能刺激商家提供更好的商品和服务，才能让商品和服务的价格趋于合理。而一家独大且由官府控制的市场是最坏的市场。当民众买东西只能找官府，卖东西也只能找官府时，一定会酿成民生灾难。汉武时代的盐铁专卖正是典型案例。贤良文学认为，在该政策的祸害下，"贫民或木耕手耨，土耰淡食"[1]——汉帝国的许多百姓已选择淡食，放弃了吃价格高昂质量却很差的官盐；已选择使用木棍耕地、以双手除草，放弃了使用价格高昂质量却很差的铁制农具——无疑，这也是刘彻统治时期发生饥荒的重要原因之一。时代正在大踏步后退。

桑弘羊及其属官亦坚持认为酷吏政治非常必要，视严刑峻法与酷吏群体为伟大时代的标配。桑弘羊高度欣赏商鞅的轻罪重刑理念，在盐铁会议上声称，只有严酷到"刑弃灰于道"[2]的地步，百姓才会感到恐惧，才会服服帖帖遵守官府下达的各种禁令，才能成为朝廷最合用的人力资源。

桑弘羊关心的是百姓的人力物力能否更顺畅地被朝廷

---

1 《盐铁论·水旱》。
2 《盐铁论·刑德》。

汲取，贤良文学关心的是酷吏政治全面摧残了百姓的个人命运。刘彻时代的酷吏政治有两个特点。一是酷吏数量极多，用太史公的话说就是"何足数哉！何足数哉！"到了刘彻统治的中后期，郡守、都尉与诸侯二千石官员几乎已全是酷吏。二是律法极为繁杂，史载张汤与赵禹制定"律令凡三百五十九章，大辟四百九条，千八百八十二事，死罪决事比万三千四百七十二事"[1]。如此多的律条与判例，执法官吏已无法全部熟知，自无可能逐一向民众宣讲普及。在信息传递手段低效的西汉时代没人做得到，也没人有动力做。退而言之，即便宣讲了，也不可能让绝大多数根本没机会读书识字的普通百姓记住。不要说记住，在"春秋决狱"的审判模式下，百姓理解判例亦极为困难。结果就是底层百姓大规模触犯法网，沦为罪犯。[2]刘彻统治后期，整个汉帝国已是囹圄成市，举目所及皆是罪犯。故此，太史公才会在《史记》中沉痛写道：

　　二千石系者新故相因，不减百余人。郡吏大府举之

1　《汉书·刑法志》。
2　贤良文学对此也有很精辟的叙述："方今律令百有余篇，文章繁，罪名重，郡国用之疑惑，或浅或深，自吏明习者，不知所处，而况愚民！律令尘蠹于栈阁，吏不能遍睹，而况于愚民乎！此断狱所以滋众，而民犯禁滋多也。"

廷尉，一岁至千余章。章大者连逮证案数百，小者数十人；远者数千，近者数百里。会狱，吏因责如章告劾，不服，以笞掠定之。于是闻有逮皆亡匿。狱久者至更数赦十有余岁而相告言，大抵尽诋以不道以上。廷尉及中都官诏狱逮至六七万人，吏所增加十万余人。[1]

这是酷吏杜周做廷尉时的情形。太守、公卿这些二千石高官动辄得咎，被逮捕送入诏狱者不下百余人。地方郡县每年要将一千多件案子送呈长安中央政府，由廷尉负责处理。这些案子，小者牵连数十人，大者牵连数百人；远者扰动数千里，近者扰动数百里。审讯的目的只是为了定罪，不肯按文件呈报的罪名认罪，便严刑拷打到愿意认罪。于是百姓们只要听到官府来逮人，不管有罪没罪，普遍选择逃亡藏匿。有些被关进诏狱者，甚至是因为十余年前的言辞或行为被告发，其罪名大体上都是大逆、谋反、不敬，也就是对皇帝及其政策有所不满的政治罪。最盛时，被廷尉及中都官奉诏逮捕关入诏狱者多达六七万人，若加上属吏罗织牵连所增，则要多达十余万之众。

二千石高官尚且如此，普通百姓的情形可想而知。诏

1 《史记·酷吏列传》。

狱尚且如此，地方郡县监狱的情形亦可想而知。活在刘彻时代，官吏只有紧跟圣意成为酷吏这一条路可以走，百姓们只有动辄触犯法网这一种结局。所以徐复观先生认为，"汉武的政治，完全走的是暴秦的老路"[1]。两千多年前的贤良文学也同样如此认为。他们眼里的刘彻时代，只是个"法令众，民不知所辟"的恐怖时代，与"秦法繁于秋荼，而网密于凝脂"的暴秦高度相似，也如暴秦一般给天下百姓带来了深重灾难。而唯一的解救之法，是放弃酷吏政治，重新回到"教之以德，齐之以礼"的"急教缓刑"时代。

纵观整本《盐铁论》，批判聚敛政策也好，批判酷吏政治也罢，贤良文学真正想要反思的，乃是贯穿整个汉武帝时代的"立国之道"，也就是要重新否定秦制。这也是桑弘羊与贤良文学会在商鞅的历史功过问题上反复纠缠的主因。桑弘羊盛赞商鞅"内立法度，严刑罚，饬政教，奸伪无所容；外设百倍之利，收山泽之税，国富民强，器械完饰，蓄积有余"[2]，是秦国迈向强盛并消灭六国的大功臣。贤良文学则痛斥商鞅之政"峭法长利"[3]，让秦人民不聊生，是秦帝国土崩瓦解的根源。整场会议因之剑拔弩张。桑弘羊及其属官不断对贤

---

1 徐复观：《中国思想史论集》，上海书店出版社 2004 年版，第 270 页。

2 《盐铁论·非鞅》。

3 《盐铁论·非鞅》。

良文学实施人身攻击，说他们生活在困顿之中，根本不懂治国之道，且"往来浮游，不耕而食，不蚕而衣，巧伪良民"[1]，实是天底下最该被铲除的人群。贤良文学则斥责桑弘羊等公卿大臣身居高位多年，"功德不施于天下，而勤劳于百姓，百姓贫陋困穷"[2]，无德泽施于百姓，反疯狂压榨民力，将天下百姓推入困顿穷苦的境地，实可谓罪人。

仅就《盐铁论》的文本而言，贤良文学似乎取得了辩论的胜利——内中多处记载桑弘羊被贤良文学逼至气急败坏，或"作色不应"[3]，或"勃然作色"[4]。但这些措辞很可能带有编撰者桓宽以及受其采访、为其提供资料的贤良文学的个人倾向。实际上，双方的辩论自一开始便不可能有结果。因为对于最根本性的问题——朝廷与民众孰先孰后——双方存在不可调和的矛盾。在桑弘羊的理念中，民众是供朝廷汲取的资源，是需要管控和驯化的对象。在贤良文学看来，为民众提供服务、让民众安居乐业，才是国家或谓朝廷存在的核心价值。如果不能保障民生，统治者所有的文治武功就都没有了意义。所以，这是一场不可能达成任何共识的辩论。

---

1 《盐铁论·相刺》。
2 《盐铁论·国疾》。
3 《盐铁论·相刺》。
4 《盐铁论·救匮》。

不过，即便不可能有共识，即便组织会议的霍光只是想要利用贤良文学的民本立场去攻击政敌桑弘羊，而无意取消盐铁专卖并结束酷吏政治，这场辩论也仍有其划时代的历史意义：这是汉帝国知识分子第一次公开针对现实政治提出全面批评，也是第一次公开否定本朝的所谓盛世。

二、说真话的夏侯胜

本始二年，也就是公元前 72 年，即位仅两年的汉宣帝下了一道诏书，要给他的曾祖父汉武帝立庙乐。

诏书大意如下：孝武皇帝亲自践行仁义、发扬威武。北征匈奴，将单于打得仓皇远遁；南平氐羌、昆明、瓯骆与两越；东定薉、貉与朝鲜。可说是战功赫赫。大汉在这些地方设立郡县，扩张领土。周边众多蛮族也被大汉的军威折服，纷纷来到边境要求归顺，宗庙中摆满了他们主动进贡的珍宝。孝武皇帝还统一音律，指导乐歌创作，祭祀上帝，去泰山封禅，设立明堂，修订历法年号，更新衣冠服饰；并承继圣人之道，尊贤能，赏功臣，兴灭国，继绝世，不忘褒赏周朝的后裔。孝武皇帝的所作所为，可说是已达到了完备天地之礼、发扬道术之路的地步。所以上天也有所感应，各种祥瑞纷纷涌现，宝鼎被发现了，白麟被捕获了，巨大的鱼出现在了海中，神人也来到了人间，连高山也在呼喊万岁。总而言之，孝武皇帝的功德太过茂盛，怎么说也说不完。可是，孝武皇帝的庙中却还没有能够与他的功德相匹配的音乐，这让朕感到非常伤心和不安。故此，朕下这道诏书给丞相和御史大夫，请你们去与列侯、二千石、博士商议，为孝武皇帝制作出足以媲美其历史功绩的庙乐。

汉宣帝的这道诏书，其实质是欲为汉武帝盖棺论定，试图通过立庙乐的方式，来统一汉帝国民众关于汉武帝时代的集体记忆——按照诏书定下的调子，汉武帝时代必须伟大、光辉、璀璨；汉武帝本人必须仁义、威武、深得天意与民意的拥护。庙乐，也就是歌颂汉武帝历史功德的乐曲，必须按照这个调子来创作。

群臣接下这桩政治任务后"大议廷中"，在朝堂之上开集体会议。有模有样地讨论一番后，群臣一致得出"宜如诏书"的结论。只有时任长信少府的夏侯胜站出来，强烈表达了反对意见。夏侯胜说：

> 武帝虽有攘四夷广土斥境之功，然多杀士众，竭民财力，奢泰亡度，天下虚耗，百姓流离，物故者过半。蝗虫大起，赤地数千里，或人民相食，畜积至今未复。

亡德泽于民，不宜为立庙乐。[1]

关于刘彻，夏侯胜的历史记忆与汉宣帝的历史记忆截然不同。他承认刘彻在军事上有扩张领土的功绩，但他提醒皇帝和朝堂上唯唯诺诺的群臣，不要忘了刘彻还有祸害天下百姓的另一面——他杀人无数，榨干了百姓财力；他奢靡无度，耗尽了天下资源。在他的统治下，百姓流离失所死者过半。在他的统治下，蝗灾四起，赤地千里，出现了人吃人的惨剧，民间至今没有积蓄，百姓元气至今没有恢复。总而言之，在夏侯胜的历史记忆里，刘彻是个对百姓毫无德泽的皇帝，这样的人没资格拥有庙乐。

按汉代制度，除京城外，皇帝宗庙亦会遍设于地方郡国。宗庙及其活动（如庙乐）实际上起着宣传历史、塑造集体记忆的功能。夏侯胜经历过刘彻时代，知道刘彻是怎样的人，也知道那个时代是怎么回事。他还知道，要想让刘彻时代不再重来，就必须留住历史教训，必须守住真实的集体记忆不被篡改。这是他敢于从满朝公卿的唯唯诺诺中挺身而出的主因。

无人能够正面反驳夏侯胜，毕竟，满朝公卿大多也经历

---

1 《汉书·夏侯胜传》。

过刘彻时代。他们唯一能够拿来压制夏侯胜的武器是"此诏书也！"——难道你夏侯胜要忤逆皇帝的意志吗？夏侯胜的回答是：

> 诏书不可用也。人臣之谊，宜直言正论，非苟阿意顺指。议已出口，虽死不悔。[1]

回复铿锵有力，无法辩驳——天下事自有其是非公论，诏书从来不能与正确、正义画等号。丞相蔡义和御史大夫田广明只好拿出流氓手段，给夏侯胜扣了一顶"非议诏书，毁先帝"的帽子，又牵连丞相长史黄霸，说他与夏侯胜交好，知晓夏侯胜有妄议先帝的言论却不举报弹劾，将二人都投入牢狱之中。

夏侯胜坐了牢，同情夏侯胜的黄霸也坐了牢。汉帝国朝堂之上再无人敢反对皇帝钦定的集体记忆。很快，祭祀刘彻的世宗庙在四十九个地方郡国建设起来；歌颂刘彻仁义威武的庙乐也在四十九个地方郡国奏响唱诵。刘彻成了伟大、仁慈、光辉、璀璨的代名词，天下户口减半的惨剧仿佛从未发生过。

夏侯胜没能阻止这一切。两年后，"关东四十九郡同日

---

[1] 《汉书·夏侯胜传》。

地动"，汉宣帝发罪己诏大赦天下，夏侯胜才重获自由。

汉昭帝年间的盐铁会议上，贤良文学站在孔孟儒学的民本立场上，全面否定了刘彻时代，但对刘彻本人的历史评价仍有所保留。当"丞相史"在会议上以"未有明君在上而乱臣在下"为据，欲给贤良文学扣一项诽谤污蔑先帝的罪名时，贤良文学选择了回避，将刘彻时代出现种种人间惨剧的原因归结为"虽有尧明之君，而无舜、禹之佐。……先帝之时，良臣未备，故邪臣得间"[1]。夏侯胜突破了盐铁会议的尺度，是首个在朝堂上公开否定刘彻本人的知识分子。夏侯胜的真话仍有其不朽之光辉。

三、沉痛的历史记忆

天下户口减半的惨剧无法挽回，但好在刘彻时代终于成了过去。

对汉帝国知识界来说，后刘彻时代最重要的事情便是守住真实的历史记忆。只有真实的历史记忆才能催生真实的历史教训，只有真实的历史教训才能阻止历史悲剧在未来重演。故此，太史公司马迁留下了《平准书》与《酷吏列传》，

---

[1] 《盐铁论·论诽》。

汝南人桓宽搜集文献资料编成了《盐铁论》，夏侯胜公开站出来反对歌颂刘彻，反对扭曲真实的历史记忆。遗憾的是，这些真实的历史记忆，在四十九个郡国的汉武帝庙中绝对见不到。

大概是因为刘彻时代实在太惨，民不聊生，官亦不聊生，给幸存汉民留下了极深的心理阴影，且知识界保存历史记忆的努力颇有成效，所以相关历史教训在后刘彻时代常被有良知者不断提及，以劝谏皇帝纠正现实政治。只是很可惜，因没有切实的政治力量做后盾，这类劝谏往往止于言辞，难有实际效果。

试举两例。

汉宣帝五凤年间（前57—前54年），理财专家耿寿昌给朝廷出了个增收的主意：增海租三倍。既然普天之下莫非王土，所有耕地都要向朝廷交田租，那么普天之下也莫非王海，所有靠海为生者也应当向朝廷交海租。耿寿昌觉得百姓是在靠着朝廷的海洋过日子，所交海租太少，应再提升三倍。

汉宣帝很愿意接受这项建议。御史大夫萧望之闻知后忧心如焚，前去劝谏：

> 故御史属徐宫，家在东莱，言往年加海租，鱼不出。长老皆言武帝时县官尝自渔，海鱼不出，后复予民，鱼

乃出。夫阴阳之感，物类相应，万事尽然。……寿昌习于商功分铢之事，其深计远虑，诚未足任，宜且如故。[1]

萧望之回顾往事，对汉宣帝讲述了一段真实的历史教训：御史府有属官名叫徐宫，家在东莱（约为今山东烟台、威海一带）。据他讲，往年只要朝廷一增海租，海里就不出鱼。当地老人还说，本朝武帝刘彻执政时，出台政策将沿海捕鱼业变为官营，海里便不再出鱼。直到刘彻去世，捕鱼业官营政策被废弃，海里才再度出鱼。历史教训如此，可知耿寿昌的建议是个馊主意，不能采纳。

汉代盛行阴阳五行天人感应之学，萧望之针对"海鱼不出"的解释逻辑也是"阴阳之感，物类相应"。为免刺激宣帝，他的表达不够具体，但宣帝应该能听懂这八个字背后的真意：朝廷实施暴政，天意便会示警不让大海再出鱼，这种惩罚会一直持续至朝廷放弃暴政。其实，萧望之讲述的是一个古老而惨烈的躺平故事——刘彻以无远弗届的皇权垄断山海，将捕鱼业变成官营。原本自由劳作的渔民，成了官府管控下的劳工，不但要在固定时间去固定区域劳作，鱼获还得全部交给官府，再由官府分配。这意味着渔民失去了改善生

---

1 《汉书·食货志上》。

存境况、提高生活质量的主导权，成了不受制约的官权力肆意盘剥的对象。渔民无力正面应付皇权，唯有消极抵抗，出海而无鱼获遂成为常态。这才是"海不出鱼"的真实发生逻辑。当中没有天意，皆是人祸。

宣帝早年流落民间，饱受刘彻时代政治斗争的迫害。他做了皇帝之后，以儒表法里为统治手段，与刘彻成了同类人。相比天人感应与民心向背，宣帝更看重耿寿昌的建议能增加朝廷的财政收入，故萧望之的劝谏毫无效果。

另一例发生于汉元帝时期。琅琊人贡禹八十岁时被汉元帝提拔为御史大夫，位列三公。大约是自觉人生已走到尽头，贡禹希望多做点事情，于是"自禹在位，数言得失，书数十上"。在短短数月的御史大夫任上，贡禹上书数十次，向元帝提了许多旨在改善民生的建议。其中一条是建议皇帝将针对儿童的人头税，自三岁征收提高到七岁征收。贡禹说：

> 古民亡赋算口钱，起武帝征伐四夷，重赋于民，民产子三岁则出口钱，故民重困，至于生子辄杀，甚可悲痛。宜令儿七岁去齿乃出口钱，年二十乃算。[1]

与萧望之一样，贡禹也在谈刘彻时代的历史教训：古

---

1 《汉书·贡禹传》。

人没有口钱负担，孩子不用交人头税。刘彻为支持其频繁征伐，向民众征收各类重税，其中之一便是孩子满三岁就须缴纳口钱。百姓交不起口钱，只好生了孩子便忍痛将之杀死。贡禹建议朝廷变更政策，等孩子年满七岁后再征人头税，年满二十之后再改征算赋——口钱针对儿童，算赋针对成人，皆属人头税，后者的额度高于前者。

贡禹生于元朔五年（前124年），在刘彻时代生活了三十七个年头，是刘彻穷兵黩武酿成天下户口减半惨剧的亲历者。"民产子三岁则出口钱"的暴政将百姓逼至"生子辄杀"的地步，是他在黑暗时代里的亲身见闻。比萧望之略幸运，贡禹的建议被汉元帝采纳了，此后"民年七岁至十四岁出口钱"。但这点政策变动实在太小，到了东汉桓帝时代，底层情况仍是"小民困贫，多不养子"[1]。

1　《后汉书·党锢传》。

第七章

霸王道

刘彻虽死，征伐虽止，时代却没有得到根本性扭转。桑弘羊们制定的聚敛政策仍在执行，汉帝国上上下下的官员也仍以酷吏为主体。人们怀念卫太子，不是因为他们对卫太子有多少真切了解，而是现实政治仍让他们感到痛苦，传言中那个品性仁厚、心存百姓的卫太子，可以充当他们批判现实的武器。

一、民众怀念卫太子

元凤元年（前80年），受刘彻遗诏辅政的大将军霍光发动政变，诛杀了同为辅政大臣的御史大夫桑弘羊和左将军上官桀。与桑弘羊等同一阵营的燕王刘旦及盖长公主被逼自杀。至此，刘彻临终指定的辅政五大臣中，金日磾去世，上官桀与桑弘羊被杀，丞相田千秋明哲保身"终不肯有所言"，朝廷最高权力集中到了霍光一人之手，内廷与外朝之臣互相牵制的政治格局烟消云散。

这结局实属必然。刘彻毕生致力于摧毁一切有可能制约皇权的有组织势力，以实现最大限度的个人专制。霍光作为刘彻临终前指定的皇权代理人，自然也会以实现最大限度的个人专制为施政目标。诛杀政敌桑弘羊和上官桀后，霍光更换了内廷与外朝的人员配置。田千秋去世后，外朝先后由王䜣、杨敞与蔡义接任丞相。为防止丞相势力坐大，这三人的任期皆极短，其中杨敞本是霍光亲信，蔡义已年过八十，老得只剩喘气之能。故时人讥讽霍光专用无能之辈为相。

外朝用无能之辈，内廷则全然由霍氏家族把持。霍光之子霍禹、其兄霍去病之孙霍云皆在内廷担任中郎将；霍云之弟霍山担任奉车都尉侍中；霍光的两个女婿担任东西宫卫尉；其余昆弟诸婿外孙则担任诸曹大夫、骑都尉和给事中等职，史称"党亲连体，根据于朝廷……诸事皆先关白光，然后奏御天子"[1]。

掌控住了内廷与外朝的霍光，却难以掌控天下人心。刘彻临终之际指定的继承者刘弗陵，即霍光所辅佐的汉昭帝，始终无法得到朝野认同。燕王刘旦等皇族多次发动政变，打出的旗号便是刘弗陵非刘彻之子，刘彻遗诏乃霍光等人伪造。皇室的异议与质疑还在其次，最让霍光头疼的是朝野上下弥漫着浓重的"怀念卫太子"的情绪。这种怀念既是在抒发对刘彻时代的不满，也是在隐晦表达不认同霍光的执政路线。

卫太子即刘彻长子刘据，生于元朔元年（前128年），七岁时被立为太子。因其母是皇后卫子夫，故称卫太子。据《资治通鉴》记载，刘据性格宽仁，与其父刘彻大不相同：

> （太子）及长，性仁恕温谨，上嫌其材能少，不类己。……太子每谏征伐四夷，上笑曰："吾当其劳，以逸遗汝，不亦可乎！"[2]

1　《汉书·霍光传》。
2　《资治通鉴》卷二十二。

据辛德勇先生的考据，《资治通鉴》这段记载并非确凿无疑的史实，其资料源头是"充满怪诞传说"的《汉武故事》[1]。不过，即便具体细节不真实，《汉武故事》中出现赞扬刘据宽仁温和的内容，并将之与严酷好杀的刘彻做对比，本就足以说明刘据在当时颇受民意[2]爱戴。

这种爱戴与刘据做了什么关系不大，更多源自其父刘彻的衬托。刘彻执政的半个世纪里，人人皆生活在密不透风的政治高压下，皆困于无休无止的税役汲取之中。作为汉帝国的储君，刘据理所当然会被朝野上下密切关注并寄予厚望。卫太子未必真的仁恕温谨，也未必真劝说过刘彻停止征伐，但民众与知识分子，也包括那些接触不到长安高层政治秘辛的中下层官员，因为受够了现实政治，会普遍希望卫太子是个与刘彻品性大不同之人，会希望他做过劝谏之事。人们相信，是因为他们愿意相信。人们之所以愿意相信，是因为这种相信能让他们在绝望中存留一点点希望，能让他们深信只要刘彻去世，卫太子即位，政治风向便会扭转，痛苦悲惨的日子便会结束，宽松和平、丰衣足食的新时代便会到来。

1　辛德勇：《制造汉武帝》，生活·读书·新知三联书店 2018 年版，第 25—39 页。

2　这里的"民意"，是指那些或有社会地位，或有活动能量，或有知识，或有较多财富者的意见与立场。底层百姓吃了上顿没下顿，整日里为生计发愁，既顾不上抒发"民意"，也未必知晓卫太子与刘彻之间的纠纷。

刘据这种得人心的宽仁形象，也是其在征和二年（前91年）会被卷入巫蛊案的重要原因。晚年的刘彻深知自己的作为已招致天怒人怨，也知道天下人无不翘首期盼自己早些死去，且对身边亲信之人是否也有此类想法极为敏感。酷吏义纵之所以失宠，便是因为刘彻自鼎湖赴甘泉宫养病时发现官道失修，遂疑心义纵存有"我为不复行此道"的念头，给义纵扣了顶"盼着皇帝早点死"的大帽子。这帽子极可怕，故义纵失宠同年便因他事掉了脑袋。理解了刘彻的这种心态，便可以知道，无论酷吏江充有没有在太子宫搜出人偶，无论这人偶是不是太子用来诅咒武帝早死的工具（汉代人迷信巫蛊，确实相信有将人咒死的功效），刘彻都会怀疑卫太子有害己之心。

其实，在查到卫太子头上之前，江充以"（皇帝的）疾祟在巫蛊"为由，已获得刘彻支持，在汉帝国境内全面发起肃清巫蛊运动。靠着严刑拷打、鼓励举报等手段，整个社会被推入了恐怖的猎巫状态。"民转相诬以巫蛊，吏辄劾以为大逆无道。自京师、三辅连及郡国，坐而死者前后数万人。"[1]刘彻任命江充为"治巫蛊狱"的专门使者，在民间掀起如此恐怖的大告密运动，显见他已深信天下人都在盼着自己

---

1 《资治通鉴》卷二十二。

早死，也深信天下有许多人会以巫蛊诅咒自己[1]。这种自我认知，与"卫太子做了三十二年储君，在朝野上下有许多支持者""许多人在盼着卫太子即位"这些情况结合到一起，刘彻的疑心病便无可遏制。卫太子选择铤而走险，以武力对抗，也是深知刘彻的疑心已成，再无和平化解的余地。

巫蛊案最后以卫皇后自杀、卫太子兵败出逃并于围捕中自缢告终。太子府宾客遭全面清洗，受株连者数万人。卫太子后代中仅有一孙名刘病已者幸存。刘病已出生仅数月，亦受株连被投入大牢。因忌惮卫太子的同情者太多，后元二年（前87年），重病在身自知时日无多的刘彻，甚至想要将这关押在狱中、年仅四岁的小曾孙也一并杀害。为掩饰残杀无辜曾孙的暴行，刘彻以望气者称"长安狱中有天子气"为由，派了内廷使者前往长安各处监狱下达指示，要杀尽狱中囚犯。幸得廷尉监丙吉等卫太子的同情者挺身而出，拒开监狱大门，且明言："皇曾孙在。他人亡辜死者犹不可，况亲曾孙乎！"[2]直接捅破了刘彻屠尽长安囚犯的真实用意。用意捅破后，刘彻不便立刻采取行动再对亲曾孙下毒手，刘病已的

1　《汉书·武五子传》记载："是时，上春秋高，意多所恶，以为左右皆为蛊道祝诅，穷治其事。丞相公孙贺父子，阳石、诸邑公主，及皇后弟子长平侯卫伉皆坐诛。"

2　《汉书·丙吉传》。

性命才暂时得以保全。同年二月丁卯日，刘彻死去；六月，新即位的昭帝大赦天下，刘病已出狱 [1]。

有一种常见的说法，称刘彻死亡前夕对巫蛊之祸已有所悔悟，承认卫太子之死是冤案，故修筑了思子台，又族灭江充之家，并诛杀了当年奉命率军镇压捕杀卫太子的丞相刘屈氂。此说极可疑。首先，思子台虽然建成，但刘彻从未下达过关于卫太子的平反诏书。其次，刘彻不但未曾给卫太子平反，也没有释放卫太子留在世上的唯一后代刘病已，反于临终前试图以曲线手段将刘病已杀害——据《汉书·宣帝纪》，刘彻欲尽诛长安狱中囚犯一事，被系于后元二年"武帝疾"之时，未提及具体月份。又据《汉书·武帝纪》，刘彻死于后元二年二月丁卯。时间如此相近，可见曲线杀害刘病已的行动，乃是刘彻临终安排的重要一环。

刘彻为什么一面修建思子台，一面又欲曲线杀害刘病已？答案其实还是卫太子的政治影响力太大。当然，卫太子政治影响力的大小，与卫太子本人做过什么关系不大，主要取决于刘彻干过什么。刘彻越暴虐，朝野内外就越寄望于卫太子的宽仁——壶关三老令狐茂于巫蛊之祸爆发后，敢于冒着被族诛的风险上书为卫太子辩护，已足见卫太子在民间的

---

1 刘病已出狱，可能有托孤大臣霍光的因素。卫太子之母是卫子夫，即卫青之姐。霍光乃霍去病之弟。卫霍两家有着相当复杂而密切的亲戚关系。

声望。当卫太子被刘彻一手掀起的巫蛊之祸逼死，其作为暴虐政治反对者的形象便彻底固化下来。死者最容易被神化，也最容易收获同情。只要刘彻的暴政不息，卫太子的宽仁形象便会一天胜过一天。换言之，刘彻修建思子台、诛杀江充家族等，是为了消解朝野内外同情、怀念卫太子的情绪；试图曲线杀害卫太子唯一存世的后嗣，也是为了让同情、怀念卫太子的情绪再无实际的寄托之处，以避免给指定的皇位继承人造成威胁。刘彻是不择手段的政治人物，只要能够达成他想要的政治效果，建思子台与杀害亲曾孙并不矛盾。

后续史实也证明了刘彻的担忧并非多余。当憎恨积累到一定程度，怀念与同情便会构成政治力量。昭帝始元五年（前82年），有男子"乘黄犊车，建黄旐，衣黄襜褕，著黄冒"出现在长安城，自称是卫太子。此人被京兆尹隽不疑抓入诏狱后处死。但在隽不疑站出来处理此事之前，昭帝诏令"公卿将军中二千石"等官员前往辨认，包括丞相、御史大夫在内的到场高官，竟无一人敢就卫太子的真伪发言表态。长安全城沸腾，"吏民聚观者数万人"。因担忧民意倒向卫太子而酿成突发性政治事件，昭帝命右将军"勒兵阙下，以备非常"[1]。这些迹象皆显示卫太子在民间有许多同情者，卫太子

---

1 《汉书·隽不疑传》。

尚存人世的说法广为流传，且有许多人愿意相信。

　　四年后，元凤三年（前78年），卫太子亡魂又一次对昭帝的统治造成强烈冲击。先是有人上报称泰山发生石头自立的异象。该巨石高丈五尺，大四十八围，入地深八尺，其自立非人力所能为。大石自立后，又有白鸟数千聚集在旁。随后传出消息，称昌邑国境内有早已干枯的"社木"复活，长安上林苑中有断卧的枯柳复生抽出新芽，且柳叶被虫子吃出了"公孙病已立"五字。董仲舒的弟子眭弘依据公羊学理论推演，认为"石头与柳树皆是阴类，代表下民。泰山乃岱宗之岳，是王者禅让之地。大石自立、枯柳复生皆非人力所能为，当是天意在昭告世人，有匹夫将会成为天子"。柳叶上的文字则被解读为"故废之家公孙氏当复兴者也"。据此，眭弘上书汉昭帝道：

　　　　先师董仲舒有言，虽有继体守文之君，不害圣人之受命。汉家尧后，有传国之运。汉帝宜谁差天下，求索贤人，禅以帝位，而退自封百里，如殷周二王后，以承顺天命。[1]

　　按眭弘的理解，这些异象是天意在发出警告，要昭帝将

───────────

1　《汉书·眭弘传》。

皇位转授给贤人。即便昭帝是明君，也不可违逆上天意志，不可妨碍圣人接受天命。他建议昭帝按照异象提供的线索下诏找寻贤人，然后禅让皇位，退为诸侯。

眭弘的谏言当然不可能被采纳。眭弘本人亦被霍光以妖言惑众、大逆不道之罪杀害。然而"公孙病已立"这句谶言已然传开，"故废之家公孙氏"这句解释也已引起许多人的兴趣。卫太子唯一存活的孙子，名字正是刘病已。因昭帝大赦天下，这位来自故废之家的王公之孙已经出狱，此时正以庶民的身份生活在长安。

大石自立与枯木复生，或有可能是自然发生的小概率事件，虫子咬树叶咬出"公孙病已立"五字却必属人为。当眭弘的解读字字句句指向卫太子存留在人间的唯一后嗣时，是什么人在故意制造异象并试图借助天意推动政治变革，答案已呼之欲出。那些同情卫太子的势力仍在朝野活动，那些怀念卫太子的情绪仍在朝野流淌。刘彻虽死，征伐虽止，时代却没有得到根本性扭转。桑弘羊们制定的聚敛政策仍在执行，汉帝国上上下下的官员也仍以酷吏为主体。人们怀念卫太子，不是因为他们对卫太子有多少真切了解，而是现实政治仍让他们感到痛苦，传言中那个品性仁厚、心存百姓的卫太子，可以充当他们批判现实的武器。此中蕴含着极明显的社会心态，正如顾颉刚先生所言：

要是泰山大石自立，上林苑中枯了的大柳树再生的事实出现在汉武帝时，不知道这班儒生和方士又要如何地说作祥征，汉武帝将又去封禅且改元了。不幸那时武帝已经享尽荣华而死（自武帝崩至此凡九年），人民经了一番大痛苦，创痍未复，他们长在希望易姓受命，有一个新天子出来救济他们一下，既有这等事情发生，正好为易姓受命之说张目，哪里再肯说作符瑞，讨汉家的欢喜。所以泰山大石自立，就是到泰山告易代的象征。虫食树叶成"公孙"字，就是公孙氏要继汉而兴的象征。石柳为下民之象，石自立，柳复起，就是"当有从匹夫为天子者"的象征。[1]

霍光知道"公孙病已立"与"故废之家公孙氏"指向谁，也知道为什么会有伪造异象的事情发生。只是他的权位已与昭帝紧密捆绑在一起，放弃昭帝不符合他的利益，所以他杀害了眭弘。但也仅止于此，未再继续往下深挖。

"公孙病已立"异象事件发生后的第四年，元平元年（前74年）夏四月，年仅二十一岁的汉昭帝去世，没有留下后嗣，谁来继承帝位成了一个问题。霍光再次被推上了高层权力斗争一线。刘彻之子中，此时尚有广陵王刘胥在

---

1 顾颉刚：《汉帝应让国说及再受命说》，载《古史辩》第五册，海南出版社 2005 年版，第 276 页。

世。昭帝侄辈中，也有颇多合适人选。在群臣普遍支持广陵王的情形下，霍光独断专行，借口广陵王品行不端为"先帝所不用"，选择了昌邑王刘贺。刘贺的父亲刘髆，是刘彻的第五个儿子。其实，刘髆的政治履历并不比广陵王刘胥光彩——刘髆之母是李夫人，其舅是贰师将军李广利。征和三年（前90年），丞相刘屈氂与李广利合谋立刘髆为太子，事情败露后刘屈氂被杀，李广利投奔匈奴。刘髆虽因不知情未受牵连，但实际上已有严重的政治污点，丧失了成为储君的资格。迎刘贺为帝的提议来自一位未在史籍中留下姓名的郎官，亦可见当日朝中群臣几乎无人附和霍光。

一般说法认为，霍光不立广陵王刘胥的原因，是刘胥年长不易控制。此说多少有些牵强，毕竟昌邑王刘贺此时也已年满十九岁，实非容易控制的幼主。霍光排斥广陵王，主要还是因为他与广陵王素来不合。此外，元凤三年"公孙病已立"事件中，有一项异象是昌邑国的社木复活。不管信与不信，这大概也会成为霍光选择昌邑王的说辞之一。

戏剧性的是，昌邑王只做了二十七天皇帝便被霍光废黜。理由是在这短短二十七天内，刘贺做了1127件荒唐淫虐之事，平均每日42件。这自然是不可信的。昌邑王进入长安之前风评甚佳，没理由一个好端端的青年进入皇宫不过二十七天，就成了天底下最不堪、最无耻、最下流之人。霍光废黜刘贺的主因，是刘贺不甘心做傀儡。名为刘贺亲信、实则与霍光暗通款曲的王吉，曾劝刘贺"三年不言"，将权力全都交给"仁爱勇智"兼备的霍光。然而刘贺入长安后，便将昌邑旧臣大量安插到宫中，分明是想要改变霍家控制内廷的局面；又下诏改变兵符黄旄的款式，且不下发新兵符给霍氏，分明是想要改变长安军权操控于霍氏之手的局面。霍光的废立之心便是由此而来。博士夏侯胜闻知霍光的阴谋后，曾委婉提醒刘贺防备，奈何刘贺在长安根基太浅，毫无胜算，落了个本人被废[1]、僚属尽诛的悲惨结局。昌邑群臣被诛杀前愤然高呼"当断不断，反受其乱"，亦足见其不甘。

二十余天后，未央宫迎来了新主人。十七岁的卫太子之孙刘病已被霍光选中继承帝位，史称汉宣帝。

二、浩劫后的有限改革

霍光选择刘病已而非其余宗室，至少有两个原因：一是

1　先是被送回原封地昌邑国管控，后又被强制迁徙至豫章郡，改封海昏侯，并最终死在那里。

刘病已长于民间，没有封地旧臣，较好控制[1]；二是废黜昌邑王这件事极大地折损了霍光的政治威信，而响应天下人对卫太子的怀念之情，恰是挽回其政治威信的极佳办法。曾在监狱中救护过刘病已的丙吉，正是以这样的理由说服了霍光：

> 孝昭皇帝早崩亡嗣，海内忧惧，欲亟闻嗣主，发丧之日以大谊立后，所立非其人，复以大谊废之，天下莫不服焉。方今社稷宗庙群生之命在将军之一举。窃伏听于众庶，察其所言，诸侯宗室在列位者，未有所闻于民间也。而遗诏所养武帝曾孙名病已在掖庭外家者，吉前使居郡邸时见其幼少，至今十八九矣，通经术，有美材，行安而节和。愿将军详大议，参以蓍龟，岂宜褒显，先使入侍，令天下昭然知之，然后决定大策，天下幸甚！[2]

丙吉称赞霍光速立、速废昌邑王让天下人莫不心服口服，是不能当真的漂亮话。实际情形与丙吉的称赞完全相反——

1　事后回看，霍光自然是失算的。宣帝自幼饱受磨难且长在民间，已养成极擅隐忍蛰伏又杀伐果断的性格。身居弱势之日，贫贱时同甘共苦的皇后许平君被霍家毒杀，宣帝亦可不露声色佯装不知，待翻盘之机到来则绝无犹疑，地节二年（前68年），霍光去世，次年宣帝便以霹雳手段将霍家连根拔起，长安城血流成河，整个霍氏集团灰飞烟灭。

2　《汉书·丙吉传》。

肯定者少而批评者多，赞赏者鲜而狐疑者众。丙吉说"众庶"不关注那些高高在上的诸侯宗室，舆论全聚焦在通晓经术、才能出众的卫太子之孙刘病已身上，其实是在提醒霍光，刘病已的身上承载着卫太子的政治遗产，响应这份遗产对霍光大有好处。所以，与其说霍光选择的是刘病已，不如说他选择的是卫太子。立卫太子之孙为帝，既迎合了朝野上下对卫太子的怀念，也迎合了朝野上下对变革的期待。

这些期待的背后，是朝野内外已经受够了武、昭两朝逾半个世纪的暴政。

刘彻时代自不必说。昭帝在位的十三年里，汉帝国虽因"海内虚耗，户口减半"而无力维持对外征伐，但在对内治理上，仍极忠实地执行刘彻时代的施政路线，即通过酷吏集团实施严刑峻法，来维持高强度的控制与汲取。其间虽有贤良文学在盐铁会议上对盐铁专卖、平准均输等汲取政策提出严厉批评，但最后不过是"罢榷酤官"，仅仅废除了对官府财政收入影响最小的酒类官营专卖政策。另据路温舒的披露，直到昭帝去世时，汉帝国在"治狱"方面仍与残暴的秦帝国并无二致：

> 臣闻秦有十失，其一尚存，治狱之吏是也。……夫狱者，天下之大命也，死者不可复生，绝者不可复属。《书》曰："与其杀不辜，宁失不经。"今治狱吏则不然，

上下相驱，以刻为明；深者获公名，平者多后患。故治狱之吏皆欲人死，非憎人也，自安之道在人之死。是以死人之血流离于市，被刑之徒比肩而立，大辟之计岁以万数，此仁圣之所以伤也。[1]

路温舒长期在一线做刑狱工作，官至廷尉史。按路的认知，人死不能复生，司法工作应慎之又慎，须秉持"宁放过不杀错"的原则。可现实是，汉帝国司法恰与该原则背道而驰，上上下下皆追求"刑罚深刻"。这种现象的根源，在于最高决策层以严刑峻法治国，也以严刑峻法来考核官吏，导致狠狠整人有好处，公正平允反有后患。治狱之吏遂普遍倾向于将嫌犯弄死，可谓人人争做酷吏。只有成为酷吏才能符合时代要求，才能被时代容纳，做酷吏已成为官吏的"自安之道"。

路温舒这些话，是在汉宣帝即位初年上奏所讲。可见"死人之血流离于市，被刑之徒比肩而立，大辟之计岁以万数"这般可怕的情形，直到此时仍是常态。如此也就不必惊异汉帝国朝野上下，何以在刘彻死去多年后，仍弥漫着对卫太子的怀念情绪。人们怀念卫太子，不是在怀念那个具体的

---

1 《汉书·路温舒传》。

人，而是怀念他身上"宽恕仁厚"的政治标签。现在，怀念转化为期望，切实落在了刚刚即位的卫太子之孙——宣帝刘病已的身上。朝野上下对卫太子的怀念是刘病已最大的政治资本，刘病已必须响应他们的期望。

宣帝时代因之成了一个有限变革的时代。

说它有限，是因为宣帝毕竟是刘彻曾孙，全面深入反思刘彻，暴露刘彻时代控制与汲取政策的残暴性并将之全面推翻，对维持刘氏皇权弊大于利。所以宣帝仍要大张旗鼓地肯定刘彻的"廓地斥境""百蛮率服"之功，下令在四十九处"武帝巡狩所幸郡国"立庙纪念，并将站在民生立场指责刘彻须为"百姓流离，物故者半"负责的儒者夏侯胜及维护夏侯胜的黄霸，一并投入监狱。

说它变革，是指相对刘彻时代（自然也包括短暂的昭帝时代），宣帝统治时期确实放松了对民众的控制，也减轻了汲取强度，民力有所舒缓，社会也多了一些活力。今人阅读《汉书·宣帝纪》，必不难发现其中载有大量宣帝诏令，其内容或是派遣使者循行郡国考察百姓疾苦，颁布减税政策；或是整顿司法，指示地方郡国在决狱时要秉持仁德公允之心。

在放松管控方面，宣帝时代有两件事值得一提。一是变更司法机构人事，以于定国为廷尉（最高司法官），以黄霸等为廷平（司法仲裁官）。于定国出身狱吏世家，其父做过县狱史和郡决曹，以不走酷吏路线且司法公允著称，百姓曾为其立生祠以示感激。于定国子承父业，同样不走酷吏路线，在"治狱之吏皆欲人死"的恐怖时代，是个异类。黄霸的情况大体类似，在霍光"尊武帝法度，以刑罚痛绳群下"的时代，各级官吏普遍以严酷为能，黄霸却罕见地获得了"宽和"的美名。[1] 宣帝起用这类官吏，自是希望通过变更人事来扭转司法风向。于定国等也能体察到这种用意，史载其担任廷尉期间，执法公允，"务在哀鳏寡，罪疑从轻，加审慎之心"[2]。廷尉主张宽仁审慎、疑罪从轻，廷平决狱宽和，下级司法官吏自不必再将做酷吏当成仕途的必选项。

另一件事，是废除了诸多前朝暴政的遗存。如刘彻执政时期，曾大力推行源自秦政的"首匿相坐之法"，皇权强行赋予家庭成员互相举报的义务，父子兄弟亦不能例外，不履行举报义务便要连坐。贤良文学在盐铁会议上曾激烈抨击该政策太过残忍，"自首匿相坐之法立，骨肉之恩废而刑罪多"，极大拉低了社会道德水平。地节四年（前 66 年），宣帝颁布诏书：

> 自今子匿父母，妻匿夫，孙匿大父母，皆勿坐。
> 其父母匿子，夫匿妻，大父母匿孙，罪殊死，皆上请廷

1　见《汉书·黄霸传》。
2　《汉书·于定国传》。

尉以闻。[1]

此后，儿子不必再举报父母，妻子不必再举报丈夫，孙辈不必再举报祖父母。父母不肯举报儿子，丈夫不肯举报妻子，祖父母不肯举报孙辈，通常也不会再受到法律追究。涉及殊死大逆之罪，亦须上报长安由廷尉裁决。宣帝此诏影响深远，极大改善了西汉百姓的生存状态。

再如刘彻执政时期行算缗告缗之政，曾掀起举报告密他人资产的大风潮，直接导致百姓不敢积蓄求富，稍有资产便要寻机消耗，史载"杨可告缗遍天下，……商贾中家以上大率破，民偷甘食好衣，不事畜藏之业"[2]。为打击这股躺平之风，压制百姓消费以尽可能保证朝廷的汲取规模，地方郡国普遍出台政策，严禁百姓摆酒办席，"民嫁娶不得具酒食相贺召"[3]。刘彻死后，该禁令并未取消。直到五凤二年（前56年），宣帝以有违人伦常情为由下诏废除该禁令，地方郡国才无法再以此为由抓捕百姓。

此外，宣帝还改名"刘询"。理由是原名里的"病""已"二字太过常见，百姓避讳困难，易因之触罪沦为囚徒。

---

1 《汉书·宣帝纪》。
2 《史记·平准书》。
3 《汉书·宣帝纪》。

为监督各级官员执行指示是否到位，宣帝亦"常幸宣室，斋居而决事"，亲自上手阅看卷宗并决狱。

以上种种，皆有助于推动司法自严酷转向宽仁。

但在班固看来，宣帝在位二十五年间，有件最该做的事却始终没有做。此事便是"删定律令"。即便涿郡太守郑昌上疏宣帝，将律令繁杂化与司法酷吏化之间的关系分析得清清楚楚[1]，宣帝也没有采取任何动作。

西汉的律令繁杂化始于刘彻时代，与西汉官僚集团的全面酷吏化高度同步。为更好地控制和汲取民众，以支持皇帝的"雄才大略"，汉帝国在长达半个世纪的刘彻时代按需立法，出台了无数律令，积累了无数判例。据《汉书》统计，共有"律令凡三百五十九章，大辟四百九条，千八百八十二事，死罪决事比万三千四百七十二事"[2]。律令繁杂的最大坏处是，民众无力知晓所有律令与判例，无法有效躲避法网；而执法官吏可轻易利用信息差，实施权力寻租，陷民众于法网之中。此外，刘彻执政时期出台律令的流程简单粗暴，完全

---

1 《汉书·刑法志》记载："时涿郡太守郑昌上疏言：'圣王置谏争之臣者，非以崇德，防逸豫之生也；立法明刑者，非以为治，救衰乱之起也。今明主躬垂明听，虽不置廷平，狱将自正；若开后嗣，不若删定律令。律令一定，愚民知所避，奸吏无所弄矣。今不正其本，而置廷平以理其末也，政衰听怠，则廷平将招权而为乱首矣。'"
2 《汉书·刑法志》。

唯皇权意志是从，毫不关心律令内部的逻辑是否统一。同性质的案件，甲律令的判决可能与乙律令冲突，丙判例的尺度可能和丁判例不同。面对律令内部的混乱冲突，执法官吏为避免判决尺度不合上意而遭整肃，普遍倾向于严判，以符合时代的司法风向。涿郡太守郑昌力劝宣帝删定律令，正是基于这些缘故。唯有将繁杂的律令简化，"愚民知所避，奸吏无所弄"，酷吏政治才会消退，才是改良时代的治本之道。

然而，宣帝拒绝启动删定律令的工作。秦制帝王术讲究"刑不可知则威不可测"，维持繁杂的律令体系可造成"只要想抓你，便总有一款法律适合你"的效果。宣帝喜好刑名法术，自是明白这些，故将繁杂律令视作控制民众、维持社会稳定的重要手段。倒是推崇儒学的汉元帝，将"律令烦多而不约，自典文者不能分明"（意即连政府中专门掌理律令条文的官吏也搞不明白）当成了真问题，一度计划解决，曾下诏命群臣讨论哪些可以删除，哪些可以简化，只是没有效果。至汉成帝时，律令仍极为繁杂。成帝诏书披露：

今大辟之刑千有余条。律令烦多，百有余万言。奇请它比，日以益滋。自明习者不知所由，欲以晓喻众庶，不亦难乎！[1]

在绝大部分民众不识字、信息传递手段有限且缓慢的时代，汉帝国的律令竟已累计至百余万字的规模。也就难怪成帝会感慨专业法律人士都已晕头转向，遑论向一般百姓做普法工作的可行性。

治标之术甚多而治本之策未行，是宣帝时代放松民间管控的大致情形。汲取方面的情形也大体类似。如地节三年（前67年），宣帝发现天下百姓吃不起盐，遂下诏"其减天下盐贾（价）"。盐价降下来一些当然是好事，但要想真正解决百姓吃不起盐的问题，必须先废除桑弘羊等人当年制定的盐铁官营专卖政策。百姓生存缺不了盐铁，控制盐铁等于扼住百姓的咽喉，抓住百姓的钱袋子，这样的"好政策"宣帝自无可能放弃。

再如五凤三年（前55年），宣帝为降低百姓负担，曾下诏"减天下口钱"。口钱即针对未成年人征收的人头税。减少人头税对百姓来说当然是好事，但要想治本，便应废除口钱这项暴政——汉元帝时的御史大夫贡禹披露，口钱"起武帝征伐四夷，重赋于民，民产子三岁则出口钱，故民重困，

---

1 《汉书·刑法志》。

至于生子辄杀"。这项因刘彻为满足征伐欲望而生出的新税种，迫使百姓在孩子三岁时便须多交一笔人头税。百姓活不下去，只好生子辄杀。这种生子辄杀现象持续到元帝时代仍未止息。宣帝既然下令减收口钱，自是了解口钱的危害。了解危害而仅减少口钱不愿废除该税种，是因为对秦制政权而言，朝廷财政收益的重要性始终远高于民生疾苦。在这种统治逻辑下，宣帝可以治标，但绝不治本。

仅治标而不治本，时代改良自然有限。黄龙元年（前49年）二月，宣帝在诏书中承认，自己执掌汉帝国二十余年，虽一再指示公卿大夫在施政时务行宽大，关心民众疾苦，不要重蹈国家全面酷吏化的覆辙，但结果仍不如人意：

> 方今天下少事，繇役省减，兵革不动，而民多贫，盗贼不止。[1]

劳役少了，战争停了，百姓还是很穷，还是有许多人活不下去做了盗贼。黄龙元年是宣帝在世的最后一年。所谓"昭宣之治"的成色，止此而已。

---

1 《汉书·宣帝纪》。

三、霸王道与文字狱

宣帝最知名的历史标签，是以"霸王道杂之"作为统治理念。事见宣帝与其子刘奭（即日后的元帝）的一段对话：

> （太子刘奭）见宣帝所用多文法吏，以刑名绳下，大臣杨恽、盖宽饶等坐刺讥辞语为罪而诛，尝侍燕从容言："陛下持刑太深，宜用儒生。"宣帝作色曰："汉家自有制度，本以霸王道杂之，奈何纯任德教，用周政乎！且俗儒不达时宜，好是古非今，使人眩于名实，不知所守，何足委任！"乃叹曰："乱我家者，太子也！"[1]

对话中提及的杨恽之死与盖宽饶之死，是宣帝时代影响深远的两场文字狱。

盖宽饶死于神爵二年（前 60 年）。盖是著名儒家知识分子，因宣帝喜用刑法驾驭臣下，且信任中尚书宦官，盖上奏批评："如今圣道被弃，儒术难行，陛下不该以刑余之人为周公与召公，也不该以法律代替《诗》《书》。"刑余之人即宦官。盖宽饶这些话是在责备宣帝的治国路线与用人标准已偏

---

1 《汉书·元帝纪》。

离正道。

宣帝将盖的奏疏下发，命群臣议罪。奏疏中有段内容引自《韩氏易传》："五帝官天下，三王家天下，家以传子，官以传贤。若四时之运，功成者去，不得其人则不居其位。"迎合皇权意志者将这段话解读成盖宽饶欲让宣帝禅位，给盖定罪"大逆不道"。谏大夫郑昌据理力争替盖宽饶辩护，宣帝坚不采纳，下令将盖交司法吏治罪。盖宽饶遂拔佩刀自刎于皇宫北阙之下。其实，盖的引文固然含有皇帝做得不好上天便会改变意志将天下交给他人之意，但在当时并不算特别出格。另一位儒家知识分子眭弘，曾公开要求昭帝"求索贤人，禅以帝位"。与眭弘的言辞相比，盖的奏疏委婉许多。眭弘被霍光杀害，宣帝即位后征召眭弘之子为郎，相当于间接给眭弘平了反。宣帝能给眭弘平反而不能容忍盖宽饶，是因为眭弘批评的对象是昭帝，且眭弘口中的禅让对象正是宣帝，而盖宽饶的批评对象正是宣帝本人。

盖宽饶批评宣帝，背后潜藏着知识分子担忧刘彻时代卷土重来的幽微心理。宣帝祖父卫太子死于刘彻一手制造的巫蛊之祸，年幼的宣帝也险些死于刘彻针对长安囚徒的集体屠杀。然而宣帝即位后，"颇修武帝故事"，在统治术层面与刘彻相似之处甚多。盖宽饶批评宣帝大量任用宦官，"以刑余为周召"，便是典型的刘彻遗风。

汉帝国的宦官规模在刘彻时代急速增长。一方面，刘彻荒淫无度，"取好女至数千人，以填后宫"[1]，宫内需要大量宦官。另一方面，刘彻为了强力维持个人专制集权，亦选择让宦官参与处理机密政治要务。由侍从近臣如侍中、常侍、给事中等组成的中朝，几乎架空了以丞相为首的外朝，外朝因之沦为纯粹的政务执行机构。靠着以宦官为重要成员的中朝，刘彻在其统治中晚期虽常年沉迷于后庭游宴，仍能牢牢掌控汉帝国的最高权柄。宣帝效仿刘彻重用宦官，主因便是这项统治术在巩固专制皇权方面效果显著。此外，宣帝微贱时娶许平君为妻，许平君乃是宦官许广汉之女，这一特殊的早年经历也让他对宦官颇有好感。被霍光推上帝位后，宣帝更愿意亲近一荣俱荣、一损俱损的宦官和外戚，而非与霍氏关系密切的外朝之臣。

盖宽饶批评宣帝行法家手段，"以法律为《诗》《书》"，显而易见也是刘彻遗风。当然，宣帝并非机械照搬"武帝故事"，其对法家治术亦有深入了解。刘向《别录》记载："申子学号刑名。刑名者，以名责实，尊君卑臣，崇上抑下。宣帝好观其《君臣篇》。"申子即战国时代著名的政治人物申不害，著有《申子》一书。该书已失传，从太史公的记载及《韩非子》中存留的部分内容来看，申不害乃法家一脉，视

1 《汉书·贡禹传》。

君主专制为国家强大的不二法门，尤其主张君主以刑名为"术"来驾驭臣下，鼓励君主独听、独视、独断，不可让臣下看出君主的欲望和弱点，唯有猜不透君主的想法，臣下才会战战兢兢替君主做事。申韩之学在刘彻时代给天下人——包括官吏与平民——带来了巨大灾难，乃是后刘彻时代的知识分子极欲摒弃的东西。宣帝喜读《申子·君臣篇》，也就无怪乎盖宽饶无法接受，要公开站出来批评其政治理念有问题。宣帝既已深受申韩之学影响，视尊君卑臣为不可动摇的治国准则，自无可能容许盖宽饶对治国路线公开表达异议。这是盖宽饶真正的死因。

盖宽饶被逼自杀后的第六年，又有杨恽之死。

杨恽的祖先是在垓下之战中夺得项羽尸体五分之一的杨喜。其父杨敞是昭帝时的丞相，支持废黜昌邑王改立宣帝，有定策之功，于宣帝即位初年去世。杨恽本人积极参与了宣帝清洗霍氏家族的行动，获封平通侯迁中郎将，后晋升为掌管宫殿掖庭门户的光禄勋，位列九卿。就出身与个人履历而言，杨恽本应属于宣帝信任之人，但在五凤四年（前54年），杨恽却被宣帝以"大逆不道"之罪腰斩，妻子儿女流放酒泉。诸多与杨恽平素有交情之人受到牵连，被免除官职。

何以如此？

《史记》可能是相关因素之一。杨恽的母亲乃太史公司马迁之女。史载"迁既死后，其书稍出。宣帝时，迁外孙平通侯杨恽祖述其书，遂宣布焉"[1]，也就是说，在《史记》向外界公开传播的过程中，杨恽是极重要的一环。然而宣帝不喜欢太史公，也不喜欢《史记》。据《西京杂记》："（太史公）作《景帝本纪》极言其短及武帝之过，帝怒而削去。……宣帝以其官为太史令，行太史公文书而已，不复用其子孙。"太史公父子亲历景帝与刘彻时代，对时代的急速下行有切身感受。刘彻容不下太史公如实记录时代，宣帝亦不喜史官秉笔直书彰显皇权过错，遂调整官制弱化史官职权，将"太史公"降格为"太史令"，司马迁的后代则被列入黑名单，再无担任史官的机会。杨恽身为司马迁外孙，且"读外祖太史公记，颇为春秋"[2]，难免会受到成见的影响。[3]

　　直接将杨恽卷入文字狱者，是太仆戴长乐的告密。戴是宣帝微贱时于民间结识的朋友。宣帝即位后，将其特别提拔至身边任职。五凤二年（前56年），戴告发杨恽，为其罗织

1　《汉书·司马迁传》。

2　《汉书·杨敞传附杨恽传》。

3　《史记》中载有诸多对汉人来说鲜见的历史真相，故自撰成后便长期被皇权垄断管控。《汉书·宣元六王传》记载，汉成帝年间，东平王刘宇"上疏求诸子及太史公书"，朝廷讨论后认为《史记》中记载了"战国从横权谲之谋，汉兴之初谋臣奇策，天官灾异，地形厄塞"，不能开放给诸侯王阅读，拒绝了东平王的请求。太史公本人也意识到《史记》会遭封禁，故提前做了"藏诸名山，副在京师"的安排。杨恽读到的《史记》，可能正是太史公秘密存留在外的版本。

了多项罪名。

第一项是对韩延寿案不满。左冯翊韩延寿僭越犯上案是宣帝亲自督办的案件，但杨恽却惋惜韩的死亡，认为韩为人正直不被世道所容，不认同朝廷的办案结论。第二项是对朝廷的匈奴政策有不同看法。当时自匈奴传出消息，称呼韩邪单于有意向汉帝国称臣，朝廷颇为振奋，杨恽坚持认为此事不可信。第三项，杨恽在西阁观看历史人物画像，不关注尧舜禹汤，却指着夏桀和商纣的画像对乐昌侯王武说："天子经过此处时，若能问问这两人做过什么坏事，必有好处。"第四项，匈奴握衍朐鞮单于众叛亲离而亡的消息传到长安，杨恽发表议论："这是不肖之君应有的结局。昔日秦国专用小臣诛杀忠良，终于灭亡。若是信任大臣疏远小人，秦国当可存续至今。可见古今如一丘之貉。"第五项，杨恽曾对戴长乐说："正月以来，天阴不雨，此春秋所记，夏侯君所言。行必不至河东矣。"夏侯君即夏侯胜。昌邑王刘贺入主长安时，夏侯胜以天阴不雨为征兆委婉提醒刘贺"臣下必有谋上者"（指霍光正筹划废黜刘贺）。汉人有天象迷信，刘贺事又近在眼前，杨恽据此判断宣帝近期不会离开皇宫前往河东祭祀后土祠。

就戴长乐告发的这些内容来看，杨恽性格刚直，对现实政治有强烈的批判意识，且许多看法与主流意见存在较大距离。但总体而言，杨恽这些言辞并不足以构成令人信服的罪名。所以戴长乐虽努力将杨恽往死里整——如将杨恽评价握衍胸臆单于的言辞罗织成"妄引亡国以诽谤当世"，将判断宣帝不会前往河东一事罗织成"以主上为戏语"——宣帝最终也只能各打五十大板，将杨、戴二人皆免官为庶人。

罗织冤狱者与被罗织者遭受同等惩处，看似公平，实则显示宣帝更偏袒微时旧人。这种处理自然不能让杨恽心服。失爵居家后，杨恽治产业做买卖起房宅，刻意大张旗鼓追求物质享受。友人安定太守孙会宗写信劝他收敛举止，夹着尾巴关起门来过日子，万不可张扬，以示对皇帝的惩罚毫无异议且诚惶诚恐。杨恽没有接受劝言，反回信道：本以为要全家被杀，结果圣主之恩不可胜量，留下了我与家人的性命。我已不再期望回到朝堂，只愿率妻子儿女做一辈子农户。道不同不相为谋，我无意做卿大夫，你也不必再用卿大夫的标准来责备我。杨恽这封《报孙会宗书》行文婉转，伏有难以压抑的不平之气，行文立意与其外祖父的名作《报任安书》极相似。不平之气的背后，潜藏着杨恽对宣帝的深刻失望。

杨恽居于京城，被罢官后行事高调，其不满宣帝处置的心态必会为宣帝侦知，这也正是孙会宗担忧杨恽的主因。五凤四年四月辛丑日，汉帝国发生日食。宣帝下罪己诏，并派出使者循行天下，去地方郡县调查有无冤狱与酷吏。一名负责管理马厩的小吏"成"趁机上书举报，说日食是因为杨恽"骄奢不悔过"。已免官三年之久的杨恽被人以天人感应理论，扣了一顶招致日食的大罪名，本是可以一笑置之的荒诞事——按汉代政治逻辑，灾异必然对应现实政治，这种对应，必须是庙堂上的在位之人，不能将灾异归咎到在野者头上。然而，宣帝竟真的下旨让廷尉调查杨恽，结果便查出了那封充满不平之气的私人信件《报孙会宗书》。同时又调查到杨恽与侄儿杨谭交谈时论及盖宽饶、韩延寿之死，曾发出"县官（即宣帝）不足为尽力"之叹。廷尉遂迎合宣帝意志，给杨恽定了"大逆无道"之罪，将之腰斩。

杨恽之死与盖宽饶之死如出一辙，皆是缘于其不能认同宣帝的政治理念，且对宣帝的施政有所批评，可以说是极典型的文字狱。故宋人胡寅严厉批评宣帝有失为君之道："人君行事不当于人心，天下得以议之，岂有戮一夫钳一喙而能沮弭者？……宣帝于是乎失君道矣。"[1]评判议论君王的所作所为是天下人皆有的权利，岂能以杀人手段来堵塞悠悠众口？

由此审视宣帝的"霸王道杂之"，可以清晰地知道，其霸道乃是指以法家之术来治理天下，核心理念是尊君卑臣与崇上抑下，以暴力制造恐惧，以杀戮钳制言论，是达成霸道的主要手段。至于王道，所谓以恩泽使民众归心，以仁义治理天下，不过是遮盖霸道的装饰而已，也就是俗谓的"外儒

1　《读史管见》卷二"汉纪·孝宣"。

内法"。外儒用于粉饰太平，必须公开宣传到极致，故罪己诏不停，祥瑞亦层出不穷。内法用于驾驭群臣控制百姓，只可意会不可言传，故屡屡下诏打击酷吏，却绝不肯梳理减省律法；屡屡下诏减轻百姓负担，却绝不肯终止盐铁官营。

宣帝时代外儒的最直观表现，是各式各样的祥瑞。清代史家赵翼曾言：

> 两汉多凤凰，而最多者，西汉则宣帝之世。[1]

宣帝执政二十五年间，仅凤凰来集这一祥瑞便出现了近二十次之多。余者如甘露降、黄龙现、白虎出、麒麟至、醴泉逬发、神爵翔集、枯木复生、神鱼舞河、神光交错、金芝生九茎、嘉谷玄稷降于郡国、五色鸟以万数翱翔而舞……难以计算具体数量。宣帝可以说是一个深度乃至病态的祥瑞爱好者。为满足宣帝这种病态需求，地方郡国在制造祥瑞、汇报祥瑞时花样百出，内卷相当严重。如凤凰来集一项，最初的汇报里只是简单的"凤皇集胶东、千乘""凤皇集北海安丘、淳于"，后逐渐升级为规模更大的"凤皇集鲁郡，群鸟从之"，再升级至"凤皇甘露降集京师，群鸟从以万数"，再升级为"凤皇十一集杜陵""凤皇集新蔡，群鸟四面行列，

---

[1] 《廿二史劄记》卷三。

皆乡凤皇立，以万数"。宣帝本人也乐见祥瑞不断升级，常下诏褒奖呈报祥瑞的地方官并减免祥瑞发生地民众的田赋。地方郡国受了鼓励，祥瑞呈报遂变本加厉，与祥瑞配套的颂圣歌曲也纷纷出现。最后，整个宣帝时代竟完全用祥瑞包装了起来，宣帝本人极自信地将其执政期内的最后四个年号全部以祥瑞命名，即神爵、五凤、甘露、黄龙[1]。

泛滥成灾的祥瑞宣传，改变了许多人的历史记忆。东汉知识分子回顾历史，已几乎全然将宣帝时代视为前所未有的盛世。王充、班固、王符等均因祥瑞而对宣帝称赞有加。殊不知，在这铺天盖地的祥瑞背后：

> 或有逆贼风雨灾变，郡不上。[2]
>
> 百姓或乏困，盗贼未止，二千石多材下不任职。[3]

灾异压下不报，盗贼可以无视，百姓困乏只当是常态，唯有祥瑞的制造不许稍有懈怠。以上种种，加上"颇修武帝故事，宫室车服盛于昭帝"[4]，这些才是宣帝统治中晚期的真实面貌。

1　宣帝朝共使用了七个年号。除后四个年号全部以祥瑞命名外，其执政前半期还使用过本始、地节、元康三个年号。

2　《汉书·魏相传》。

3　《汉书·萧望之传》。

4　《汉书·王吉传》。

四、石渠阁会议

甘露三年（前 51 年），距去世之日只剩短短三年的宣帝，于石渠阁召集了一次重要学术会议。

石渠阁位于未央宫前殿西北，台基高 8 米，东西长 67 米，南北宽 56 米，是西汉皇家藏书阁，也是当时最大的图书馆。据说乃是汉帝国首任丞相萧何监督营造。因阁下有一砌石水渠，故得名石渠阁。萧何入咸阳后搜集的律令档案与图书典籍皆藏于此。刘彻时代，司马相如、东方朔、董仲舒等文臣常在石渠阁议论政策文章，石渠阁遂从单一的藏书处逐渐变为皇帝组织学术讨论的场所。汉昭帝时，在石渠阁内图绘功臣贤士画像，以霍光居首，石渠阁与汉帝国的政治风向更紧密地联系在了一起。当宣帝试图重构汉帝国的官方思想时，也选择了在石渠阁举行学术会议。

除亲自主持会议的宣帝外，石渠阁会议的主要参与者是五经诸儒，包括萧望之、刘向、梁丘临等在内，共计二十三人。会议主要内容是讨论儒家两大学派——穀梁学与公羊学——的异同与是非，最后由宣帝裁夺胜负。宣帝此时年已四十，在位已二十三年，身体不佳，亟欲借此次会议将穀梁学提升为汉帝国的官方意识形态，以巩固刘氏皇权。

公羊学与穀梁学皆是解说《春秋》的儒家学派。《春秋公羊传》的作者据说是战国时的齐人公羊高,《春秋穀梁传》的作者据说是战国时的鲁人穀梁赤。两部书都认为《春秋》乃孔子所修,一字一句皆有微言大义。但在具体思想旨趣上,两派学者又存在较大差异。

扼要来说,公羊学的核心内容是天人感应。皇帝代表上天意志统治人间,若其政治腐败导致民生凋敝,则上天会降下日食、雨涝、旱蝗、地震等种种灾异作为警告,唯有皇帝改邪归正,灾异才会消失。反之,如果皇帝施政清明,百姓安居乐业,上天便会降下种种祥瑞,如麦生双穗、麒麟出、凤凰现等,作为表彰。可见公羊学具有迎合皇权与批判皇权的两面性。穀梁学的旨趣在强调礼乐教化,以尊王为前提倡导仁德之政。用清代穀梁学研究者钟文烝的话来总结就是:"穀梁多特言君臣、父子、兄弟、夫妇,与夫贵礼贱兵,内夏外夷之旨。"[1]

在西汉前半期,公羊学的代表人物是公孙弘与董仲舒,穀梁学的代表人物是瑕丘江公。刘彻欲以儒学装饰其政治举措,曾命瑕丘江公与董仲舒辩论。结果江公败北,公羊学自此成为官方学派,穀梁学成了在野学派。据说江公败北的原因是"仲舒通五经,能持论,善属文。江公呐于口,上使与

---

1 《穀梁补注》。

仲舒议，不如仲舒”[1]，即江公口才不佳，而董仲舒更雄辩。

　　其实，即便江公口才无双，也不可能在辩论中取胜。因为董仲舒主张天人感应，正合刘彻重塑汉帝国统治合法性、将自己打扮成天命之子的需要；经董仲舒阐发的公羊学强调大一统，主张严肃宗法、整顿纲纪，甚至走到了“春秋决狱”的地步，正合刘彻打击宗室与列侯、消灭一切社会有组织力量的需求——在所谓的“淮南王刘安谋反案”中，胶西王刘端上书要求严惩刘安，便引用了《春秋》里的“臣无将，将而诛”[2]作为依据，刘端的主张大概率来自曾任胶西国相的董仲舒。董仲舒弟子吕步舒以丞相长史身份，担任治淮南狱的持节特派使者，“于诸侯擅专断，不报，以春秋之义正之，天子皆以为是”[3]，也是以《春秋》为决狱依据，且深得刘彻赞赏。

　　春秋决狱的实质是“论心定罪”。被审判者的主观认知与内心思想，皆会被审判者随意纳入量刑因素当中。至于被审判者是否真有相应的主观认知与内心思想，根本就不重要。这种操作，实际上是披着《春秋》的外衣，为严刑峻法及文字狱大开方便之门。所以亲历过刘彻时代的太史公，直

1　《汉书·儒林传》。

2　《史记·淮南衡山列传》。

3　《史记·儒林列传》。

接将"春秋之义"与"峻文决理"相提并论：

> 自公孙弘以春秋之义绳臣下取汉相，张汤用峻文决
> 理为廷尉，于是见知之法生，而废格沮诽穷治之狱用矣。[1]

"见知之法"，指官吏见到或知晓他人犯法而不举告，视为故意放纵犯罪，须与犯法者同罪。"废格"指皇帝的命令与指示没有得到有效执行；"沮诽"指对皇帝的主张、决策与行为持有异议，或提出批评意见。太史公说，丞相公孙弘高举所谓春秋之义，廷尉张汤在决狱中厉行严刑峻法，其目的都是尊君，都是为了让臣下和百姓完全服从皇帝的意志而不敢稍有质疑。张汤在所谓的淮南王刘安谋反案中穷追猛打、深挖株连，"以深文痛诋诸侯，别疏骨肉，使蕃臣不自安"[2]，正是以公羊学中的春秋尊君理念作为粉饰依据。可以说，公羊学与公羊学派中人对刘彻时代的残酷统治，起到了推波助澜、火上浇油的作用。

下面要介绍的这桩"博士徐偃案"，正是春秋决狱模式下的典型冤案。

时为刘彻元鼎年间（前116—前111年），博士徐偃奉

---

1 《史记·平准书》。
2 《史记·酷吏列传》。

命巡视地方郡国。朝廷当时已全面推行盐铁专卖，严禁民间煮盐铸铁。徐偃在齐地见百姓生计艰难，三次上奏朝廷请求放开盐铁管制，皆未得到回应。徐遂以朝廷使者身份，允许胶东国与鲁国百姓煮盐铸铁。回到长安后，御史大夫张汤弹劾徐偃"矫制"，即假传朝廷旨意，按律当死。徐偃以春秋之义为自己辩护，称"大夫出疆，有可以安社稷，存万民，颛之可也"[1]，即大臣外出遇到有助于安定社稷、存护百姓之事，可应变处理。

徐偃这段辩护词出自《春秋公羊传》庄公十九年（前675年）[2]。张汤是公羊学出身，无法否认徐偃的话有依据，刘彻遂另派"博士弟子"终军去做审判官。终军一上场就给徐偃扣大帽子——古时诸侯争雄，百里之内互不相通，遇上国与国朝聘会盟之事，现场局势变化难以预料，故而允许前方大臣没有得到君主指示也可随机处置。如今天下一统，是《春秋》所谓的"王者无外"时代。你徐偃奉命巡视地方，用"出疆"这个词究竟是什么意思？终军是刘彻喜欢的辩士，他操弄《春秋》来扣这种帽子，自是在代表刘彻的意志——凡未经皇权明确许可的事情便不许做，做了便要付出生命的

---

1 《汉书·徐偃传》。

2 杨树达：《汉书窥管》，江西教育出版社2022年版，第314页。

代价。史载徐偃"穷诎，服罪当死"[1]。所谓"穷诎"，更宜理解为徐偃知道说什么都已无用。

徐偃的命运，真切显示出同一案件附会不同的《春秋》经义，便可得出不同的判决。至于在判决中采纳哪一种，完全取决于掌权者需要哪一种。刘彻喜欢"春秋决狱"的缘故，便在这里。

略言之，当刘彻已决意采用"天人感应"之说将自己塑造为天命之子，已决意采用"大一统"理论与"春秋决狱"手段来打击一切可能威胁或制约皇权的力量，瑕丘江公有没有口才、能否在辩论中胜过董仲舒，早已不再重要。这场辩论的结局，在其尚未开始时就已写定。之所以仍要辩论，不过是皇权需要面子，不希望给世人留下权力粗暴指定官学的恶劣印象。正因公羊学对皇权有如此多的好处，其在西汉官学中的独大地位才能够维持长达半个世纪之久，直到宣帝召开石渠阁会议，才首次受到实质性挑战。

与刘彻当年让瑕丘江公和董仲舒辩论类似，宣帝召开石渠阁会议，也采取了辩论的方式，让穀梁与公羊两派学者互相驳难。刘彻当年早已内定董仲舒是辩论赛的获胜者，宣帝同样早已内定穀梁学派是辩论赛的获胜者。不过，宣帝举行

---

1 《汉书·终军传》。

石渠阁会议的目的，并不是要扶植穀梁学来取代公羊学，而是要将穀梁学提升至与公羊学同等的官学地位，以起到互相弥补不足的效果。

在宣帝看来，公羊学的优点是宣扬大一统，主张屈民而伸君，有助于提升皇权的神圣性。缺点则有二。一是其"春秋决狱"模式已与刘彻时代的残酷统治紧密捆绑在一起，成了很难洗刷的历史污点。宣帝作为戾太子之孙，长期流落民间，饱尝艰辛，也是这残酷统治的受害者。故而其继位后一方面"颇修武帝故事"，以展示即位合法性；另一方面也必须重建宗法之谊与血缘之情，以获取宗室及群臣的拥护。欲重建宗法之谊与血缘之情，最恰当的方式莫过于公开表达对穀梁学的支持。即通过肯定宽厚仁恕的穀梁学，来间接否定严肃酷烈的公羊学——其实，公羊学的许多内容，就其本意而言未必严酷，如《通典》引董仲舒《春秋决狱》，内中有"《春秋》之义，父为子隐"的主张，即将父子亲情的重要性置于君王朝廷之上。但在刘彻时代的实际操作中，这样的内容必然会被忽略，权力只会按现实政治的需要，在公羊学的经义中寻找合用的所谓"依据"。故公羊学虽主张亲亲相隐，刘彻时代却仍是一个"骨肉之恩废而刑罪多"（贤良文学在盐铁会议上的描述）的"亲亲举报"社会。

公羊学的第二个缺点，是其天人感应理论屈君而伸天，将天意凌驾在皇权之上，视灾异为天意的表达，天然具备批判皇权的功能。刘彻活着时，高压政治让朝野臣民战战兢兢，得志的公羊派学者只敢以春秋大义为刘彻的残酷统治背书，而鲜少有人敢以天人感应为工具批评现实政策。刘彻死后，高压政治松动，被压制已久的民意复苏，天人感应理论对现实政治的批判性很快便显现出来，且如弹簧一般，压制得越狠，放开时便反弹得越厉害。汉昭帝时，出身公羊学派的眭弘以大石自立、僵柳复生等异象为据，呼吁刘氏禅让帝位给更具贤德之人。眭弘虽被霍光以大逆不道之罪杀害，但天人感应理论对现实政治的批判效果于此可见一斑。

宣帝起自民间，即位时曾大张旗鼓拿天人感应做宣传，故公羊学的批判性在宣帝时代又得到了强化。眭弘生前"推春秋之意"，将树叶被虫子吃出"公孙病已立"五个字这一异象，解读成"当有从匹夫为天子者"。该解读便被宣帝当成宣扬其即位合法性的重要理论依据。眭弘之子因此被征召入朝为郎，相当于变相给眭弘平了反。站在宣帝的立场，当他的统治日趋巩固，天人感应的尊君效果不再显著，批判现实政治的效果便会越来越刺耳。这绝非宣帝所乐见。于是，扶植穀梁学以压制公羊学对皇权的批判，便成了一种很自然的选择，即杨树增先生所说的"《穀梁春秋》不讲'受天命为新王'，宣帝正欲用《穀梁》来抵制《公羊》学的影响"[1]。

略言之，公羊学既有批判皇权的一面（以灾异针砭现实政治），也有为暴政张本的另一面（春秋之义是个筐）。刘彻在世之日，批判皇权的一面被死死压制，为暴政张本的一面泛滥成灾。刘彻死后，公羊学的批判精神在部分有良知的知识分子中急骤复苏（甚至出现了要求刘氏禅让的声音），可昭帝时代仍是个酷吏当道的世界。弱化乃至消除公羊学的批判性以巩固刘氏皇权，让整个社会脱离人人自危的高压状态以收拾官心、士心与民心，皆是宣帝需要解决的问题。故而，自即位初年，宣帝便着意扶植穀梁学，以对外释放变革的信号：

> 宣帝即位，闻卫太子好穀梁春秋，以问丞相韦贤、长信少府夏侯胜及侍中乐陵侯史高，皆鲁人也，言穀梁子本鲁学，公羊氏乃齐学也，宜兴穀梁。[2]

卫太子是否真喜好穀梁学并不重要，重要的是民间流传这样的说法，这意味着饱受刘彻时代酷政折磨的民众，普遍希望卫太子是喜好穀梁学的仁厚储君。且在卫太子以悲剧收

1　杨树增：《汉代文化特色及形成》，人民出版社 2008 年版，第 689 页。

2　《汉书·儒林传》。

场后，他们仍愿意将这种希望视为事实。这恰是宣帝作为卫太子唯一幸存后嗣，最值得继承的政治遗产。只是宣帝甫自民间回归，朝廷实际权力完全掌握在霍光手中，实不宜大张旗鼓力挺穀梁学，故而仅提拔穀梁学名儒蔡千秋担任谏大夫给事中之职，以暗示政治风向。鉴于穀梁学派式微已久，在学理上已很难与公羊学派抗衡，宣帝又"复求能为穀梁者"，自民间寻找到瑕丘江公之孙、周庆、丁姓等穀梁派学者，安排儒生随其修习。如此这般经过一二十年的培育，至甘露三年才有了召开石渠阁会议的学术基础，穀梁学也因之取得了与公羊学并驾齐驱的官学地位，"由是穀梁之学大盛"。

穀梁之学大盛，起了些微润滑时代的效果，但并不能真正消解知识分子对现实政治的强烈批判。因为真正激发知识分子批判精神者，既非儒学，更非儒学的支派公羊学，而是糟糕的现实政治。只要汉帝国仍以严苛的法家手段对待民众，只要民众仍生存在饥寒交迫之中，知识分子的批判精神就不会消失。这种批判精神，可以被残暴的政治权力暂时强行压制，正如刘彻时代那般，但只要环境略有松动，针砭的声音便会复苏。这不是以"霸王道杂之"便能解决的问题。

第八章

德教

从冯奉世破莎车国未能封侯，到元帝放弃珠崖郡，再到陈汤破郅支单于未能封侯，虽然每次论战都会掺杂政治斗争因素，但不妨碍得出这样一个基本结论：随着刘彻时代的历史真相越来越清晰，随着对刘彻时代穷兵黩武酿成人间惨剧的反思越来越深刻，"文治重于武功"的理念，正在朝野上下获得越来越多的认同。

一、外儒不敌内法

黄龙元年冬十二月（前 49 年 1 月），已在位二十五年的宣帝刘询去世，享年四十三岁。遗诏令太子刘奭即位。刘奭即汉元帝，时年二十六岁。

刘奭做太子时曾劝谏宣帝多用儒士，遭宣帝怒斥。在宣帝眼里，儒士"不达时宜，好是古非今"，是一群喜用历史教训针砭现实政治的异议者，本就不该重用，且"汉家自有制度，本以霸王道杂之，奈何纯任德教，用周政乎！"[1]奇怪的是，宣帝为刘奭设置的太傅与少傅，却仍以儒士为主体。太傅疏广是《春秋》博士；太傅夏侯胜与夏侯建治《尚书》；太傅萧望之治《齐诗》，是夏侯胜的学生；太傅丙吉通《诗》《礼》；少傅疏受明经好礼，是疏广的侄子；少傅严彭祖治《公羊春秋》；少傅周堪是名儒，也是夏侯胜的学生。余者如太子中庶子冯野王、欧阳地余等，皆是儒士。可以说，青年刘奭已被儒士包围。

何以如此？一种可能的解释是，经历了刘彻时代"天

1　《汉书·元帝纪》。

下户口减半"的浩劫后，致力于反思历史教训、反对严刑峻法的儒士已成为知识群体的主流。宣帝虽厌恶儒士"是古非今"，却不得不容忍这股潮流，亦不得不呼应这股潮流，毕竟民间对卫太子的怀念之情是宣帝抗衡霍光集团的重要政治资本，而卫太子留下的历史形象恰是"好儒反法"。待到宣帝亲自掌握最高权力，并以"汉家自有制度，本以霸王道杂之"为施政路线时，太子刘奭已深受儒学浸染。

五凤四年（前54年），刘奭有感于名儒杨恽、盖宽饶之死，于侍宴时委婉批评宣帝"持刑太深，宜用儒生"，曾引发宣帝震怒，生出了更换太子的念头。

刘奭当时二十一岁。就常理而言，当不至于冒失进言以触怒宣帝。或许是刘奭对帝心幽微尚无真切感知，未意识到劝谏有何不妥，认为即便宣帝不采纳，也不至损伤父子感情。但对熟知"武帝故事"[1]的宣帝而言，刘奭这些话很容易让他想起卫太子——卫太子亦不认同刘彻的施政路线，亦曾劝谏刘彻减少征伐、与民休息。站在帝王术的角度审视，卫太子与刘奭的做法，皆是在彰显君父之过以塑造自己仁恕温

---

1 《汉书·王吉传》称"是时宣帝颇修武帝故事，宫室车服盛于昭帝"。《汉书·郊祀志下》称"（宣帝）修武帝故事，盛车服，敬斋祠之礼，颇作诗歌"。《汉书·楚元王传》称"是时，宣帝循武帝故事，招选名儒俊材置左右"。《汉书·王褒传》称"宣帝时修武帝故事，讲论六艺群书"……可见宣帝在统治术层面颇以武帝为榜样，自然也极为熟悉武帝时代的历史教训。

谨的政治形象。站在父子关系的角度回看，刘彻与卫太子走向父子相残的悲剧，实在触目惊心。言者无心，听者有意。宣帝听了刘奭的谏言后作色严斥，情绪异常愤怒，动了另立淮阳王刘钦为太子的念头，真实缘故大约就在这里。

宣帝最终没有更换太子。据班固的理解，这是因为太子乃宣帝微贱之时与许皇后所生，许皇后死于宣帝与霍光的政治斗争，宣帝心中怀愧，故始终不忍废黜刘奭。此说可以成立，但非唯一原因。宣帝动意更换太子是在五凤四年，公开宣示放弃更换太子是在甘露三年（前51年）[1]。甘露三年乃宣帝举行石渠阁会议、扶持穀梁学派成为官学的关键年份。穀梁学重视宗法情谊与血缘之亲，宣帝于此时明确对外界释放信号放弃更换太子，绝非偶然——自刘彻时代血腥内斗中侥幸存活下来的宣帝，此时最在意的当是后代子孙不要重蹈覆辙。刘钦"好政事，通法律"[2]，喜法家之学，即位后未必容得下前太子刘奭；刘奭柔仁好儒，做了皇帝后大概率可以保全

---

1 据《汉书·韦贤传附韦玄成传》，因韦玄成有主动辞让爵位给兄长的美名，宣帝"乃召拜玄成为淮阳中尉"，向淮阳王刘钦委婉传递旨意，命其不可再与刘奭争夺储君之位。后文又说"是时王未就国，玄成受诏，与太子太傅萧望之及五经诸儒杂论同异于石渠阁，条奏其对"，可知韦玄成担任淮阳中尉后又参与了甘露三年的石渠阁会议。宣帝放弃更换储君的具体时间，即由此推论而来。

2 《汉书·韦贤传附韦玄成传》。

刘钦。[1]

宣帝在世时，效仿刘彻以内廷为决策中枢，重用"明习文法"的外戚与宦官，如史高（外戚）、许嘉（外戚）、弘恭（宦官）、石显（宦官）等。盖宽饶批评宣帝以"刑余之人"为周公与召公，便是指不该让宦官进入权力中枢。相比内廷的炙手可热，外朝虽儒者济济，却已退化为执行机构，更近似政治装饰。宣帝临终时，将这套内廷重于外朝的权力架构，通过遗诏的形式留给了柔仁好儒的刘奭。遗诏提到的三名辅政大臣，大司马史高是外戚，太子太傅萧望之与少傅周堪是极具名望的大儒。遗诏虽没提到中书令弘恭与石显，但他们盘踞在最高权力中枢，与外戚史高等本就是利益共同体。可以说，这是一套以宦官和外戚掌控内廷来行"霸道"、以名儒点缀外朝来行"王道"的辅政班子，正合宣帝"霸王道杂之"的治国理念。

宣帝给刘奭留下这样一套班子，自是为了纠正其柔仁好儒。元帝即位后，却似刻意要打破这套班子。他命太傅萧望之与少傅周堪"皆领尚书事"，让他们以外朝重臣身份参与内廷决策。又允准萧望之与周堪的推荐，以宗室名儒刘向为内廷给事中。这些人加上通儒学的侍中金敞，在内廷形成

---

1 据《汉书·宣元五王传》，刘钦在元帝时代有过问鼎长安的谋划，元帝处理了次要参与者，宽宥了刘钦。

了一个由儒臣组成的新集团。新集团很自然地要与宣帝遗留的旧内廷集团发生观念与利益上的冲突。萧望之等欲行"王道政治"，视内廷中书为国家施政根本，反对法吏占据内廷要职，竭力劝说元帝弃外戚宦官而多用贤士。弘恭、石显等则与史高、许嘉等外戚合作，向元帝控诉萧望之等人结为朋党，污蔑大臣，离间宗亲，"欲以专擅权势，为臣不忠，诬上不道"。[1]

冲突的结果是儒臣集团惨败。先是萧望之被投入大牢，获释后又与周堪、刘向等一并被免为庶人。萧望之之子上书为父亲分辩，弘恭、石显又以萧望之"不悔过服罪，深怀怨望"为由，命执金吾车骑包围萧宅。萧性格刚毅，不愿受狱吏之辱，遂饮鸩自杀。

萧望之以太傅身份，于元帝即位不久，即初元二年（前47年）十二月被逼自杀，无疑是元帝执政期间巨大的政治污点。故《汉书》竭力将萧望之的死完全归咎于弘恭与石显，称元帝甫即位不熟悉政务，错以为石显等人派谒者将萧"召致廷尉"只是找萧谈话，而非将之投入大牢。又称元帝误信了石显等人的说辞，以为"深怀怨望"这顶帽子只是针对萧望之的"语言薄罪"，不致于引发自杀。这些说法自然只是

1　见《汉书·萧望之传》。

粉饰，毕竟元帝即位时已是二十六岁的成年人，对朝政事务耳濡目染，岂能不知"召致廷尉"即下狱之意？

萧望之悲剧的直接原因是元帝性格"柔仁"，根本原因则是皇权钟爱内法甚于外儒，即便元帝这类以好儒著称的君王也不能例外。元帝确实有意打破旧政治架构，大规模重用儒臣，这是他让萧望之与周堪等进入内廷担任要职的主因。但元帝并不愿摒弃作为制衡力量的外戚与宦官，石显等人的"谗言"有充裕的施展空间，缘故便在这里。元帝的政治立场如此微妙，政治手腕又极为粗疏，呈现到高层斗争中，便是种种进退失据——先是听信"谗言"将萧望之免为庶人，又很快恢复其爵位。恢复爵位后，又默许"谗言"再次发生，导致萧宅被金吾卫包围。萧望之自杀后，又表现出极度悔恨，立即恢复了周堪等一干儒臣的职务。没过多久，又再度被"谗言"影响，将周堪等人逐出朝堂，外放为地方官。周堪等在地方待了没几年，又下诏责备当年的进谗者……元帝既想要外儒，又舍不得放弃内法，且无力平衡驾驭二者，故立场来回横跳，人事亦随之不断震荡。史书以"柔仁"二字总结其性格，实在是很委婉的说法。

萧望之案还暴露了一个问题。儒者希望以天人感应理论来监督并纠正现实政治，到了实际操作中，天人感应反成了现实政治的乱源。经昭帝、宣帝两朝传播普及，至元帝朝时，外戚与宦官已普遍掌握了利用灾异来解释现实政治的能力，并将之当成了打击政敌的常规手段。初元二年春发生地震时，史高、弘恭、石显等便欲将之归因于萧望之、周堪与刘向三人在朝。为反击自保，刘向不得不假借他人名义上书，称"臣闻春秋地震，为在位执政太盛也，不为三独夫动，亦已明矣"[1]，欲撇清儒臣集团（三独夫）与地震的关系，转而将地震与当权外戚宦官（在位执政）联系起来。因假借他人之手上书被发觉，刘向未达成目的，反被贬为庶人。

永光元年（前43年）发生"日青无光"的天象，外戚宦官集团再次主导了灾异解释权，将之解读为儒臣周堪、张猛在朝用事。面对众口一词，有意保全周堪的元帝也未能顶住压力，只得将周、张二人逐出中央，外放为地方官。永光四年（前40年），日食天象再现而周堪、张猛已不在朝，元帝才终于寻到机会，下诏谴责昔日攻击周堪、张猛之人，并将周、张二人召回朝廷。元帝在诏书中如此这般回顾往事：

> 往者众臣见异，不务自修，深惟其故，而反晻昧说天，托咎此人。朕不得已，出而试之，以彰其材。堪出之后，大变仍臻，众亦嘿然。[2]

---

1 《汉书·楚元王传附刘向传》。
2 《汉书·楚元王传附刘向传》。

元帝这份诏书，承认自己被宦官外戚的众口一词所逼，不得已只能采纳他们对天象的解释。元帝无法对抗众口一词，是因为天人感应作为一种神秘政治理论，本身并无严谨的逻辑支撑，其推理全靠牵强附会《春秋》等儒家经典。没有可以共同遵循的推演逻辑，意味着不同的政治阵营可以将同一场天象解读出不同的内容。朝堂之上，儒臣、外戚与宦官皆非宗教教主，皆无力垄断天人感应的解释权，于是事情就变成了谁的声势大、权柄大，谁对灾异的解释便更有力，更可能被采纳。

通过灾异讲天人感应，是西汉中后期知识分子批判现实政治的核心手段。徐复观先生曾赞扬过这一时期儒生的奏议：

> 气象博大刚正，为人民作了沉痛的呼号，对弊政作了深切的抨击。……虽然其中多缘灾异以立言，但若稍稍落实地去了解，则灾异只是外衣，外衣里的现实政治社会的利弊是非，才是他们奏议中的实质。[1]

这段赞扬很中肯。可天灾异象与现实政治之间，并不

1　徐复观：《博士性格的演变与西汉的经学思想》，载《徐复观文集》第二卷，湖北人民出版社 2004 年版，第 250 页。

存在真实的逻辑关系，这是天人感应理论的先天痼疾。这种痼疾一定会爆发，天人感应理论也一定会失去政治监督的效用，沦为权力斗争的工具。

元帝时代，不过是这痼疾发作的初期。

二、给经济松绑

初元五年（前44年），元帝下诏罢盐铁官，废除了盐铁官营这项维持了七八十年的暴政。与盐铁官营同时被废除的，还有北假田官与常平仓。[1]

这是元帝时代经济松绑的标志性事件。盐铁官营在之前的章节已有叙述，这里不再赘述。下面仅就北假田官与常平仓做一点介绍。

假田的本意，是朝廷将其掌控下的耕地暂借给百姓耕种，假田制度主要针对卖掉了朝廷授田的流民。朝廷不愿二次授田给他们（授田可以卖，假田不能卖），又不可能放弃这些流民——在人头税时代，受控制的劳动力是税基，不受控制的劳动力是不稳定因素——于是就有了假田制度。刘彻

---

[1] 《汉书·食货志》记载："在位诸儒多言盐铁官及北假田官、常平仓可罢，毋与民争利。上从其议，皆罢之。"

统治中晚期，天下百姓不堪重负，沦为流民者极多，假田制度约始于此时。昭帝时代继承了假田政策，但推行力度有限，流民仍是很严重的社会问题，如始元四年（前83年）秋七月的诏书承认"比岁不登，民匮于食，流庸未尽还"[1]。宣帝时代，假田制度获全面推行。如地节元年（前69年）三月下诏"假郡国贫民田"；地节三年（前67年）冬十月下诏"流民还归者，假公田，贷种食，且勿算事"[2]。

昭帝时代"流民稍还"，宣帝时代"百姓安土"，假田制度厥功至伟。但该制度的推行过程仍问题多多。

首先，流民得到的实惠有限。昭帝时代，贤良文学曾在盐铁会议上批评"今县官之多张苑囿、公田、池泽，公家有鄣假之名，而利归权家"——朝廷将苑囿、公田、池泽拿出来租借给百姓经营，结果是朝廷担着租借的名头，实际利益却进了权贵的口袋。之所以如此，是因为权贵集团有许多办法将"假田"弄到自己名下（如让假流民代持），真流民得不到田地，只能给握有"假田"的权贵做佃户。这是假田制度的天然弊端——只要朝廷坚持不向流民二次授田，而仅采取以假田的方式安置，土地便必定会在分配过程中流入权贵之手。

---

1 《汉书·昭帝纪》。
2 见《汉书·宣帝纪》。

其次，假田并非将土地借出后便任由百姓自由经营，部分假田设有官吏专职管理。这些官员会介入土地经营，会监督百姓劳作（如驱策百姓垦荒，假田大多来自无人耕种的荒地），会负责假田税征收，还会强迫租种朝廷假田的百姓替官府/官吏干各种私活。换言之，设置假田官，丝毫无助于提升百姓的耕作积极性，也丝毫无助于提高土地的产出量，只是增加了一环针对百姓的制度外盘剥。这也正是儒者力劝元帝取消"北假田官"的主因。

只是，假田官可以取消，假田制度的天然弊病却无法根除。自昭帝时代开始，朝廷每次假田给流民，都会引来权贵集团的侵吞。王莽代汉时，有一段针对前朝的批评：

> 汉氏减轻田租，三十而税一，常有更赋，罢癃咸出。而豪民侵陵，分田劫假，厥名三十，实什税五也。[1]

所谓"豪民侵陵，分田劫假"，便是指假田在分配时常落入权贵集团之手。有了中间商赚差价，耕种假田的百姓承受的名义田租是三十税一，而实际田租是十税五。[2]

---

1 《汉书·食货志》。
2 参见臧知非：《秦汉赋役与社会控制》，三秦出版社 2012 年版，第 65—69 页。

再说常平仓。该制度创设于宣帝五凤四年（前54年），由财政官员耿寿昌提议。耿以善于增加朝廷财政收入被宣帝重用。《汉书》关于该制度的记载很简略："寿昌遂白令边郡皆筑仓，以谷贱时增其贾而籴，以利农，谷贵时减贾而粜，名曰常平仓。"[1] 即在汉帝国边郡修筑由官府经营的仓库，谷价低贱时提价买入，让农民获利；谷价高昂时降价卖出，避免市场发生粮荒。

常平仓的初衷很美好，初期似乎也起了不错的效果，故《汉书·食货志》说"民便之"。可仅仅过了十年，到元帝初元五年（前44年）时，朝中儒者已对常平仓群起批评，将之视为"与民争利"的典型政策。《汉书》没有具体记载常平仓如何与民争利，但该政策盘剥百姓，直到东汉明帝年间仍留存在知识分子的历史记忆中。明帝当时有意恢复常平仓，宣帝玄孙刘般站出来反对，理由是"常平仓外有利民之名，而内实侵刻百姓，豪右因缘为奸，小民不能得其平，置之不便"[2]，明帝只好作罢。

常平仓之所以会变成盘剥百姓的工具，主因是官权力不受民意约束。官府为了谋利，不会在粮价低贱时，按规矩抬价收购百姓的粮食，只会将粮食收购价压得更低；也不会在

1 《汉书·食货志》。

2 《后汉书·刘般传》。

粮价高昂时，按规矩降价卖粮食给百姓，只会囤积居奇以获得更高利润。自两晋而下，历代常平仓皆是如此。宋代民间试图通过设置义仓来取代官方常平仓，便是为了将官权力这个祸源排除在外，可惜最后也未能成功。

初元五年能够成功废除盐铁官、北假田官与常平仓，有两个主要原因。一是元帝好儒，儒者在当时的朝堂上很有话语权。二是当时天灾频繁，先是"天下大水"，关东十一郡严重受灾，水灾后齐地又出现大饥荒，谷价上涨至三百余钱一石，许多百姓饿死，琅琊郡出现了严重的人吃人现象。公羊学派的天人感应理论因之派上了用场。按当时的政治逻辑，废除盐铁官、北假田官与常平仓这些盘剥政策，乃是皇帝在回应天意、纠正错误。为了向上天表达纠错的诚意，元帝还裁撤了建章宫与甘泉宫的守卫、宫廷角抵团队、齐三服官[1]，划出部分禁苑让贫民耕种，削减诸侯王庙半数卫卒……

遗憾的是，三年后朝廷"独复盐铁官"，又恢复了影响百姓生活极深的盐铁官营政策。为什么盐铁官营废不掉？《汉书》的解释很简单，只有十六个字："以用度不足，民多复除，无以给中外繇役。"[2] 意思很明确，就是朝廷没钱了。

---

1 三服，春献冠帻纵为首服，纨素为冬服，轻绡为夏服。参见张政烺：《中国古代职官大辞典》，河南人民出版社1990年版，第488页。

2 《汉书·元帝纪》。

这解释对，但不完全对。

盐铁是百姓日常生产生活的刚需，朝廷欲增加财政收入，围绕盐铁来做文章，确实效率高、成本低。只是做文章的具体方式，并非仅盐铁官营一种。如汉帝国前五十年，盐铁经营多元，官府利用刑徒煮盐铸铁，民间盐铁商人也参与盐铁的生产与销售。朝廷利用盐铁获取财政收入的主要方式不是官产官卖，而是向民间征收盐铁税。所以彼时的百姓可以吃上质量合格、价格适中的盐，也可以用上质量合格、价格适中的铁制农具。待到刘彻"笼天下盐铁"，禁止民间煮盐铸铁，大搞官产官卖，遂有盐铁价格暴涨而质量暴跌之祸，"郡国多不便县官作铁器，铁器苦恶，贾贵"[1]，百姓宁愿用低效的木石农具，也不愿用价格昂贵、质量低劣的官制铁器。

类似的教训，在东汉章帝时代又重演过一次。章帝恢复"盐铁官"，效仿刘彻大搞盐铁官营。章帝死后，其子和帝在诏书中承认盐铁官营因"吏多不良"而给百姓造成极大危害，并以章帝遗诏的形式命令地方郡国"罢盐铁之禁，纵民煮铸，入税县官如故事"，重新允许民间煮盐铸铁。朝廷创

1　《史记·平准书》。

收的方式，也再度改回向民间征收盐铁税。[1]

可以说，朝廷一缺钱就大搞盐铁官营，乃两汉而下历代统治者的普遍惯性思维。这种简单粗暴的思维，主要基于"不让中间商赚差价"的愚蠢逻辑。统治者们似乎认定，只要禁止民间商人进入盐铁行业，全面实施官产官卖，不但政府财政收入可以增加，民众也可以少受商人盘剥。实则盐铁官产官卖虽能在短时间内迅速为官府聚敛财富，却必定破坏民间经济与生活的正常运转，必定让社会创造财富的能力发生萎缩，长远来看对朝廷的财政创收反而不利。元帝朝恢复盐铁官营的结局，当然也不会例外。

面对经济体量全面萎缩，朝廷其实只有放宽盐铁管制这一条路可走。汉成帝时，博士平当奉旨出使幽州，考察地方政治，见当地流民极多，遂上奏"言勃海盐池可且勿禁，以救民急"[2]，建议朝廷放弃对渤海一带盐池的管控，允许民众自己煮盐卖盐。朝廷同意了平当的建议。这类个案式的松绑，在元帝、成帝、哀帝执政时期想必不少。这也让盐铁官营政策虽未明确宣布废除，实则已形同虚设，至少官营与民营已

1　见《后汉书·孝和孝殇帝纪》。和帝时年不过十岁，该诏书代表了朝中儒臣的意见。因章帝生前推行盐铁官营的态度极坚决，所谓章帝遗诏有可能是伪造的。

2　《汉书·平当传》。

共同存在——王莽上台后颁布政策，将出售食盐与铁器的权力再度收归官府，[1]恰说明了这一点。

盐铁民营才是给汉帝国续命的真正良方。可惜，从刘彻至王莽，皇权一味追求对财富与组织力的全面控制，始终不愿承认这一点。元帝时代的经济松绑，不过是短暂的非常态。

三、"豪杰"归来

元帝时代也在给社会松绑。废止徙陵是其中最具代表性的改革事件。

依汉代制度，皇帝即位后便要启动陵墓修筑工程。与之配套，会有大批"豪杰"被强制迁徙至陵墓所在县邑，这便是徙陵。徙陵的本质是种统治术，目的是将地方郡县有资产、有声望、有社会组织能力者连根拔起，强制迁往朝廷指定地点，以方便控制。

汉高帝时，为瓦解关东地区残存的六国旧贵族，曾强制迁徙齐楚大姓昭氏、屈氏、景氏、怀氏、田氏，及燕、赵、韩、

---

1 《汉书·王莽传中》记载，王莽"设六筦之令。命县官酤酒，卖盐铁器，铸钱，诸采取名山大泽众物者税之"。

魏等国贵族后裔至关中，具体安置区域便是后来埋葬刘邦的长陵一带。惠帝时，继续强制迁徙原六国贵族后裔，如冯唐祖父是原赵国将军，冯家便是在惠帝时被迫自代郡迁至安陵（惠帝之墓所在地）。刘彻即位后修筑茂陵，地方郡县此时已无六国旧贵族踪迹，主父偃遂献策强制迁徙"天下豪杰兼并之家"至茂陵。刘彻时代见于史料记载的迁陵运动共有四次，其中元朔二年（前127年）"徙郡国豪杰及訾三百万以上于茂陵"[1]，显示家产达到三百万钱是当时纳入强制迁徙名单的资产标准。汉文帝曾言，"百金，中人十家之产也"，即一户中等人家的资产大约是十金，也就是十万钱。也就是说，凡资产超过三十户中等人家者，皆要被强制迁往茂陵管控起来。[2]

需要注意的是，西汉的中等人家（中人）未必等同于富家翁。景帝时，有诏资产达到十万钱者才能做官。哀帝时发生水灾，有诏家庭资产不满十万钱者可免当年租赋。扬雄家贫极出名，亦自称家产不满十金（十万钱）。可见房宅田产等全部加起来达到十金，在当时远算不上有钱。刘彻时期的

---

1 《汉书·武帝纪》。

2 本小节参见赵克尧：《论西汉的限田与徙陵政策的关系》，载《汉唐史论集》，复旦大学出版社1993年版。

酷吏尹齐病死后，统计家产"不过五十金"[1]；酷吏张汤自杀后统计家产"不过五百金"[2]，皆被视为廉洁，由此也可知"十金"这个家庭资产数据约略仅意味着脱离了饥寒状态。被强制迁徙至茂陵的那些"訾三百万以上"者，其实还没张汤这个资产近五百金的廉吏有钱。

宣帝时，至少两次迁徙郡国豪强。一次是在本始元年（前73年），"募郡国吏民訾百万以上徙平陵"；一次是在元康元年（前65年），"徙丞相、将军、列侯、吏二千石訾百万者杜陵"。与刘彻时代相比，最大的变化是徙陵的资产标准自三百万钱下降至一百万钱。这不代表宣帝对民间的控制力度超过了刘彻，仅意味着经历了刘彻时代天下户口减半的巨大惨剧后，汉帝国在宣帝时代仍远未恢复元气。宣帝徙陵，已很难找到资产超过三百万钱的足量民户，只好将徙陵标准下探至一百万钱。从宣帝诏书重点提及"丞相、将军、列侯、吏二千石"来看，当时资产超过一百万钱者主要是统治集团内部的达官显贵，民间富户不多。

元帝即位后，循惯例营建陵墓，但废止了徙陵政策。事见于永光四年（前40年）的诏书：

1 《汉书·尹齐传》。
2 《汉书·张汤传》。

安土重迁，黎民之性；骨肉相附，人情所愿也。顷者有司缘臣子之义，奏徙郡国民以奉园陵，令百姓远弃先祖坟墓，破业失产，亲戚别离，人怀思慕之心，家有不安之意。是以东垂被虚耗之害，关中有无聊之民，非久长之策也。《诗》不云乎？"民亦劳止，迄可小康，惠此中国，以绥四方。"今所为初陵者，勿置县邑，使天下咸安土乐业，亡有动摇之心。布告天下，令明知之。[1]

"民亦劳止，迄可小康，惠此中国，以绥四方"是《诗经·大雅》里的句子。大意是百姓很辛苦，不要再折腾他们，百姓日子过好了，国家也有好处。元帝引用儒家典籍来废止徙陵政策，足见其政治理念确实深受儒学影响。

元帝死后，成帝于鸿嘉二年（前19年）夏再次启动徙陵。史载"徙郡国豪杰赀五百万以上五千户于昌陵"[2]。此时的汉帝国能找出资产超五百万钱者五千家，可知富户们的经济状况较之宣帝时代已有很大改善，但距刘彻统治初期恐怕还有较大差距。向成帝建言徙陵者是陈汤，其理由是，"天下民不徙诸陵三十余岁矣，关东富人益众，多规良田，役使贫民，可徙初陵，以强京师，衰弱诸侯，又使中家以下得均贫

---

1 《汉书·元帝纪》。

2 《汉书·成帝纪》。

富"[1]。可知自元帝不再徙陵，天下富户确有大规模增长，以致引起了陈汤这类酷吏的担忧。成帝这次徙陵只维持了三年，永始元年（前16年），成帝下旨认错，称不该初陵修到一半又改建昌陵，致使天下虚耗，百姓疲惫，"其罢昌陵，及故陵勿徙吏民，令天下毋有动摇之心"[2]，徙陵运动随之终止。

成帝之后，哀帝、平帝在位期间皆未徙陵。也就是说，自元帝时代起至王莽称帝前，汉帝国有超过半个世纪的时间未再以强制徙陵这种统治手段来折腾富户。这种不折腾，既让百姓敢于求富，也让汉帝国民间拥有了一批具备社会组织能力的中坚阶层，史载"自哀、平间，郡国处处有豪桀"[3]。被秦皇汉武视为眼中钉肉中刺的豪杰，又渐渐在民间复现。

传统史书不遗余力污蔑豪杰，视之为有害，也不遗余力赞美强势君主打击豪杰的行动——毕竟，站在专制君王的立场，地方豪杰有资产有声望有组织能力，对皇权会构成威胁，会阻碍皇权一竿子插到底直接控制和汲取民众。但从经济学与社会学角度来看，"郡国处处有豪桀"对汉帝国大有好处。比如，汉帝国的农耕技术不发达，普通小农缺乏耕牛与铁制农具是常态，而豪杰财力雄厚，可以提供这些先进的

---

1 《汉书·陈汤传》。
2 《汉书·成帝纪》。
3 《汉书·游侠传》。

生产工具。汉代最先进的二牛抬杠法、耧车播种法，皆见于汉代豪强的墓室壁画。再如，农耕需要基础建设支持，尤其依赖良好的水利设施，普通小农无力兴修水利，只能看天吃饭，豪强则有足够的人力物力去改变农耕环境。西汉末期著名的南阳樊陂，便是由当地豪杰樊氏主持修筑。此外，豪杰的存在也有助于地方救济事务的展开，可以让整个社会面对天灾人祸时拥有更大的承压能力。"郡国处处有豪桀"的时代，恰是西汉人口最鼎盛的时代，这绝非偶然。

放松社会控制，定会带来经济收益，定能改善民生境况。这是古今中外千古不变的常识。

四、虽远必诛大论战

元帝时代还有件值得一提的大事：陈汤矫制击杀了匈奴郅支单于。

陈汤是山阳郡瑕丘县人，年少时因家贫而品行不端，在本州没有好名声。后西行长安寻找机遇，获太官献食丞之职，结交了富平侯张勃。初元二年（前47年），陈汤被张勃举荐为茂才，却因父死不回家奔丧而遭司隶校尉弹劾，升迁未果，险些下狱。茂才之路走不通，陈汤只好另辟蹊径，屡屡请求"出使外国"，遂被任命为西域副校尉，与护西域骑都尉甘延寿一同出使西域。正是在该职位上，陈汤完成了其最富有传奇色彩的事迹。

自宣帝设置西域都护府以来，汉帝国西部边境有过一段较长的平静期。至元帝朝，汉帝国在西域的影响力渐衰。匈奴郅支单于与西域康居王联姻，势力日趋壮大。建昭三年（前36年），久欲建功的陈汤随甘延寿出使，欲趁郅支单于尚未全面控制西域，联合乌孙国兵力以突袭战术击溃匈奴。陈汤自觉必能建千载奇功，甘延寿同意其主张，但坚持认为调兵须得到朝廷批准。陈汤遂趁甘延寿生病之机矫制发兵，并胁迫甘一同行动。此役，陈汤合汉兵、西域各国兵共计四万余人，攻破了郅支单于的根据地"三重城"，斩杀了包括郅支单于在内的诸多匈奴贵族。

捷报传至长安后，朝廷内部陷入了激烈论战。

引起争论的第一个问题，是如何处理郅支单于的人头。陈汤建议"县头藁街蛮夷邸间，以示万里，明犯强汉者，虽远必诛"[1]，欲将郅支单于人头高悬于长安城，供"蛮夷"仰观，以展示汉帝国"虽远必诛"的决心与能力。丞相匡衡与御史大夫李延寿反对，理由是郅支单于及匈奴贵族首级自西域沿途传送，"蛮夷莫不闻知"，没必要多此一举。且据《礼

---

1 《汉书·陈汤传》。

记》之义，春天乃掩埋尸骨的季节，不可悬首示众。车骑将军许嘉与右将军王商搬出《春秋》中的典故支持陈汤。双方唇枪舌剑，最后由元帝裁决，将郅支单于首级在长安的蛮夷居住区悬挂十天。

引起争论的第二个问题，是如何封赏陈汤与甘延寿。这是此次论战的核心议题。

丞相匡衡、御史大夫李延寿皆不认同陈汤矫制发兵的做法。内廷重臣中书令石显与甘延寿有私人恩怨，也支持匡、李的主张。陈汤有贪财之癖，战后将诸多财货据为己有。隶校尉遂奉朝廷之命，向沿途州郡下发公文，欲"收系按验"自西域返归的将士吏卒，以调查贪污问题。陈汤上疏元帝，称自己于万里之外扬大汉军威，朝廷不派使者欢迎慰劳也就罢了，反要被拘捕问罪，与替郅支单于报仇无异。在元帝的干预下，朝廷终止了"收系按验"之事，亦未派出欢迎使者，仅命地方郡县沿途供应酒食。

陈汤等人抵达长安后，朝廷开始正式讨论封赏问题。匡衡等坚持认为矫制出兵有罪，不诛已是幸事，断不可再封赏爵土。理由是此例一开，奉使之人为博取功名，必纷纷效仿陈、甘"生事于蛮夷"[1]，封赏陈汤便是在给国家招灾。元帝

---

1 《汉书·陈汤传》。

虽有意重赏，但匡衡等人的意见也并非无理，事情遂陷入僵持。

陈汤的支持者中也有名儒，刘向与谷永是代表人物。谷永支持陈汤的原因，是其父谷吉出使匈奴时，死于郅支单于之手。刘向支持陈汤的原因，是他与石显、匡衡等乃宿怨极深的政敌，敌人的敌人便是朋友。元帝最终采纳了刘向"论大功者不录小过"的主张，不再追究矫制发兵，命公卿大臣专注讨论具体封赏。多数人建议按"斩杀单于"论功，石显、匡衡认为郅支单于不过是匈奴内乱后的一支，有"亡逃失国"的经历，算不得真单于。元帝欲按"千户"标准封赏，石显、匡衡觉得"千户"之赏太重。元帝只好折中让步，封甘延寿为列侯，赐陈汤为关内侯，各赐邑三百户。此时已是竟宁元年（前33年）夏天，距陈汤击破匈奴已过去两年有余。同年旧历五月，元帝去世。[1]

匡衡等人在"虽远必诛"一事上与元帝来回拉锯两年之久，固然有内部权力斗争的因素在，其主要驱动力却是对刘彻时代穷兵黩武惨剧的深刻恐惧。陈汤们要的是立功封侯，匡衡们忧虑的是历史卷土重来。这忧虑并非个案。宣帝时冯奉世出使大宛，矫制发汉兵及西域各国兵一万五千人，击破

---

[1] 见《汉书·陈汤传》。

已倒向匈奴的莎车国，将莎车王人头传送至长安。宣帝有意对冯"加爵土之赏"，时任少府萧望之坚决反对，理由是矫制发兵虽有大功，但绝不可鼓励。封赏了冯奉世，后世之人以冯为榜样，"争逐发兵，要功万里之外，为国家生事于夷狄"[1]，便是大祸患，会将整个国家卷入无穷尽的战争当中。宣帝采纳了萧望之的意见。匡衡等人反对元帝封赏陈汤，与萧望之反对宣帝封赏冯奉世，原因高度一致。

元帝初年发生过一场关于珠崖问题的讨论，亦与"虽远必诛"论战相似。珠崖郡位于海南岛，系元封元年（前110年）所设。刘彻在中原地区横征暴敛，远在海岛的珠崖郡也未能幸免，刘彻统治晚期，珠崖郡"蛮夷"终于不堪暴政，攻入郡城，杀死了郡太守孙幸。[2]昭帝、宣帝时代，珠崖郡一直是武装民变反复爆发之地。初元元年（前48年），珠崖民变再起，元帝发兵镇压数年无功，欲征调大军渡海作战。贾谊的曾孙贾捐之站出来反对，遂引爆了一场关于施政路线的大讨论。

在元帝看来，珠崖成为汉帝国郡县已久，百姓反叛而不镇压，是在"长蛮夷之乱，亏先帝功德"。贾捐之则认为珠崖之乱是小事，朝廷的脸面也是小事，关东百姓饥肠辘辘，

---

1 《汉书·冯奉世传》。
2 见《后汉书·南蛮西南夷传》。

"连年流离，离其城郭，相枕席于道路"，嫁妻卖子，随处可见，才是最需要紧急处理的事情。且大军劳师远征必会加重财政负担，关东百姓的境况会因之更遭。据此，贾捐之明确主张"愿遂弃珠崖，专用恤关东为忧"，在民生面前，领土扩张与朝廷颜面皆要往后放。

元帝召集群臣商议。御史大夫陈万年主张发兵镇压，丞相于定国支持贾捐之。于定国给元帝算了一笔账：之前连年用兵镇压珠崖民变，出动护军都尉、校尉、丞共计十一人，只有两人活着回来。死亡的士兵和民夫已达万人以上，耗费已超三万万，依旧未能平定珠崖民变。于定国没提而元帝必然知晓的另两项背景数据是：此时的珠崖郡是由刘彻时代的珠崖郡与儋耳郡合并而来，共十六县，只有二万三千余户百姓；关东十一郡国大水，人吃人的现象已持续一年有余。面对这些硬邦邦的数据，元帝不得不承认大军渡海远征绝非明智之举，遂下发诏书，以"关东大困，仓库空虚，无以相赡，又以动兵，非特劳民，凶年随之"为由，正式罢珠崖郡。[1]

匡衡后来对元帝说，天下人皆将此事视为极重要的政治转折点：

1　见《汉书·贾捐之传》。

诸见罢珠崖诏书者，莫不欣欣，人自以将见太平也。[1]

那些命运从来不曾操于己手的百姓，听说朝廷罢了珠崖郡，个个欢欣鼓舞。他们将这件事看作政治风向标，开始相信以百姓家破人亡为代价追求"武功"的时代已经过去，开始相信太平日子可以期盼。

从冯奉世破莎车国未能封侯，到元帝放弃珠崖郡，再到陈汤破郅支单于未能封侯，虽然每次论战都会掺杂政治斗争因素，但不妨碍得出这样一个基本结论：随着刘彻时代的历史真相越来越清晰，随着对刘彻时代穷兵黩武酿成人间惨剧的反思越来越深刻，"文治重于武功"的理念，正在朝野上下获得越来越多的认同。

其实，宣、元两朝的施政路线，本就主要基于对刘彻时代的反思。如贡禹向元帝建言种种改革时，频繁回顾刘彻时代"官乱民贫，盗贼并起，亡命者众"[2]的往事。贾捐之主张放弃珠崖郡时，也以极大篇幅向元帝描述刘彻时代"父战死于前，子斗伤于后，女子乘亭鄣，孤儿号于道，老母寡妇饮泣巷哭"[3]的惨况。与刘彻一样，宣帝、元帝也皆对开疆拓土、

---

1 《汉书·匡衡传》。

2 《汉书·贡禹传》。

3 《汉书·贾捐之传》。

鹰扬军威很感兴趣。唯一的不同，是刘彻时代没有萧望之、贾捐之与匡衡们的表达空间，不可能出现责备武功、主张文治的言论，偶有出现也会被迅速灭除。历史的悲哀恰恰在此：只有经历了时代惨剧，见识到了国本摇摇欲坠，后继之君们才会愿意稍稍收敛其"雄才大略"，才会容许朝野稍稍存在宽松的表达空间。

竟宁元年（前 33 年），在位十五年的汉元帝病故，时年四十二岁。对底层百姓来说，元帝朝是个相对不折腾的好时代。造就这好时代的最重要因素，是汉人历史记忆里对"天下户口减半"之政的深刻恐惧。

第九章

灾异

皇帝收敛起雄才大略，食税阶层规模不算小但还谈不上繁冗，税负体量不算轻但还没到难以承受的地步，总人口攀升至前所未有的六千万高峰。就这些指标来看，元帝、成帝父子执政的四十余年，确是西汉百姓活得相对最为轻松的时代，将这四十余年称作『元成之治』或许并不过分，其民生含金量未必低于『文景之治』。

一、普通百姓的好时光

竟宁元年（前33年），汉元帝去世。十八岁的太子刘骜继位，后世称汉成帝。

成帝时代是外戚由干政走向专权的关键期。西汉外戚坐大，始于宣帝，原因是宣帝起自民间，不得不倚重外戚以抗衡权臣霍光。元帝时，外戚亦盛，史氏、许氏皆极有权势。元帝去世后，成帝之母王政君成为王氏外戚掌控朝政的重心。成帝始终无力约束其母亲，这位极长寿的皇太后将在此后的四十余年里持续保持对朝政的巨大影响力。王氏外戚因之迅速膨胀为长安朝堂上最炙手可热的存在。成帝死后，王氏外戚在哀帝与平帝时代先后击败新外戚傅氏、丁氏等，为王莽代汉立新铺平了道路。

元成时代，外戚坐大是确凿无疑的事实，传统史观因之对元帝、成帝的评价不高。不过，这种评价只是站在专制帝王的立场看问题。若转换角度，站到百姓立场去体察元成时代，却可得出完全不同的结论——元成时代对专制帝王而言是衰世，对普通百姓而言却是难得的好时光。当然，在民意无法切实兑换为政策的时代，所谓"好时光"也只是相对而言。

元成时代的好时光，既源于对刘彻时代天下鼎沸的反思，也源于儒家知识分子群体的成型。史载：

> 自武帝立五经博士，开弟子员，设科射策，劝以官禄，讫于元始，百有余年，传业者浸盛，支叶蕃滋，一经说至百余万言，大师众至千余人。[1]

刘彻推崇儒学，是看中了儒学赞颂有为，能契合自己实践所谓雄才大略的野心。但是，朝廷取士既以儒学修为高低为依据，自会刺激儒家知识群体的壮大。儒家经典中要求君王仁德爱民、克己复礼的思想声量，也必会得到放大。元帝时陈汤"虽远必诛"的军事冒险无法得到朝中儒臣的支持、渡海远征珠崖的主张也被儒臣以关东灾民更重要为由阻止，皆是儒家仁政思想声量壮大的产物。

下面再举一例，以供体察元帝时代儒家仁政思想声量的变化。事见《汉书·韦贤传》，内中载有一段宗庙制度的相关数据：

> 初，高祖时，令诸侯王都皆立太上皇庙。至惠帝尊高帝庙为太祖庙，景帝尊孝文庙为太宗庙，行所尝幸郡

1　《汉书·儒林传》。

国各立太祖、太宗庙。至宣帝本始二年，复尊孝武庙为
世宗庙，行所巡狩亦立焉。凡祖宗庙在郡国六十八，合
百六十七所。而京师自高祖下至宣帝，与太上皇、悼皇
考各自居陵旁立庙，并为百七十六。又园中各有寝、便
殿。日祭于寝，月祭于庙，时祭于便殿。寝，日四上食；
庙，岁二十五祠；便殿，岁四祠。又月一游衣冠。而昭
灵后、武哀王、昭哀后、孝文太后、孝昭太后、卫思后、
戾太子、戾后各有寝园，与诸帝合，凡三十所。一岁祠，
上食二万四千四百五十五，用卫士四万五千一百二十九
人，祝宰乐人万二千一百四十七人，养牺牲卒不在数中。

汉帝国的宗庙制度始于刘邦。高帝十年（前 197 年），
刘邦之父刘太公去世，刘邦命诸侯王于其国都立太上皇庙。
两年后，刘邦去世，惠帝又命郡与诸侯王为刘邦立庙。此后
每去世一名皇帝，地方郡国的祖宗庙便多出一批。

这些宗庙的核心功能，是神化皇帝、彰显刘氏皇权存在
感，宣传天命当归刘氏。景帝曾解释为何宗庙要定期隆重举
办歌舞祭祀活动："歌者，所以发德也；舞者，所以明功也。"
在没有报纸、电视和网络的时代，宗庙是汉帝国最重要的宣
传机构，歌舞是最重要的宣传手段。歌的作用是赞颂刘氏历
代皇帝的德行，舞的作用是表彰刘氏历代皇帝的功劳。通过
频繁的宗庙活动，让汉帝国百姓深信刘氏皇帝有功有德，进

而深信自己应该服从刘氏皇权统治，正是这些宗庙的主要职责。[1]为保障宣传工作顺利推行，汉帝国围绕宗庙制定了严厉的惩罚措施，"臣下妄非议先帝宗庙寝园官"要弃市，"盗宗庙服御物"也要弃市。其效果正如雷海宗先生所言：

> 天下如此之大，而皇帝只有一人，所以皇帝皇室的庙布满各地是震慑人心的一个巧妙办法。经过西汉二百年的训练，一般人民对于皇帝的态度真与敬鬼神的心理相同。对皇帝的崇拜根深蒂固，经过长期的锻炼，单一的连锁已成纯钢，内在的势力绝无把它折断的可能。若无外力的强烈压迫，这种皇帝政治是永久不变的。[2]

据前文所引数据，至汉元帝时，整个汉帝国的祖宗庙——寝园庙与郡国庙加起来——已有176座之多。陵园中有庙、寝和便殿，各有其祭祀规范。依据这些规范，每年要"上食"（按规格以熟食祭祀）24455次，要配备卫士45129

1　宣传不必区分生死，所以除了已死帝王有庙外，汉帝国还盛行给活着的皇帝立庙，如文帝活着时立庙名为"顾成"，景帝活着时立庙名为"德阳"，武帝活着时立庙名为"龙渊"，昭帝活着时立庙名为"徘徊"，宣帝活着时立庙名为"乐游"，元帝活着时立庙名为"长寿"，成帝活着时立庙名为"阳池"。

2　雷海宗：《中国文化与中国的兵》，江西教育出版社2022年版，第70页。

人，祝宰乐人 12147 人，此外还有大量"养牺牲卒"未统计进来。需要注意的是，这些数据仅指由京师负责祭祀的寝园庙及附属机构，不包含郡国庙的祭祀耗费。[1]仅寝园庙及附属机构便须供应如此多的祭祀物品，便有如此多的卫士与祝宰乐人需要用财政养活，整个宗庙制度造成的负担之沉重可想而知。这些负担层层摊派下来，终会落在普通百姓身上。

所以，早在元帝初年，便有儒者翼奉站出来批评汉帝国的祭祀与寝庙太多，"皆烦费"。稍后又有御史大夫贡禹上奏主张"天子七庙"，余者皆可毁去，并取消郡国庙。元帝本人亦深知宗庙寝园耗费了大量民脂民膏，曾于永光四年（前 40 年）响应群臣建议，做出"罢祖宗庙在郡国者"的决定。当时上奏建言罢庙者，包括"丞相（韦）玄成、御史大夫郑弘、太子太傅严彭祖、少府欧阳地余、谏大夫尹更始等七十人"。这声势浩大的七十人，大多是儒家知识分子。

稍后，元帝又召集群臣商议长安寝园庙的"瘦身"问题。以丞相韦玄成为首的四十四人，主张按儒家昭穆理论来确定哪些庙保留，哪些庙毁弃。具体结论是："太上皇、孝惠、孝文、孝景庙皆亲尽宜毁，皇考庙（宣帝庙）亲未尽，如故。"以谏大夫尹更始为代表的十八人，则主张"皇考庙上序于昭

1　参见马大英：《汉代财政史》，中国财政经济出版社 1983 年版，第 264 页；臧知非：《秦汉赋役与社会控制》，三秦出版社 2012 年版，第 170 页。

穆，非正礼，宜毁"，希望将宣帝庙也一并废弃。此外，以大司马车骑将军许嘉（外戚）为首的二十九人认为文帝德行深厚，应保留其庙以为太宗。只有廷尉尹忠一人赞扬刘彻有"改正朔，易服色，攘四夷"的历史功勋，应保留其庙以为世宗。由此可见，在寝园庙"瘦身"一事上，儒臣的态度最为激进。

元帝纠结了一年，才做出毁太上庙（祭祀刘邦之父）与孝惠庙（祭祀汉惠帝）、罢孝文太后与孝昭太后寝园的决定。可惜的是，这次"瘦身"行动没能坚持太久。建昭五年（前34年），元帝病体沉重，久久不愈，迷信之念渐生，常疑心是宗庙改革触怒了祖先，日有所思，夜有所梦，甚至到了"梦祖宗谴罢郡国庙"的地步。于是，元帝又下诏重建所有寝园庙。当然，恢复寝园庙也不可能挽救元帝的性命。元帝死后，儒臣匡衡上奏成帝，又一次对寝园庙实施"瘦身"。但西汉终究是个极迷信鬼神的时代，皇帝身体上的任何风吹草动，都会刺激朝廷将寝园庙问题重新拿出来讨论。于是，当成帝久久无子时，被毁的寝园庙又回来了。好在郡国庙始终没有恢复，百姓负担因之稍有减轻。

对刘汉皇帝来说，宗庙制度是政治宣传的利器。但对普通民众来说，宗庙制度仅意味着统治者及其家属死得越多，负担越重。汉儒不可能废除刘氏宗庙，但他们以昭穆理论遏制住了皇室死人入宗庙的人数，使百姓负担不至于无限制增加，仍是一桩值得赞誉的历史功绩。

成帝时代，大体继承了元帝时代的执政路线。人事上大量使用外戚与儒生，政治上不追求扩张与武功。百姓因之得以继续休养生息，生孩子的意愿提高，汉帝国人口也因之渐渐攀升至最高峰。

20世纪90年代，尹湾六号汉墓出土了一批汉代文书简牍。墓主名叫师饶，是成帝时东海郡的功曹史，俸禄百石。墓内留存的《集簿》《东海郡吏员簿》等资料，颇有助于今人管窥成帝时代的人口生育意愿。

据出土简牍，成帝时的东海郡有户266290（包括获流户11662），有口1397343（包括获流民42752）。简牍还提到"本年比上一年新增2629户"——本年具体是哪一年简牍未有明确记载，唯一可知的是六号墓有年份标记的简牍中，最晚者是成帝元延三年（前10年）五月——据此可知当时东海郡的户口年增长率约为10‰，人口年增长率也应与之相近。这个数据接近20世纪90年代中后期的中国人口自然增长率。据国家统计局编写的《中国统计年鉴—2022》，1995—1999年的人口自然增长率依次是10.55‰、10.42‰、10.06‰、9.14‰、8.18‰。[1]另据《汉书·地理志》，平帝元

1　国家统计局编《中国统计年鉴—2022》，中国统计出版社2022年版。据统计年鉴数据库：https://www.stats.gov.cn/sj/ndsj/2022/indexch.htm。

始二年（2 年）东海郡有户 358414，有口 1559357。也即在不超过 12 年的时间里，东海郡净增人口 162014 人，人口年平均增长率约为 9.6‰。如果墓中简牍的年份晚于成帝元延三年，则人口年增长率还要再高一些。这说明成帝时期的百姓生育意愿较高，进而也说明成帝时代百姓的生活较之前代有所改善，至少比"生子辄杀"的刘彻时代、昭宣时代和元帝时代要好一些。获流民（官府招募耕种重新落户者）只占到全郡百姓的 3%，似也可说明这一点。如果要问为何雄主时代百姓生存艰难、庸主时代百姓反过得更好，答案只能是庸主成帝没那么多雄才大略要去实现。[1]

然而，与统治集团的人口增长率相比，成帝时代普通百姓的人口增长率仍不值一提。人口史学者葛剑雄提供过一项研究数据：西汉两百余年，总人口从约一千五百万增加到约六千万，增长了大约四倍；粮食产量也增长了大约四倍。可刘氏宗室的人口数量增长了约五百倍，汉初不过约五十人，至汉末已有约十万之众，也即平均年增长率高达 38‰，是成帝时代普通百姓人口年增长率的 3~4 倍。[2] 尽管西汉宗室不像后世的朱明王朝那般拥有巨大的经济特权，但终究有许多宗室成

1　本段内容参见袁延胜：《尹湾汉墓木牍〈集簿〉户口统计资料真实性探讨》，载《史学月刊》2016 年第 11 期。

2　葛剑雄：《略论我国封建社会各阶级人口增长的不平衡性》，载《历史研究》1982 年第 6 期。

员要靠百姓供养。宗室之外又有外戚，外戚之外还有列侯。统治者旺盛的繁殖力，对普通百姓来说始终意味着负担。

尹湾六号汉墓的出土简牍，也有助于今人体察汉帝国食税阶层在成帝时代的具体规模。

除宗室、外戚与列侯外，汉帝国食税阶层的主体是官吏集团。中文知识界长期流传一种谬论，称西汉的官民比例是 1:7945，计算方法是以西汉 5959 万的人口峰值，除以约 7500 名官员，并据此认为西汉官吏集团对百姓造成的负担并不严重。实则西汉官吏数量远不止所谓的 7500 余人[1]。《汉书》中载有一项平帝时的官吏总量数据，称"吏员自佐史至丞相，十二万二百八十五人"。这个远大于 7500 余人的数据，也还不是当时食税阶层的总人数。西汉将官吏分为两大类，一类叫作"长吏"，指俸禄在二百石及以上者；另一类叫作"少吏"，指俸禄在一百石及以下者。佐史的俸禄二百石，是长吏的下限。《汉书》其实是在说当时的汉帝国有 12.0285 万名长吏。至于更基层的食税者，也就是少吏，因为缺乏完整的统计，《汉书》没法给出具体数据。

尹湾六号汉墓的出土简牍中载有东海郡的食税阶层数量，其具体数据如下：

1　据笔者有限所见，至少 20 世纪 90 年代便有此说，惜 7500 人这个数据的源头已不得而知。

亭六百八十八，卒二千九百七十二人；邮四十四，人四百八。

吏员二千二百三人。太守一人，丞一人，卒史九人，属五人，书佐十人，啬夫一人，凡廿七人；都尉一人，丞一人，卒史二人，属三人，书佐五人，凡十二人。

令七人，长十五人，相十八人，丞卌四人，尉卌三人，有秩卅人，斗食五百一人，佐使、亭长，千一百八十二人，凡千八百卌人。

侯家丞十八人，仆、行人、门大夫五十四人，先（洗）马、中庶子二百五十二人，凡三百廿四人。[1]

按上述资料，东海郡有正式编制的官吏共计 2203 人。按人口 1397343 计算，实际官民比是 1:634。此外，东海郡还配备亭卒 2972 人，邮人 408 人，这些人不属于官吏，但日常吃喝用度仍须东海郡负担。若将他们也算进来，则东海郡百姓要养活的食税者数量将达到 5583 人，实际官民比是 1:250。这负担不轻松，但也不算特别离谱。

因资料有限，今人已无法知晓西汉民众的具体负担。不过尚有两则材料可供参考。一则来自《汉书·王嘉传》，内

1　张显成、周群丽撰《尹湾汉墓简牍校理》，天津古籍出版社 2011 年版，第 3—4 页。

中提道："孝元皇帝奉承大业，温恭少欲，都内钱四十万万，水衡钱二十五万万，少府钱十八万万。"另一则见于桓谭所撰《新论》，内中说："汉宣以来，百姓赋敛，一岁为四十余万万，吏俸用其半，余二十万万，藏于都内，为禁钱。少府所领园他作务（之），八十三万万，以给官室供养诸赏赐。"[1]

先就材料本身稍作解释。赋敛指朝廷的金钱收入，具体包括算赋、口钱和更赋，不包括通常以实物征收的田租等。算赋是针对成年人的人头税，每人每年 120 钱。口钱是针对未成年人的人头税，刘彻时代三岁起征，至元帝时改为七岁起征，每人每年 23 钱。更赋是代役钱。汉代成年男丁每年须给官府服一个月无偿劳役，若不去则须给官府交一笔钱，通常是 300 钱，但也可能因劳动力市场价格变化而有波动。材料中提到的三项数据，都内钱属大司农掌管的国库；水衡钱和少府钱是皇帝的私库。

王嘉活跃于成帝、哀帝时代，桓谭活跃于两汉之间。两则材料同时提到汉帝国每年国库收入的金钱部分是四十余万万，可能基于某份相同的档案。桓谭提及官吏俸禄要用去其中的一半，国库还能剩下二十万万用于应付其他事务，可知当时的财政状况不算很差——神爵三年（前 59 年），宣帝

1　《太平御览》卷六二七引桓谭《新论》。

曾下诏提高"小吏"俸禄,凡俸禄在百石以下者增俸十分之五;绥和二年(前7年),哀帝再次下诏给三百石以下官吏增俸,可见朝廷因不再如刘彻时代那般多事,国库收入虽较刘彻时代有所萎缩(毕竟横征暴敛有所减轻),财政上却仍有余裕。若单看国库收入,四十余万万钱平摊到约六千万汉帝国百姓头上,人均每年约为70钱。在底层百姓很难获得金钱收入的西汉,这个负担不算轻,但也没重到民不聊生的地步。

其实,王嘉通过奏疏对哀帝提及上述数据,本意正是为了说明元帝时代"温恭少欲",对百姓的汲取较有节制。王嘉还特别解释了水衡钱和少府钱的数量增加,其原因在于元帝"赏赐节约",不轻易赏赐外戚,"是时外戚赀千万者少耳,故少府水衡见钱多也"。对于成帝时代,王嘉同样赞誉有加,称成帝虽耽于酒色,但对外戚的赏赐有节制,如史育"家赀不满千万",张放被赶出长安,淳于长则遭鞭笞死于狱中。王嘉讲这些往事,是希望哀帝以元帝、成帝为榜样,不要乱花钱,不要无节制赏赐亲近之人。因怀有劝谏的用心,王嘉对元帝、成帝时代的描述不免带有滤镜。但反过来想,若元帝、成帝时代真的民生凋敝,那王嘉的劝谏就丧失了说服力。

皇帝收敛起雄才大略,食税阶层规模不算小但还谈不上繁冗,税负体量不算轻但还没到难以承受的地步,百姓展示出更强烈的生育意愿，总人口即将攀升至前所未有的六千万高峰。就这些指标来看，元帝、成帝父子执政的四十余年（前48—前7年），确是西汉百姓活得相对最为轻松的时代。按传统史观，元帝、成帝皆是庸主。但站在民生角度，将这四十余年称作"元成之治"或许并不过分。其民生含金量，未必低于更知名的"文景之治"。正如《汉书》所总结的那般：

> 宫室苑囿府库之臧已侈，百姓赀富虽不及文景，然天下户口最盛矣。[1]

二、庙堂之上，灾异乱斗

成帝建始三年（前30年）七月，某个平淡无奇的秋日，长安城突然因一桩大洪水将至的谣言陷入了巨大混乱，官吏与百姓皆奔走逃难，集体涌向那高高的帝都城墙（汉长安城城墙高度超过12米），许多人因踩踏事故遭逢伤亡。[2]

---

1 《汉书·食货志上》。
2 《汉书·王商传》记载："建始三年秋，京师民无故相惊，言大水至，百姓奔走相蹂躏、老弱号呼，长安中大乱。天子亲御前殿，召公卿议。"

事后查明，谣言始于一名叫作陈持弓的小女（年龄在 15 岁以下的未成年女性）。该小女家住渭水边的"厐上"。她从长安北面的横城门入城，带来了大洪水将至的信息，还在没有符籍证明的情况下，通过尚方（为皇室制造刀剑等器物的官署）的掖门，进入未央宫的钩盾署，也即深入皇宫腹地。[1]

史书没有解释为何一名未成年少女带来的错误消息会成为谣言迅速传遍长安城，也没有解释这名未成年少女何以能够直入宫禁重地。唯《汉书·成帝纪》中提到这年秋天"关内大水"，即渭河与泾河流域发洪水。关内大水历来淹不到长安，此次谣言却能在长安城内引发巨大动乱，只能说水灾已成为很容易引发汉帝国官民恐慌的一块心病，连理应最安全的长安城也不能摆脱这种恐慌。

成帝此时已登基三年有余。京城因大洪水将至的消息陷入了空前混乱，让这位年轻皇帝也坐不住了，亲自驾临未央宫前殿，召集公卿大臣议事。会上，大司马大将军王凤主张对大洪水将至的信息，宁可信其有不可信其无，建议皇帝、太后与后宫众人提前转移至船上避难，长安城内百姓则全部转移至城墙高处暂避。群臣百官人心惶惶，王凤提议一出，立即得到普遍赞同。唯一提出不同意见者，是王凤的政敌左

---

[1] 《汉书·成帝纪》记载："秋，关内大水。七月，厐上小女陈持弓闻大水至，走入横城门，阑入尚方掖门，至未央宫钩盾中。吏民惊上城。"

将军王商[1]。王商坚持认为大洪水只是谣言，理由是"自古无道之国，水犹不冒城郭。今政治和平，世无兵革，上下相安，何因当有大水一日暴至？此必讹言也，不宜令上城，重惊百姓"[2]。意即古代的无道之国尚且不会发生洪水冲入京城之事，如今乃政治清明的好时代，洪水更不可能进入长安。

成帝采纳了王商的意见。事后回看，成帝之所以不采纳王凤的主张，而更认同王商的推断，与谁的话更有道理并无关系，只是成帝站在汉帝国天命的角度，更愿意接受王商的解释——按当时阴阳家与儒家合流而产生的"五德始终"学说，汉帝国属于火德。水能克火，水灾的出现往往被解读为天意在警告火德政权。如果大洪水冲入长安，必会被解读为上天在昭示汉帝国已失去天意眷顾。对成帝来说，采纳王凤的主张，意味着洪水还没来，刘氏皇权便已承认遭到天意的谴责和抛弃；采纳王商的主张，看似赌博，实则更为明智——若洪水没来，对刘氏皇权自是好事；若洪水来了，结局也不会比采纳王凤的主张更坏。

大洪水最终没来，京城的骚乱在官府的弹压下渐渐平息。成帝特意下诏将京城大水乃是谣言这件事通报全国，以消除坏的政治影响。成帝还自中央派了使者巡行天下，以监

1　这位左将军王商系宣帝母亲王翁须的侄子，与王政君之弟王商同名。

2　《汉书·王商传》。

察地方吏治并安抚受了水灾的郡国百姓。

　　成帝之所以高度重视京城大水，之所以要特意下发辟谣诏书，是因为此时此刻，基于"天人感应"的灾异理论已成为汉帝国最重要的政治游戏规则。董仲舒当年向刘彻推销天人感应，是希望以祥瑞勾引皇权，进而以灾异将皇权监管起来，使之不能胡作非为。刘彻欣然接受"天人感应"，是因为他的权力无远弗届，祥瑞也好，灾异也罢，都只能受他操控。后来的宣帝亦如此。宣帝喜欢祥瑞，下面的官吏便争先恐后制造出各式各样的祥瑞；宣帝不喜欢灾异，下面的官吏便心领神会地尽可能过滤掉地震与洪水。然而公元前的中国，毕竟是个高度迷信的时代，当天人感应理论随着儒家知识群体的扩张而普及开来，皇权再强大，也无法阻止各方政治势力对灾异理论的应用。

　　元帝时，外戚与宦官集团曾主导灾异的解释权，对儒臣萧望之、周堪、张猛等发起政治攻击。成帝即位的第一年，外戚王凤也尝到了"天人感应"的威力。这年夏天，长安城黄雾四塞，且终日不散。成帝有意敲打王氏外戚，遂就此事询问谏议大夫杨兴与博士驷胜等人。儒士们经过讨论，迎合成帝意志，将黄雾起因归为阴气太盛侵了阳气，大意是，高祖约定非功臣不能封侯，如今太后诸弟没有功绩却集体封侯，违背祖制，故天降异象作为警告，令长安城黄雾弥漫。

　　王凤知道儒士背后站着成帝，遂一面上书谢罪请求辞去大司马大将军职务，一面让其亲信薛宣（时任御史中丞）出来转圜，在奏疏中将"阴阳不和"的原因归结为"臣下未称……大率咎在部刺史"[1]——黄雾弥漫与大将军大司马王凤没有关系，是臣下不称职，行苛政，地方官吏要负主要责任。成帝即位未久尚需王氏外戚支持，本就无意将王氏外戚连根拔起（实际上也做不到），且要面对太后王政君施加的压力，遂下诏将黄雾四塞的原因归到自己身上，将此番政治风波轻轻揭过。

成帝的原配皇后许氏被废黜，也与操弄灾异理论直接相关。成帝许皇后，是宣帝皇后许平君的侄女，就辈分来说，算是成帝的表姑。许氏熟读史书，颇有才华，成帝做太子时对其心生爱慕，元帝得知后极为高兴——元帝之母许平君惨遭霍氏毒杀，儿子刘骜能迎娶许平君的侄女，对元帝来说是个难得的安慰。成帝即位后，许氏被立为皇后，引起成帝生母王政君及王氏外戚的警惕，遂将日食天象与许皇后没能诞育皇嗣一事捏合在一起，对许氏的后位展开攻击。在刘向、谷永等儒臣的运作下，一份签名者众多的奏疏被递到成帝手上，大意是，天象示警，多有灾异，陛下多年未能诞育皇子，其咎当在皇后许氏。成帝随即下诏"省减椒房掖廷用度"。

---

[1] 《汉书·薛宣传》。

　　孰料许皇后熟读史书，通晓本朝典故，针对成帝的诏书做了一篇有理有据的近千字的驳文。成帝无奈，只能再次依循刘向、谷永等人的解读，写了一封诏书作为回信，强行将发生日食的原因归咎为许皇后。回信虽无逻辑，却相当雄辩，内中写道：

　　　　皇帝给皇后：来信收到，所谈之事已知。……《春秋》二百四十二年，天象异变很多，没有比日食更严重者。汉兴以来，日食只为吕氏干政、霍氏专权出现。今日能找到与吕氏干政、霍氏专权对应之事吗？诸侯弱小，不会有七国之难；将相大臣忠诚，不会有上官桀、霍光之类人物；国家太平，草莽中找不出陈胜、项梁之辈；匈奴、夷狄中，同样没有冒顿单于和郅支单于。实可谓举国和谐，百蛮宾服。如今天降异象，日食示警，不为夷狄入侵，不为臣僚不轨，"微后宫也当，何以塞之？"只能是皇后你那里出了问题。[1]

　　成帝这份诏书，刻意回避了一个近在眼前的事实：汉帝国此前已连续三年发生日食，朝中儒臣议论纷纷，普遍视为天意对外戚王凤专权的警告。皇太后与王氏外戚打击许皇后

1　据《汉书·外戚传下》转述。

的心意已决，成帝也对许皇后有所不满，所以皇帝的诏书可以完全不讲逻辑，许皇后最终还是因日食被废黜了。

上面这些案例，不过是在反复证明一个极为简单的道理：董仲舒构造天人感应理论以限制皇权，动机虽然值得肯定，但这套理论不讲逻辑，最后只能是谁的权力大，谁就掌握灾异的解释权，就可以决定由谁来为灾异负责。成帝与王氏外戚掌握着汉帝国的最高权力，所以他们可以将日食的成因轻易扣到许皇后头上。外戚王凤的背后有太后王政君撑腰，所以成帝虽欲将黄雾四塞的成因扣给王凤却难以成功。

非止如此。因王凤握有更强大的权力，当成帝与王凤发生冲突时，王凤往往会利用灾异理论逼迫成帝就范。"定陶王就国事件"就是个很典型的案例。定陶王刘康是成帝异母弟。成帝没有继嗣，欲将定陶王留在长安。王凤担忧定陶王坐大，遂以日食为政治武器，上奏称"日蚀，阴盛之象，为非常异。定陶王虽亲，于礼当奉藩在国。今留侍京师，诡正非常，故天见戒。宜遣王之国"[1]，将日食解读成天意警告定陶王刘康不可长期居留京城。

时任京兆尹的儒臣王章[2]支持成帝，试图驳斥王凤，在奏疏中提供了关于日食的另一套解释思路。王章说：陛下没有

1　《汉书·王凤传》。

2　京兆尹王章与王氏外戚没有亲缘关系。

继嗣，引近定陶王是承宗庙、重社稷的好事，上天当降祥瑞，不可能降下日食这等灾异。本次日食的真正成因，是朝中有大臣专权，大将军王凤将日食归咎于定陶王，要将定陶王逐出京城，是要孤立天子以方便其专权。日食意味着阴侵阳，如今朝廷政事无论大小皆由王凤做主，陛下完全不曾参与，王凤不自我反省，反将日食归咎于定陶王，可见其有不忠之心……陛下不可让王凤继续执政，应选拔忠臣贤士取代他。[1] 王章的奏疏很雄辩，可惜成帝加王章，力量远比不上大将军王凤加太后王政君。成帝只能命刘康离开京城返回封国，兄弟二人执手分别，"相对涕泣"。

王章稍后被王凤寻机诛杀，王章的妻儿受到株连，被流放至偏远的合浦。王章案是成帝时代一桩影响极恶劣的文字狱。史载，自王章死后，"智者结舌，邪伪并兴"[2]"王氏浸盛，灾异数见，群下莫敢正言"[3]——汉帝国关于灾异的最高解释权，终于完全掌控在了王氏外戚手中。

1　据《汉书·元后传》转述。

2　《汉书·李寻传》。

3　《汉书·梅福传》。

三、大洪水与沙尘暴

苍蝇不盯无缝的蛋。

成帝时代庙堂之上频繁出现灾异乱斗，固然缘于天人感应理论的普及，也与各方势力抢夺灾异解释权有密切关系，但追根究底，还是因为成帝时代引发朝野关注的巨灾实在太多，且多是与黄河相关的水灾。如建始三年（前 30 年）秋，"关内大水"，长安城也出现了大洪水将至的谣言而人心惶惶；建始四年（前 29 年）秋，"大水，河决东郡金堤"，淹没四郡三十二县，御史大夫尹忠因之自杀；河平三年（前 26 年），黄河再度在平原决堤，千乘、济南等受灾严重。阳朔二年（前 23 年）秋，"关东大水"，流民大规模迁往关中求生；鸿嘉四年（前 17 年）秋，勃海、清河、信都发生水灾，淹没三十一处县邑，毁坏官亭民舍四万余所。[1]

前文提到，按五德始终学说，汉帝国乃是火德。水能克火，当时的灾异理论本就对水灾特别忌讳。黄河频繁发生洪灾，可谓灾异里的特殊灾异。儒臣谷永当日便将黄河水灾当作极特殊的灾异来解读：

1　见《汉书·成帝纪》《汉书·沟洫志》。

河，中国之经渎，圣王兴则出图书，王道废则竭绝。今溃溢横流，漂没陵阜，异之大者也。修政以应之，灾变自除。[1]

汉人惯于将自然与人体对应起来理解，黄河因之被视为整个中国的大动脉（经渎），是承接天意的极重要载体。若是圣王治理人间，黄河将发生"出图书"的大祥瑞。反之，若是无道之君治理国家，黄河将发生"竭绝"的大灾异。据此，谷永将黄河决堤视为灾异里的大灾异，认定只有皇帝（即汉成帝）改邪归正，自无道变有道，黄河灾变才会停止。谷永的这种看法在当时不是孤例，而是极常见的理解。

其实，成帝时代的黄河水灾细究起来确是人祸。只是这人祸并非发生于成帝时代，而是雄才大略的刘彻百余年前留给汉帝国的沉重遗产。

历史地理学家谭其骧先生在研究黄河水灾时，曾发现这样一个现象：黄河在西汉时期决溢了十次之多，每次决溢造成的灾害都很大，太史公写《史记·河渠书》，班固写《汉书·沟洫志》，原因便是西汉的河患很严重。然而到了东汉，黄河却出现了长期安流的局面，此后直到隋代的五百余年

1　《汉书·沟洫志》。

间，见于记载的河溢只有四次。传统意见常把这一现象归因为东汉明帝时的王景治河。谭先生则认为无论王景的治河之法如何高明，其工程效果也只能维系一时，不可能让黄河在五百余年间几乎没有河患。且王景的治河区域局限于黄河下游，而河患的根源众所周知是在中上游的黄土高原，下游治水只是治标，治标而有五百余年的成效，也说不通。黄河在西汉洪水肆虐，进入东汉后却安静下来，这背后肯定有别的原因。

据谭先生的研究，黄河在西汉经常泛滥成灾，与秦汉时期为了"实关中"而大规模强制移民有直接关系。如秦始皇三十三年（前 214 年）派蒙恬驱逐匈奴后，在新得的"河南地"筑城四十四县，迁徙数十万"谪戍"之人前往垦殖。秦始皇三十六年（前 211 年），又强制向河套、阴山一带迁徙三万户百姓，按每户五口计，当有十五万人口。秦帝国稍后短命而亡，此类动辄十数万乃至数十万规模的人口迁徙暂时终止。待到汉武帝执政时期，类似的强制移民又再度频繁启动，且规模更为浩大。如元朔二年（前 127 年），卫青收复河南地后，"募民徙朔方十万口"；元狩三年（前 120 年），迁徙贫民至关西，充实"朔方以南新秦中"的百姓达七十余万口；元鼎六年（前 111 年），在上郡、朔方、西河、河西等郡开垦田地，又强制迁徙"卒六十万人"。仅这三次便往黄河中上游地区迁徙了 150 万人口。可以想见，原本的森林草原将被大量开垦为耕地。植被遭到严重破坏的后果，便是黄河中上游的蓄水能力大减，且黄土高原上的大量泥沙进入了黄河，河患随之加剧。此后的昭帝、宣帝时代，朝廷仍在继续向关中地区强制迁徙民众，只是规模已不能和武帝时代相提并论。据此，谭先生得出结论：

> 西汉一代，尤其是武帝以后，黄河下游的决徙之患越闹越凶，正好与这一带[1]的垦田迅速开辟，人口迅速增加相对应；也就是说，这一带的变牧为农，其代价是下游数以千万计的人民，遭受了百数十年之久的严重的水灾。[2]

简言之，黄河决溢始于汉武帝时代绝非偶然；黄河在成帝时代频繁爆发洪灾，尤其是下游成为地上河频繁决堤也非偶然。究其根源，都始于汉武帝刘彻违背自然规律往黄河中上游大规模移民。当折腾不休的武帝时代结束，休养生息的宣元时代来临，黄河中上游的农耕人口开始激增，森林草地被破坏的程度继续加剧；黄河下游的平原地带，则因农

1　指黄河中上游。——作者注

2　谭其骧：《何以黄河在东汉以后会出现一个长期安流的局面——从历史上论证黄河中游的土地合理利用是消弭下游水害的决定性因素》，载谭其骧著、葛剑雄编《复旦大学历史地理学术经典·谭其骧卷》，上海教育出版社 2022 年版，第 335 页。

耕人口激增出现了人水争地现象。哀帝时的水利专家贾让披露，当时的黄河泄洪区因"填淤肥美"早已成为人口稠密的村落。百姓们将家安进旧堤坝内，只好再筑新堤坝来防洪。久而久之，泄洪区的堤坝距离黄河越来越近，"今堤防狭者，去水数百步，远者数里"[1]。中上游的蓄水能力越来越差，下游的泄洪余地越来越小，黄河理所当然只能变成一条洪水频发的灾难之河。

至于历史进入东汉后黄河渐无水患，则是因为西汉末年的战乱，让中原政权退出了朔方、五原、云中、定襄、西河、上郡、北地等郡。这些地域的农耕民随之锐减，游牧民大量归来。此后的数百年间，中原政权都未能在这些地域建立起稳定的农耕郡县。当中上游的森林与草原得到恢复，黄河也变得温顺起来。

不止洪灾。成帝建始元年（前 32 年）夏四月长安城的"黄雾四塞终日"，也与黄土高原上的生态变化有直接关系。这场"黄雾四塞"的实质，乃是一场持续时间长、波及范围广的沙尘暴。《汉书》对其有较详细的记载：

> 成帝建始元年四月辛丑夜，西北有如火光。壬寅晨，大风从西北起，云气赤黄，四塞天下，终日夜下着地者

1　《汉书·沟洫志》。

黄土尘也。[1]

大风，天空赤黄，地上落满黄土，可知是一场极典型的沙尘暴。这沙尘，无疑正是来自生态遭到严重破坏的黄土高原。

可惜的是，有汉一代很少有人意识到这些灾异背后那真正的人祸，各方政治势力也无意探究这些灾异的真实成因。他们深陷"天人感应"理论，更乐意按照自己的需要去随意解释灾异。支持皇权的儒臣，会将长安城黄雾四塞解释成阴气太盛侵了阳气，即王氏外戚的权势盖过了皇帝。与王氏关系密切的儒臣谷永，却选择将之解释为上天对成帝没有子嗣的警告，借机劝成帝疏远外戚出身的许皇后，多临幸适合生育的微贱之人。[2]

于是，史料中的成帝时代，遂呈现出这样一种奇特的面貌：经过多年轻徭薄赋下的休养生息，汉帝国人口即将达到最高峰，黄河泛滥决堤也进入了高峰期。层出不穷的洪水，广泛传播的灾异理论，各方政治势力为打倒对手而疯狂操弄针对灾异的解释，共同将成帝时代描绘成了前所未有的末世。

1　《汉书·五行志》。
2　见《汉书·谷永传》。

四、成帝的最后一搏

对普通百姓来说，成帝时代当然不是末世。

至少那些严重程度远甚刘彻时代的洪灾，并没有如刘彻时代那般造成规模浩大的流民。这只能解释为朝廷给经济和社会松绑后，成帝时代抵御灾害的能力已远超刘彻时代。可站在成帝的角度，刘氏皇权确已岌岌可危。频繁的天灾刺激着儒生们用"天人感应"理论批评朝廷施政无道；皇权、外戚与儒臣间失控的政斗，皆以"天人感应"理论为武器随意解释天灾，也频繁加剧和固化着舆论场上"汉室将亡"的认知。权力在不断流失，人心——主要是那些信奉天人感应的知识分子的士心——也在不断流失。如何收回权力并挽救民心，以维系刘汉政权的国运，是摆在成帝面前最紧要的问题。

遗憾的是，成帝没有能力解决这两个问题。

王氏外戚坐大，有特殊的历史背景。元帝晚年对继嗣人选犹疑不定。成帝出生后深获祖父宣帝喜爱，亲自为其取名"刘骜"，并赐字"太孙"，元帝即位后也立即册封年仅五岁的刘骜为太子。但随着刘骜年岁渐长，其好酒喜宴乐的毛病越来越明显，常做出一些不得体的事。如凭吊中山王（元帝之弟）时"不哀"[1]，曾引起元帝震怒。越到晚年，元帝以定陶王刘康取代刘骜的念头就越强烈。刘康多才多艺，与元帝有许多共同语言。如元帝喜好音律，刘康在音律方面也颇具造诣。

自初元二年（前47年）被立为皇太子，到竟宁元年（前33年）顺利即位，刘骜能够在这漫长的岁月里屡过难关保住太子之位，既得力于匡衡、史丹、王商、石显等朝臣的竭力维护，也得力于王氏外戚的拥戴，其中又以王凤为最。匡衡这些儒臣维护刘骜，是因为他们相信"立嫡以长不以贤"的历史经验，相信只有坚持嫡长子制度才能避免政治动荡。王凤全力维护刘骜，是因为刘骜体内流着王政君的血液，王氏的荣辱浮沉与刘骜的荣辱浮沉紧密捆绑在一起。正因王氏外戚在守卫储位的政治斗争中出力甚大，故成帝即位当天，便封了长舅王凤为大司马大将军。河平二年（前27年），成帝又同日封舅氏王谭为平阿侯，王商为成都侯，王立为红阳侯，王根为曲阳侯，王逢为高平侯，时称"一日五侯"。

在这样的背景下，成帝虽自即位之刻起便试图压制外戚以重振君权，终是有心无力，每次都以失败告终。如建始元年（前32年）夏四月的"黄雾四塞"事件中，成帝引导杨

1　《汉书·史丹传》。

兴、驷胜等儒臣，将灾异指向王氏外戚无功封侯违背了高祖之约，大司马大将军王凤则一面引咎辞职，一面让亲信薛宣上奏，将灾异归因为地方州郡多酷吏苛政。王氏外戚内有太后王政君坐镇，外有诸多儒学出身的官员为党羽。成帝承受不住太后的压力，又无法将灾异切实扣到王氏外戚头上，只能放弃罢免王凤的念想。

此后，成帝又先后试图倚重左将军王商（与王凤不是同族）、京兆尹王章（与王凤不是同族）、外戚冯野王（其妹为元帝昭仪）来压制王凤，结果也是失败。王商免职后吐血而亡，王章死于狱中，妻儿流放合浦，冯野王被逐离朝堂。失败的原因皆是内有太后王政君施压，外有亲王氏外戚的儒臣为其解脱灾异。

王氏外戚屡次挫败成帝的夺权行动，显示其已成为汉帝国高于皇权的存在。《汉书·元后传》记载，成帝即位后，"王氏子弟皆卿大夫侍中诸曹，分据势官满朝廷"，而自京兆尹王章被王氏外戚以文字狱冤杀，"公卿见（王）凤，侧目而视，郡国守相刺史皆出其门"，可见从中央到地方，汉帝国的政治重心皆已非皇帝而是王凤。有件小事，颇可供管窥王凤的权势之炽：

> 左右常荐光禄大夫刘向少子歆通达有异材。上召见歆，诵读诗赋，甚说之，欲以为中常侍，召取衣冠。临

当拜，左右皆曰："未晓大将军。"上曰："此小事，何须关大将军？"左右叩头争之。上于是语凤，凤以为不可，乃止。[1]

成帝欲用宗室刘向之子刘歆为中常侍，召见面谈后已命人取衣冠准备授职，结果却被"左右"阻止，阻止的理由是"未晓大将军"，没跟王凤通报，还没得到王凤的同意。成帝很生气，结果"左右"无视帝王之怒叩头力争，成帝无奈只能派人将此事告知王凤。王凤不同意，刘歆遂做不成中常侍。

成帝之所以会被"左右"挟持，连任命一名贴身官员都不得自由，是因为内廷早已被王氏外戚控制，其"左右"皆是王氏外戚耳目。故成帝早年依赖京兆尹王章抗衡王氏外戚时，每次召见王章"辄辟左右"。即便如此，成帝与王章的谈话，还是遭到了王氏子弟王音的窃听，王音将成帝的谋划全盘告知王凤，王凤遂策划了一场针对王章的文字狱。可以说，在阳朔三年（前22年）王凤病死之前，成帝已实际丧失了对外朝和内廷的主导权。王凤死后，局势也未发生实质性变化。成帝一度试图起用外戚王谭（王凤异母弟）来继任

1　《汉书·元后传》。

王凤的职务，原因是王谭素来与王凤不和，但终究还是受制于内廷太后与外朝亲王凤官员，仍用了王凤临终推荐的外戚王音（王凤堂弟）。此后直到去世，成帝始终未能摆脱王氏外戚的阴影。

总体来看，成帝在位期间对抗王氏外戚的行动，真正值得一提的只有两件。

第一件事是重用刘向，试图掌握解读灾异的主导权。

如前文所述，灾异是成帝时代最重要的政治斗争工具，成帝与王氏外戚间多次围绕灾异展开博弈。而灾异如何解读本身并无规律与逻辑支撑，这也就是导致支持成帝的儒臣会将灾异归咎于王氏外戚专权；支持王氏外戚的儒臣则会将灾异解释成其他缘故，甚至敢于归咎到成帝头上。如何控制灾异的解释，使其尽量为皇权所用，是成帝亟欲解决的问题。宗室刘向恰好既有能力，也有意愿去帮助成帝解决这件事。史载：

> （刘）向乃集合上古以来历春秋六国至秦汉符瑞灾异之记，推迹行事，连传祸福，著其占验，比类相从，各有条目，凡十一篇，号曰洪范五行传论，奏之。天子心知向忠精，故为凤兄弟起此论也，然终不能夺王氏权。[1]

---

1 《汉书·楚元王传附刘向传》。

刘向是汉朝宗室，在元帝时被宦官弘恭、石显压制，郁郁不得志。成帝即位后石显失势，刘向才重获起用。面对"灾异如此，而外家日甚，其渐必危刘氏"的现状，刘向深感焦虑。其作为儒家学者，能拿出来对抗王氏外戚的办法，只有全面梳理上古至汉代的祥瑞灾异，再分门别类搞出一套体系，让这套体系更好地为皇权服务。只是，天象与现实政治本身并无直接的逻辑关系，刘向的工作做得再细致，也仍是在规律之外。其《洪范五行传论》写出来后无法成为汉帝国上下解读灾异的标准教程，"终不能夺王氏权"，实可谓情理中事。

第二件事是自绝后嗣，以便将皇位传承给已成年的定陶王刘欣（成帝异母弟刘康之子）。

说成帝自绝后嗣，是因为据《汉书·外戚传下》的记载，成帝执政后期宠幸出身低微的赵飞燕、赵合德姐妹，曾亲自参与杀子行动。宫内女官曹宫获成帝临幸怀孕后，成帝派宦官田客带诏书给掖庭狱丞籍武，命他待孩子出生后便将之杀害，"毋问儿男女，谁儿也"，既不必问孩子是男是女，也不必问孩子的父亲是谁。籍武未及时杀害男婴，田客又奉命前去催促，称："上与昭仪大怒，奈何不杀？"成帝最后让田客直接带了诏书与毒药给曹宫，要她"努力饮此药"。曹宫被逼自杀后，孩子不知所踪。许美人（元帝外戚许氏之后）也曾在元延二年（前11年）为成帝产子，此子被送至成帝与赵昭仪跟前后，很快成了尸体。这些情节披露于成帝死后，来源是司隶校尉解光呈递给哀帝刘欣的一份报告。解光当时奉哀帝旨意成立专案组，专门调查成帝子嗣的非正常死亡情况。解光非王氏外戚党羽（解在哀帝朝弹劾过王氏外戚首领王根），该报告又综合了诸多宫中有名有姓的当事人的证词，没有为先帝讳，可信度较高。[1]

成帝早年曾因无子而深度焦虑[2]，解光的调查结论却称成帝在其执政中晚期亲自参与杀子。一种较为合理的解释是，成帝自知大权已经旁落王氏，自己若是留下未成年幼儿为后嗣，只会加速汉帝国变天——许美人元延二年产子时，距成帝去世已只有区区四年。而成帝似乎很早便意识到自己不会长寿，史载：

> 上即位数年，无继嗣，体常不平。定陶共王来朝，……天子留，不遣归国。上谓共王："我未有子，人命不讳，一朝有它，且不复相见。尔长留侍我矣！"[3]

---

1 《汉书·五行志中》也记载了成帝参与杀子："其后赵蜚燕得幸，立为皇后，弟为昭仪，姊妹专宠，闻后宫许美人、曹伟能生皇子也，昭仪大怒，令上夺取而杀之，皆并杀其母。"

2 《汉书·韦贤传》记载："成帝时以无继嗣，河平元年复复太上皇寝庙园，世世奉祠。昭灵后、武哀王、昭哀后并食于太上寝庙如故。"河平元年即公元前28年，成帝继位不过数年而已。

3 《汉书·元后传》。

　　成帝十八岁即位。即位前已有丧子的记载[1]，可知其并非没有生育能力。即位仅数年，便对定陶王刘康说出"人命不讳，一朝有它"这种话，觉得自己随时可能死去，实在是件很奇怪的事。不管内情如何，这段记载至少说明成帝对自己的身体状态缺乏信心。可惜的是，定陶王刘康被王氏外戚逼迫离开了京城，并于阳朔二年（前23年）死在成帝前面。成帝只能选择刘康之子刘欣为继承人。绥和元年（前8年），十七岁的刘欣应召入宫，被立为太子。

　　除了不愿留下幼主被权臣操控外，成帝自绝后嗣还有另一种可能。《汉书·元后传》中载有一段京兆尹王章与成帝推心置腹的谈话，时为定陶王刘康被王氏外戚逼出京城之后不久。王章对成帝说：陛下没有继嗣，亲近定陶王是"正义善事"，上天只会降下祥瑞，不可能像王氏外戚所言那般降下灾异。大将军王凤将日食归咎于定陶王，将之逐出京城，只是为了孤立天子以便于他自己专权。如今国家大事全操控在王凤手中，上天要降下灾异警告，也只会是针对王凤，不可能是针对定陶王。王章还说：

---

1 《汉书·外戚传下》记载："久之，（许妃）有一男，失之。及成帝即位，立许妃为皇后，复生一女，失之。"可知成帝在做太子时，与许太子妃育有一子，但夭折了。成帝做了皇帝后，与许皇后又育有一女，也夭折了。

又凤知其小妇弟张美人已尝适人，于礼不宜配御至尊，托以为宜子，内之后宫，苟以私其妻弟。闻张美人未尝任身就馆也。且羌胡尚杀首子以荡肠正世，况于天子而近已出之女也！[1]

这实在是一段意味深长的指控。张美人是王凤小妾之妹，本已出嫁，王凤以适合生育为由将之送入成帝后宫。王章说张美人"未尝任身就馆"（任身即妊娠，就馆指分娩），又提及羌胡有杀掉第一个孩子以确保后代血脉不会出问题的习俗（匈奴习俗确实如此），很容易让人想起吕不韦献已有身孕的赵姬给秦庄襄王的往事[2]。成帝听完王章这些话，感慨"微京兆尹直言，吾不闻社稷计！"可见其高度认同王章的怀疑。或许，成帝亲自参与杀子这一行为背后，本就潜藏着对后宫婴儿血脉由来的深深怀疑。

还有一项证据可以支持上述推测。成帝死后，司隶校尉解光弹劾曲阳侯王根与成都侯王况（王商之子），王根的一条罪状是在成帝丧礼期间"聘取故掖庭女乐五官殷严、王飞

---

1 《汉书·元后传》。

2 《史记·吕不韦列传》记载："吕不韦取邯郸诸姬绝好善舞者与居，知有身。子楚从不韦饮，见而说之，因起为寿，请之。吕不韦怒，念业已破家为子楚，欲以钓奇，乃遂献其姬。姬自匿有身，至大期时，生子政。"

君等"，王况的一条罪状是"聘取故掖庭贵人以为妻"[1]。王根是辅政大臣，常出入内廷；王况则是在内廷担任侍中。二人既然敢在成帝死后公然占有后宫女子，自然也敢在成帝活着时做出秽乱后宫之事。成帝确实有很充分的理由怀疑后宫婴儿的血脉有问题。

　　宫闱之事隐秘幽微，今人只能依据有限的资料做合理的推测，不能保证推测必定与事实契合。但不管怎样，至少在当时之人看来，成帝晚年亲手杀子确有可能是在为汉帝国的传承着想——哀帝拿到解光的调查报告后，因确认赵昭仪（合德）参与了成帝的杀子行动，遂惩罚赵氏外戚，将新成侯赵钦、成阳侯赵欣贬为庶人，全家流放至辽西郡。议郎耿育上书极力反对哀帝如此处置，理由正是：

　　　　孝成皇帝自知继嗣不以时立，念虽未有皇子，万岁之后未能持国，权柄之重，制于女主，女主骄盛则耆欲无极，少主幼弱则大臣不使，世无周公抱负之辅，恐危社稷，倾乱天下。知陛下有贤圣通明之德，仁孝子爱之恩，怀独见之明，内断于身，故废后宫就馆之渐，绝微嗣祸乱之根，乃欲致位陛下以安宗庙。[2]

1　《汉书·元后传》。
2　《汉书·外戚传下》。

　　在耿育看来，成帝晚年之所以杀子，是因为知道即便生了儿子也已来不及成年，将来必受制于外戚和权臣，继而危及刘氏天下，故而主动绝了自己的后代，以便让成年的哀帝顺利成为太子并继承帝位。耿育还说，如调查报告那般"反覆校省内，暴露私燕"，证据工作看似做得细致，实则是在污蔑先帝被赵氏姐妹媚惑，丝毫没有体察到先帝的良苦用心。

　　绥和二年（前 7 年）三月，成帝暴病而亡。这位不曾获得机会折腾百姓、毕生被王氏外戚压制的皇帝，共计在位二十五年。

第十章

禅让

哀帝疑心自己病情的加重与篡改社稷这一『不孝』之举有关，遂下旨将全国各地已废弃的七百余座刘氏神祠重建了起来。这七百余座神祠，在短短一年的时间里共举行祭祀活动 37000 余次。哀帝此举显然不只是为了祈福，还存有向地方郡国的官民重新宣传刘氏历代帝王功德的用意，以抵消『天命』的急速消失。

一、哀帝打开禁忌之门

绥和二年（前 7 年）三月，汉成帝去世。四月，十八岁的太子刘欣即位，后世称之为汉哀帝。

此时，王氏外戚在朝中的利益代言人，已是太皇太后王政君的侄子王莽。王莽上位，是王氏外戚未雨绸缪的结果。王氏辅政大臣中，王凤病死于阳朔三年（前 22 年），继之者王音。王音死于永始二年（前 15 年），继之者王商。王商死于元延元年（前 12 年），继之者王根。成帝于绥和元年（前 8 年）立刘欣为太子，刘欣"好文辞法律"，性格中兼有宣帝崇法与元帝喜儒的双重特征。王氏外戚察觉到成帝已将重振皇权的希望寄托在侄子身上，王根遂主动求退，并推荐自己年轻力壮的侄子王莽（时年 37 岁）作为接班人，以便应付即将到来的新局面。或许是基于利益交换，王根表态支持刘欣为太子，成帝也表态支持王莽继承王根的权柄。

哀帝即位后，果然开始着手解决王氏外戚坐大这个问题。司隶校尉解光奉旨开炮，弹劾王根辅政期间贪污腐败、欺上瞒下、目无君上，又弹劾侍中王况（王商之子）大不敬，竟敢娶掖庭贵人为妻。绥和二年秋，王根被逐离京城，王况被免为庶人。哀帝还下诏将那些因王根、王商举荐而为官者一律罢免。同年，大司马王莽因反对给哀帝的祖母和母亲上尊号（实际目的自然是阻止哀帝一系外戚壮大），也被罢职居家。

收权行动似乎很顺利，然而实际情况很复杂。哀帝要面对的，不只是垂垂老矣的王政君与王根，也不只是年富力强的王莽，而是一整套长期依附于王氏外戚的官僚体系。"王氏子弟皆卿大夫侍中诸曹，分据势官满朝廷"还在其次，最可怕的是"郡国守相刺史皆出其门"。自王凤至王莽，王氏五任辅政大臣完整把持成帝朝二十五年，王氏权臣虽个个骄奢淫逸，却也个个"通敏人事，好士养贤，倾财施予，以相高尚"[1]，不但长安朝堂与地方郡国的官员已与王氏结为利益共同体，许多知名儒家知识分子（如谷永）也早已成为王氏的座上宾[2]。哀帝驱逐王氏外戚，实际上是在对抗一个以王氏外戚为领袖的庞大的官僚集团，也是在对抗一个以王氏外戚为核心的庞大的知识分子群体。

可以想见，哀帝不可能得到主流官意与主流绅意的支持。史载，王莽被罢免居家后，"公卿大夫多称之者"。哀

---

1 《汉书·元后传》。
2 《汉书·楼护传》记载："王氏方盛，宾客满门，五侯兄弟争名，其客各有所厚。"

帝不得不改变姿态，对王莽施以各种特殊赏赐，以安抚骚动的人心[1]。两年后，哀帝深感王莽无官无职住在京城仍是一种强大的政治威胁，遂找借口将之逐回南阳新都。可接下来的剧情是，王莽在封地闭门自守三年，"吏上书冤讼莽者以百数"。元寿元年（前2年），更有贤良周护、宋崇等利用灾异理论，将日食的发生归咎于朝廷弃用王莽，掀起一场要求迎王莽回归朝廷的政治请愿。迫于压力，哀帝只好"顺应民意"，召回了王莽。

哀帝本有大作为的雄心，一度欲通过重用丁氏外戚（哀帝母亲一系）、傅氏外戚（哀帝祖母一系）来对抗王氏外戚。可现实是，汉帝国的官僚集团已与王氏外戚紧密捆绑在一起，并不愿响应哀帝对王氏外戚的打击。哀帝也一度欲掌控灾异的解释权，可现实是王氏外戚笼络、蓄养了更多善于解释灾异的知识分子，宗室中最擅长解释灾异的刘向已于建平元年（前6年）去世，其子刘歆则正与王莽越走越近。实权旁落已久，人心早已疏离，哀帝接手的是一盘毫无翻转希望的残局。更可怕的是，自从进入长安城，哀帝的身体就越来越糟，一切都在无可挽救地往下坠落。

---

1 《汉书·王莽传》记载："上乃加恩宠，置使家，中黄门十日一赐餐。""以黄邮聚户三百五十益封莽，位特进，给事中，朝朔望见礼如三公，车驾乘绿车从。"

正是在这样一种全方位绝望的政治氛围中，病急乱投医的哀帝打开了禁忌之门。

时为建平二年（前5年）六月，哀帝生母丁太后去世。也许是过度悲痛损伤了哀帝的判断力，也许是种种努力付诸东流让哀帝丧失了信心，也可能是沉重的疾病侵蚀了哀帝最初的雄心——总之，当一个叫作夏贺良的神棍冒出来说他能够挽救汉帝国的命运时，哀帝鬼使神差地相信了。夏贺良告诉哀帝："汉帝国气数已尽，改朝换代在所难免。刘氏欲继续做皇帝，须再接受一次天命。须改纪元换国号，才能逃过此劫。"夏神棍还就哀帝的现况做了一番解释："成帝当年不肯接受现实，不愿重新受命，杀害了我的老师，后来他果然绝后。如今陛下年纪轻轻就疾病缠身，可知这是上天对陛下的警告。唯有更改纪年，重定国号，改朝换代，才能让陛下延年益寿，早育皇子。"

很快，汉帝国的百姓们便接到了哀帝下发的紧急诏书。内中说：

> 汉兴二百载，历数开元。皇天降非材之佑，汉国再获受命之符，朕之不德，曷敢不通！夫基事之元命，必与天下自新，其大赦天下。以建平二年为太初元将元年。

号曰陈圣刘太平皇帝。漏刻以百二十为度。[1]

诏书用词婉转，但大意是清晰的：汉帝国已存续二百余年，气数将尽，好在皇天庇佑，给了刘氏一次再受天命的机会。朕德行不足，岂敢不遵。故大赦天下，改元更号。建平二年改作太初元将元年。朕自此改称"陈圣刘太平皇帝"。

这是汉帝国皇帝第一次公开承认帝国即将被天意抛弃。

夏贺良的说辞不稀奇。自董仲舒将"天人感应"理论推销给刘彻后，以灾异为武器来批判现实政治就成了西汉知识分子的传统。现实政治越糟糕，这把武器的使用频率就越高。昭帝时，有董仲舒的学生眭弘解读大石自立与枯柳复生，说这是天意在提醒昭帝搜求贤人、禅让帝位。宣帝时，有名儒盖宽饶不满朝廷重用宦官实施苛政，警告宣帝"五帝三王拥有天下，如同四季运转，是会更换的。不合天命之人无法长期占据帝位"。成帝年间，又有儒臣谷永上奏，称"天下乃天下人之天下，非一人之天下也"，警告成帝不可倒行逆施，否则必会被天意抛弃。也是在成帝年间，有名为甘忠可者，基于"天人感应"理论，创作了一部宗教性质的经书《天官历·包元太平经》，说"汉家逢天地之大终，当更

---

1 《汉书·哀帝纪》。

受命于天，天帝使真人赤精子，下教我此道"，公然在民间宣扬汉帝国的天命即将走到终点。甘忠可的信徒里有民间知识分子，也有朝中显贵。甘本人虽被捕入狱并死在了里面，那部《天官历·包元太平经》却仍在民间隐密流传。蛊惑哀帝搞"再受命"活动的夏贺良，就是甘忠可的弟子。

哀帝会被夏贺良蛊惑，有偶然也有必然。成帝无子，哀帝即位后身体状况糟糕也无子，可算作偶然因素。汉人的世界观非常迷信，灾异这件用于批判现实政治的武器，因缺乏逻辑而在各方势力的操纵下失控，则可视作必然因素。其实，不只哀帝对汉帝国的天命丧失了信心，宗室刘向也是如此。刘向是灾异研究专家，晚年致力于编撰理论著作，欲将灾异的解释权掌控在皇权手中。可当成帝元延三年（前10年）蜀郡发生岷山崩塌、河道堵塞、长江逆流的自然灾害时，这位致力于维护刘氏皇权的灾异专家，还是不由自主地想起了"周时岐山崩，三川竭，而幽王亡"的历史典故。岐山是周王室发祥地，蜀郡乃汉帝国发祥地。这简单粗暴的对比让刘向生出巨大的悲观情绪，认定汉帝国"殆必亡矣"[1]。

细思起来，夏贺良提供给哀帝的"再受命"之法，实属作弊。如果真有公正无私的天命，且天命已抛弃汉帝国，那

---

1 《汉书·五行志》。

么无论哀帝怎样变更年号、国号与漏刻，都不足以让上天回心转意。如果上天会因为哀帝这些形式上的折腾而转变心意，继续支持刘氏做皇帝统治天下，那它就丧失了公正无私的立场，就不再值得凡间的统治者敬畏，建立在"天人感应"基础上的灾异理论也就不能成立。灾异理论不成立，"再受命"自然也毫无必要。遗憾的是哀帝见不及此，而夏贺良也清楚哀帝不可能接受禅位给他姓，只愿将天命从左手（汉）换到右手（陈圣刘太平）。所以，建平二年的这场"再受命"风波的本质不过是量体裁衣，注定要变成闹剧。除了告诉汉帝国百姓他们的皇帝已对"天命在我"丧失信心，让局势加速恶化，不会有其他效果。

事实也确实如此。在哀帝看来，"陈圣刘太平"这个新称号可以起到"厌胜"的作用[1]，让汉家天下重新获得天命的认同。可实际效果却是引发了新的流言："陈国人是舜的后代。王氏是陈国后裔，刘氏是尧帝后裔，尧理当禅位给舜。新称号意味着王氏将取代刘氏，王莽才是天命眷顾之人。"合理推测，这谣言背后可能有王氏党羽在活动。

到了这年八月，民间对于汉帝国的未来已是议论纷纷。夏贺良信誓旦旦的"嘉应"没有出现，哀帝的疾病反日渐沉

---

1 《后汉书·光武帝纪下》记载："（哀帝）改号为太初元年，称陈圣刘太平皇帝，以厌胜之。"但未介绍具体的厌胜逻辑。

重，灾异也仍是此起彼伏——如果哀帝对官吏集团具备武帝或宣帝那般的控制力，也可以消灭灾异，让奏疏和舆论场中只剩祥瑞。可惜哀帝面对的状况，是郡国守相刺史皆出王氏之门。夏贺良为推卸责任，说问题出在朝廷未更换大臣，并向哀帝推荐了丞相和御史大夫的新人选。

哀帝只是对天命失去了信心，但并不白痴。所以夏贺良被处决了，"陈圣刘太平皇帝"这个称号仅存在了不足两个月，又改回了"大汉皇帝"。哀帝似乎还疑心自己病情的加重与篡改社稷这一"不孝"之举有关，遂下旨将全国各地已废弃的七百余座刘氏神祠重建了起来。这七百余座神祠，在短短一年的时间里共举行祭祀活动 37000 余次。[1] 平均下来，每座神祠每七天左右就要搞一场活动。祭祀活动如此频繁，显见哀帝此举不只是为了祈福，还存有向地方郡国的官民重新宣传刘氏历代帝王功德的用意，以抵消"天命"的急速消失。

---

[1] 《汉书·郊祀志下》记载："哀帝即位，寝疾，博征方术士，京师诸县皆有侍祠使者，尽复前世所常兴诸神祠官，凡七百余所，一岁三万七千祠云。"

二、西王母崇拜事件

哀帝致力于挽救天命的时候，王氏外戚也动作频频。

建平四年（前3年），汉帝国发生了一次相当古怪的事件。自这年正月开始，许多百姓无故惊走，互相串联，说是要去京城集体祭拜西王母。《汉书》多处记载当日情形：

> 哀帝建平四年正月，民惊走，持稿或梐一枚，传相付与，曰行诏筹。道中相过逢，多至千数，或被发徒践，或夜折关，或逾墙入，或乘车骑奔驰，以置驿传行，经历郡国二十六，至京师。其夏，京师郡国民聚会里巷仟佰，设祭张博具，歌舞祠西王母，又传书曰："母告百姓，佩此书者不死。不信我言，视门枢下，当有白发。"至秋止。[1]

> 其四年正月、二月、三月，民相惊动，欢哗奔走，传行诏筹祠西王母，又曰从目人当来。[2]

> 四年春，大旱。关东民传行西王母筹，经历郡国，西入关至京师。民又会聚祠西王母，或夜持火上屋，击

1 《汉书·五行志下》。
2 《汉书·天文志》。

鼓号呼相惊恐。[1]

百姓们手持禾苗或麻杆，互相传递，自称是在"行诏筹"——按颜师古的解释，是"执国家筹策行于天下"之意。还有人散布谣言说有纵目之人（眼睛竖着长）将要出现。这些人不断汇集到前往长安的官道上，上千之众或披头散发徒步行走，或夜里破关而出，或翻墙而入，或乘坐车骑疾驰……队伍一路西行，共计经历二十六个郡国后，抵达京师长安。同年夏天，这些来自地方郡国的百姓聚集在里巷阡陌之中，开始载歌载舞祭拜西王母，并散布某种号称具备了神秘力量的符书，说是西王母传下消息，唯有佩戴该符书者才能不死。若是不信，可以看看自家门枢下是不是多了一撮白发。还有人夜里手持火把，登屋击鼓号呼，让整个长安城笼罩在一种诡异的惊恐氛围之中。这次古怪事件，自正月发端，一直闹到同年秋天才渐渐消停。

这是西汉历史上第一次，也是唯一一次以"西王母崇拜"为主旨的群体运动。笔者倾向于认为这场运动是人为制造。理由有三。首先，这场运动目标清晰，参与者在地方郡县造成足够影响后便直赴长安，不符合自发运动无序扩散

1　《汉书·哀帝纪》。

的特征。其次，运动持续八个月，既没有官府出面镇压，也没有失控，不符合自发运动被官府敌视且容易酿成动乱的特征。再者，也是最重要的原因，这场运动将哀帝推到了非常被动的境地，却对王氏外戚极为有利。

哀帝被动，是因为此事被亲王氏外戚的朝臣们普遍视为灾异。如与王音、王商关系密切的杜邺，便当着哀帝的面将此事解读为天意不满"外家丁、傅并侍帷幄，布于列位"，将政治斗争的矛头直指傅氏外戚（哀帝祖母一系）与丁氏外戚（哀帝母亲一系）。对王氏外戚有利，是因为此事按灾异解读，可以继续打击哀帝的统治；而按祥瑞解读，则"西王母"三字恰可对应仍然健在的太皇太后王政君——西是方位（信徒来自关东），王是姓氏，母是身份。事实上，王莽后来也是这么干的，多次公开宣扬此番"西王母崇拜"事件是天意将王政君视为西王母，是"神灵之征，以佑我帝室（指王氏新莽政权）"[1]，"当为历代为母，昭然著明"[2]。简言之，对哀帝来说，将事件视为灾异对自己不利，会让傅氏外戚与丁氏外戚成为政敌的攻击对象；视为祥瑞对自己也不利，会抬升太皇太后王政君的地位，造就一种民众思念王氏的舆论。对正闲居南阳的王莽来说，情况则正好相反。

1 《汉书·翟方进传》。

2 《汉书·元后传》。

据此，笔者认为这场"西王母崇拜"事件大概率是以王莽为首的王氏外戚刻意制造的。对"郡国守相刺史皆出其门"的王氏来说，策划一起有上千人参加的迷信运动并不困难。"西王母崇拜"事件结束后数月，元寿元年（前2年）正月，汉帝国发生日食，亲王氏外戚的儒者将日食归咎于朝廷不该将王莽这样的贤人逐出朝廷。哀帝迫于压力，只得允许王莽"还京师侍太后"[1]。仅让王莽回京侍奉太后而不给他安排具体职务，显见哀帝对王氏外戚的警惕从未稍减。

即便没有恢复权力，王莽的归来仍是一种信号，意味着皇权敌不过天意，也意味着王氏仍然坚挺。这对那些期待改朝换代的王氏党羽来说，无疑是极大的鼓舞。这鼓舞会体现在舆论中，也会反馈给哀帝。或许是受了这类舆论越来越多的刺激，哀帝于同年任命了与自己长期同床共枕的董贤为大司马卫将军[2]，以便将京城的最高权力控制在最亲信之人手中——董贤当时年仅二十二岁，与其说这显示了哀帝对董贤的溺爱，不如说显示了哀帝在朝堂之上已无可用之人。稍后，在一次有王氏外戚成员参加的宴会上，哀帝又当众说出

1　《汉书·元后传》。
2　《汉书·佞幸传》记载："（董贤）为人美丽自喜，哀帝望见，说其仪貌……常与上卧起。尝昼寝，偏藉上袖，上欲起，贤未觉，不欲动贤，乃断袖而起。其恩爱至此。"

了欲禅位给董贤的惊人之语：

> 上置酒麒麟殿，（董）贤父子亲属宴饮，王闳兄弟侍
> 中中常侍皆在侧。上有酒所，从容视贤笑，曰："吾欲法
> 尧禅舜，何如？"闳进曰："天下乃高皇帝天下，非陛下
> 之有也。陛下承宗庙，当传子孙于亡穷。统业至重，天
> 子亡戏言！"上默然不说，左右皆恐。[1]

后世常将哀帝问董贤"吾欲法尧禅舜，何如？"这句话，解读为荒淫无道，也就是俗谓的"要美男不要天下"。然而，若考虑到哀帝自即位伊始便始终在致力于挽救汉帝国的天命，绝不愿汉帝国落入外姓之手，上述解读恐怕很难成立。鉴于当时在座者，除董贤父子及其亲属外，还有王去疾（侍中骑都尉）、王闳（中常侍）两名王氏外戚成员，将哀帝此言视为对王氏外戚的试探，欲借此观察王氏成员的反应，或许更为合适。

此次宴会后约一年，年仅二十六岁的哀帝突然去世。时为元寿二年（前 1 年）六月，王氏外戚的权力基石太皇太后王政君已是整七十岁高龄。无人知晓哀帝的暴卒背后有无阴

---

1 《汉书·佞幸传》。

谋。可以知晓的是，王政君真的已经很老了，这对王氏外戚来说绝非好事——毕竟没人能想到她还能再活十四年。站在王氏外戚的立场看，哀帝的死亡恰是时候。

哀帝临死前只来得及将国玺交给董贤掌管，嘱咐他"无妄以与人"。然而王氏外戚似乎早有准备。王闳第一时间"带剑至宣德后阁"，在未央宫宣德殿的后门截住骤逢剧变惊慌失措的董贤，自其手中夺走了国玺。[1]太皇太后王政君则第一时间将王莽召入皇宫主持一应事务，理由是董贤没有给皇帝办丧事的经验，而王莽给成帝送过葬——这当然只是借口，皇帝丧事如何操办自有固定规章，董贤有无经验并不重要。王莽甫一入宫，便剥夺了董贤出入宫殿调动军队的权力，又以太后诏书的名义罢免其大司马之职，逼其自杀。王莽还亲自剖棺验尸，以确认董贤真的死透了。

帝位的继承者是哀帝的从弟刘衎，年仅九岁，后世称之为汉平帝。太皇太后王政君临朝，大司马王莽秉政。时隔七年之后，汉帝国再次回到王氏外戚手中，具体而言是回到了王氏外戚二代领袖王莽手中。

1　见《后汉书·王闳传》。

三、灾异消失，祥瑞开演

王莽的回归符合官吏集团大部分人的期望，也为诸多儒家知识分子所乐见。

毕竟，成帝时代郡国守相刺史皆出自王氏之门，长安朝堂上有影响力的儒臣也与王氏关系密切。班固总结哀帝执政七年，说他"睹孝成世禄去王室，权柄外移，是故临朝屡诛大臣，欲强主威，以则武宣"[1]。那些为了加强皇权而针对大臣的频繁杀戮，让官吏们战战兢兢，也让他们越来越怀念王氏外戚主政的时代。

平帝即位次年，改元元始，意思是在王莽的领导下，汉帝国的时间再次启动。当然，实际启动的只是王莽的各种表演。浓墨重彩的第一场表演发生在该年正月，汉帝国西南方有个叫作越裳氏的部落，突然派人来向汉帝国进献白雉与黑雉。蛮族表示臣服向来被视为了不起的祥瑞，长安的官吏集团全力运作这场祥瑞，让王莽在执政的第一年就获得了前所未有的"安汉公"头衔。而据《汉书·元后传》的披露，越裳氏之所以会带着白雉出现在长安，是因为王莽"风益州令塞外蛮夷献白雉"，益州官员忠实执行了王莽的指令。可惜

---

1 《汉书·哀帝纪》。

的是，史料只字未载为了让越裳氏来朝，汉帝国付出了什么代价。

越裳氏来朝只是开始。自王莽成为实际执政者后，那个奏疏里原本灾异频发的汉帝国，竟转而祥瑞迭出，用王莽自己的话来总结，就是突然进入了"风雨时，甘露降，神芝生，蓂荚、朱草、嘉禾，休征同时并至""天下太平，五谷成熟，或禾长丈余，或一粟三米，或不种自生，或茧不蚕自成，甘露从天下，醴泉自地出，凤凰来仪，神爵降集"[1]的伟大时代。这当然不是因为王莽治国有方，而是因为王莽需要祥瑞，且汉帝国的官吏们愿意响应王莽在奏疏里制造祥瑞。在汉帝国的最后几十年里，灾异与祥瑞未必反映民意，却必定反映官意。

这些祥瑞与王莽的政治表演有着极紧密的关系。

多年来，汉帝国知识分子一直有个梦想，希望将"天下乃天下人之天下，非一人之天下"落到实处，希望君主遵从儒家经典教导，选贤任能，播扬仁义，泽被万民。他们将"奉天法古"视为通向这梦想的必由之路。"奉天"，是要从思想上敬畏天人感应，承认皇权受命于天，承认灾异是上天对施政无道的警告，天命也会因施政无道发生转移。"法

---

1 《汉书·王莽传上》。

古"，是要在制度上回归传说中的上古三代之治，要按照《周礼》这类原始的儒家经典来重新安排现实秩序。

王莽看起来极有希望替汉儒们实现这个梦想。他本就是儒学出身，"受礼经，师事沛郡陈参，勤身博学，被服如儒生"，自青年时代起便有折节恭俭、孝行无暇的名声，在骄奢淫逸的王氏外戚中是个异数。受封为新都侯进入官场后，虚怀纳士，结交名儒，常因赈施宾客而家无余财。长久以来，王莽一直遵循儒家经典的教导处事做人，几乎无可指摘。为了践行自己的道德观，王莽甚至做出了逼儿子自杀的极端之事，原因是儿子打死一名家奴，按照孔孟先贤的教导，家奴也是人，也须以同等的仁爱相待。当这样一个人站到大司马、安汉公那样显赫的位置上，对刘氏皇帝失望已久的汉儒们，很自然地会对其寄予期望。

王莽也在努力用表演回应这种期望。元始元年（公元 1 年），他依照《尚书·尧典》中的"乃命羲和"一语新设"羲和官"，正式拉开了按照儒家经典全面变更汉帝国官制与行政区划的大工程。元始二年，郡国大旱，百姓流离失所。王莽策划了一场率群臣吏民二百三十人集体向灾民捐献田产的政治活动。元始三年，王莽"立官稷及学官"，在地方设学、校、庠、序四级教育机构，并为之配备经师。元始四年，王莽开始修筑明堂、辟雍和灵台。这些名词均见于儒家经典。明堂据说是上古帝王宣扬政教的所在，辟雍是上古帝王设在京师的最高学府，灵台是天子与天意直接交流的地方。汉儒从没有见过明堂、辟雍和灵台的实物。这些虚幻缥缈的建筑，一直以来只能作为上古黄金时代的标志，抽象存在于知识分子的想象之中。如今，它们在王莽手上变成了实物。此外，王莽还在长安城为儒者修筑了舒适的高级住宅，给他们提供聚会讲学的广场。他还在太学里恢复《乐经》，增加了博士名额，并广征天下学者来长安参与礼乐的重新制定……

与这些表演同时发生的，便是四夷宾服的伟大祥瑞。除元始元年越裳氏来献白雉外，又有元始二年黄支国来献犀牛。大略同期，王莽派了使者带着黄金币帛去贿赂匈奴单于，换来对方的一封上书，内中写着："闻中国讥二名，故名囊知牙斯今更名知，慕从圣制。"[1]元始五年，"北化匈奴，东致海外，南怀黄支"的目标已经达成，唯独西方迟迟没有动静，王莽又派了中郎将平宪带着大量金币去引诱"塞外羌"，让拿了钱的部落宣布愿做汉帝国的内臣，且因感激安汉公而甘愿献出肥沃的土地。四夷宾服后，王莽依据《周礼》，将汉帝国重新划分为十二州，以此显示周制时代的大一统盛世再现尘世。

伴随着重制礼乐大工程的展开与四夷宾服盛世景象的再

---

1 《汉书·王莽传上》。"二名"，指刘 × × 这种姓名形态。王莽当时出台新政禁用二名，平帝刘箕子也只得改名刘衎。

现，朝野上下拥戴王莽称帝的热情日趋高涨。那些出自王氏之门的郡国守相刺史，那些与王氏关系密切的重臣名儒，其实早已默认王氏将要取代刘氏，也乐见王氏取代刘氏。汉帝国上一个与王氏家族相似的权臣集团，是以霍光为首的霍氏家族。霍光执掌汉帝国最高权力近二十年，子弟林立朝堂，党羽遍布郡国。霍光死后，宣帝全面清算霍氏，"相连坐诛灭者数千家"[1]，依附于霍氏者皆未能逃过整肃，长安城血流成河。如此这般赤裸裸的历史教训在前，王莽只有变权臣为帝王这一条活路可走，依附于王氏的朝野力量也只有支持王莽称帝这一条活路可走。

于是，针对朝廷迟迟不赏赐王莽、针对朝廷赏赐太微薄、针对王莽太过谦让——推辞朝廷奖赏不肯收下新野之田——的批评铺天盖地涌出。元始五年正月，未央宫里堆满了抗议信，史载"吏民以莽不受新野田而上书者前后四十八万七千五百七十二人"，内中包括数量众多的"诸侯、王公、列侯、宗室"。[2]这些堆积如山、来历存疑的抗议信，吓坏了十四岁的汉平帝。

王莽继续拒绝赏赐，"吏民"的情绪再次高涨，转而直接要求朝廷册封王莽为当代周公。以富平侯张纯为首的公

---

1 《汉书·霍光传》。

2 见《汉书·王莽传上》。

卿、大夫、博士、议郎等共计九百零二人联名上奏，认为王莽"功过伊周"，朝廷有必要迅速执行"九锡之赏"，也就是赐予王莽介于皇帝与诸侯王之间的崇高地位。与明堂一样，"九锡"也是载于儒家典籍《周礼》的传说之物，具体所指早已模糊不清。王莽已有安汉公的爵位，是实际执政的宰衡，九锡之赏不能再扩张他的权力。但王莽没有拒绝九锡之赏，而是极愉快地接受了它——在儒家知识分子们眼中，《周礼》是周公造就成周盛世后撰写的经典施政教材，获得《周礼》所载的终极荣誉九锡之赏，意味着朝野上下正式承认了王莽当代周公的崇高地位。

元始五年五月，王莽于盛大的仪式中接受了传说中的九锡之赏。没人知道礼仪是否合规，因为有无九锡之赏本就存疑。即便存在，规矩也早已失传。但没人质疑这些事情，因为王莽成为当代周公是众望所归。只要王莽愿意表演，那些早已与王氏外戚捆绑在一起的官吏就愿意全力配合。同年秋，巡视天下风俗的八方使者陆续回到京城。他们带回了令人振奋的消息——在当代周公王莽的领导下，汉帝国已是"天下风俗齐同"，国家风俗纯朴，百姓生活幸福。使者们还带回了"百姓"歌颂王莽的民谣，共计三万余字。

表演终于来到最后的高潮。当王莽明确提出要将汉帝国变成"市无二价，官无狱讼，邑无盗贼，野无饥民，道不拾遗，男女异路"的理想世界后，有泉陵侯刘庆上书说："周成王幼少，称孺子，周公居摄。今帝富于春秋，宜令安汉公行天子事，如周公。"让刘庆出面，是因为他有刘汉宗室的身份。要将王莽推上"行天子事，如周公"的位置，是因为十五岁的平帝即将成年——王氏集团不会将权力交还，平帝即将成年的实际含义是平帝即将暴卒。同年冬，王莽宣布平帝病重，并继续其拙劣的政治表演，派人向苍天祷告说愿拿自己之命去换平帝之命。苍天毫无动静，十二月，平帝遇害。那位盘踞长安深宫六七十余年之久、长期称"朕"、已然鹤发鸡皮的太皇太后王政君，多年来一直牢牢掌控着皇宫的政治风向，有足够的能力让宫内所有王氏外戚的政敌都死在自己前面。平帝也不例外。[1]

平帝死后，王政君与王莽合谋舍弃成年宗室，立年仅两岁的刘婴为继承者。同时发动群臣制造祥瑞，称井中出丹书且上书"告安汉公莽为皇帝"八字。王政君一面假意反对王莽做皇帝[2]，一面下诏说"朕深思厥意，云'为皇帝'者，乃摄行皇帝之事也。……其令安汉公居摄践祚，如周公故事"。于是王莽车服皆如天子之制，祭祀时"赞曰假皇帝"，臣民

1　颜师古引《汉注》称："莽因腊日上椒酒，置药酒中。"这是东汉人的猜测之语。实则王政君盘踞后宫数十年，此类事情完全不必由王莽在众目睽睽之下去做。哀帝之死、平帝之死，当皆与王政君有关。

2　王政君的矛盾态度，也可能缘于不愿在活着时放弃尊荣。毕竟只要王莽不称帝，王政君的政治地位就高于王莽。

称之为"摄皇帝",并改元居摄。刘婴则被立为皇太子。这个可怜的孩子只活了二十岁,其中有十八年是被王莽彻底禁锢,"敕阿乳母不得与语,常在四壁中,至于长大,不能名六畜"[1],他的生活中只有空荡荡的四面墙壁,乳母欲与之谈话也被禁止。因严重缺乏信息获取途径,刘婴成年后连六畜的名称都不知晓。

公元9年春,王莽抛弃"假皇帝"外衣,正式代汉称帝,改国号为"新",改年号为始建国。长安也被更名为常安,变成了欢乐的海洋——毕竟,尧舜禹的禅让故事只是传说,王莽是实实在在的史上和平禅让第一人。他登上帝位获得了汉帝国官吏系统的全面支持,也获得了知识界的鼎力拥护。

官吏系统支持王莽,自是因为他们本就皆出自王氏集团。知识分子的情况稍复杂一些。他们支持王莽,除缘于部分人已做了王氏外戚的宾客外,还因为许多人依据天人感应理论确信汉帝国气数已尽,而王莽就是那个负有天命、将给天下带来大治的圣人。王莽的种种表演,皆不过是在反复证实这一点——再没有哪个权臣,能比自幼修习《礼经》的王莽更了解儒家知识分子的思想倾向与政治主张;也再没有哪个权臣,能比王莽更懂得如何表演才能获得儒家知识分子的

---

1 《汉书·王莽传中》。

支持。对许多儒者来说，只要王莽愿意启动改革复现上古三代之治，那些伪造的祥瑞与虚构的天命就都不重要。

　　遗憾的是，王莽改革带来的不是盛世，而是空前的民生灾难。

第十一章

新莽

王莽派使者到地方赦免盗贼，使者回来后告诉王莽：接到官府的赦免令后盗贼会解散，但很快又会群聚，究其原因，法条繁杂严苛，稍微一动就犯法，努力劳作的产出，远不够缴纳朝廷的赋税；窝在家里什么都不干，也可能因邻居盗铸钱币而连坐。在王莽新政下，百姓已走投无路。

一、改革与倒车

王莽称帝后，除常规的"改正朔、易服色"外，接连启动了恢复井田制、变奴婢为私属、五均六筦、改革货币制度等影响面极广的新政。此外还针对荒弃土地征税，打击无业游民[1]，全面更改地名官名。

政策变革如此之大，与王莽致力于将自己打扮成注定要取代汉帝国的天命之子有关。既然汉帝国施政有误，被上天抛弃，王莽上台后当然必须启动改革来回应所谓的天命。此外也与王莽个人的好大喜功有关。一个人自我吹嘘久了，被下面的党羽吹嘘久了，就会不自觉地深信自己是那个宣传喇叭里的伟人，深信自己有许多雄才大略必须付诸实践。王莽当然也不例外。只不过，他执行期间推行的这些新政，究其实质，几乎全部属于以改革之名开历史倒车，不但中断了汉帝国自元帝时代起逾半个世纪的休养生息政策，还将新莽王朝的民众，集体推入了深渊。

先说前两项政策：恢复井田制与变奴婢为私属。其具体

1　无业之丁须每年缴纳布帛一匹，否则便要被官府征去服劳役。

内容见于王莽称帝第一年（公元 9 年）下发的一份诏书：

古者，设庐井八家，一夫一妇田百亩，什一而税，则国给民富而颂声作。此唐虞之道，三代所遵行也。秦为无道，厚赋税以自供奉，罢民力以极欲，坏圣制，废井田，是以兼并起，贪鄙生，强者规田以千数，弱者曾无立锥之居。又置奴婢之市，与牛马同栏，制于民臣，颛断其命。奸虐之人因缘为利，至略卖人妻子，逆天心，悖人伦，谬于"天地之性人为贵"之义。……汉氏减轻田租，三十而税一，常有更赋，罢癃咸出，而豪民侵陵，分田劫假。厥名三十税一，实什税五也。父子夫妇终年耕芸，所得不足以自存。故富者犬马菽粟，骄而为邪；贫者不厌糟糠，穷而为奸。俱陷于辜，刑用不错。……今更名天下田曰"王田"，奴婢曰"私属"，皆不得卖买。其男口不盈八，而田过一井者，分余田予九族邻里乡党。故无田，今当受田者，如制度。敢有非井田圣制，无法惑众者，投诸四裔，以御魑魅，如皇始祖考虞帝故事。[1]

---

1 《汉书·王莽传中》。

诏书痛骂秦制无道。说秦之前的制度极好，是秦政破坏了古制，让百姓陷入了水深火热。又说汉制虽针对秦制有所纠正，但还远远不够，社会仍然贫富悬殊，百姓们仍然活得极为艰难。唯一能够解决民生疾苦的办法，是实施两项新政，也就是恢复井田制度并改革奴婢制度。

恢复井田制度的具体内容是，土地收归国有，私人只有使用权，不得买卖。家中男丁在八口以下者，拥有田地不许超过一井[1]，也就是九百亩。超过这个上限，要将超过部分拿出来，分给占田数量不足的宗族乡邻。没有田地之人，则由国家按"一夫一妇田百亩"的标准分配田地。变更奴婢制度则是指将奴婢的身份统一变更为"私属"，此后不允许再买卖奴婢。

这两项改革不新鲜。喜好"文辞法律"的汉哀帝在执政期间也有过类似计划。

诸王、列侯得名田国中，列侯在长安及公主名田县道，关内侯、吏民名田，皆无得过三十顷。诸侯王奴婢二百人，列侯、公主百人，关内侯、吏民三十人。年六十以上，十岁以下，不在数中。贾人皆不得名田、为

1　所谓井田，就是将方块土地按井字划成九份，每份一百亩。

吏，犯者以律论。诸名田畜奴婢过品，皆没入县官。[1]

按哀帝的计划，诸王与列侯只能在封国范围内拥有田地，关内侯与吏民占有田地数量不许超过三十顷。诸侯王可拥有奴婢两百人，列侯与公主可拥有奴婢一百人，关内侯与吏民可拥有奴婢三十人，超过六十岁者与不满十岁者不计入数据。若超额拥有田地与奴婢，超额的部分会被政府强制没收。实际上是要限制贵族与官吏掌控土地与人口的体量。该政策出台后，"田宅奴婢贾为减贱"，市场上的田宅与奴婢售价暴跌，引起朝中新旧权贵的普遍反对，很快便终止推行了。

王莽恢复井田、变奴婢为私属，不过是哀帝限田令、限奴婢令的翻版。

当然也有区别，那就是王莽比哀帝更懂得玩"外儒内法"的把戏，寻出了儒家经典来做粉饰——井田制本身正是儒者对上古三代之治的一种制度空想。其实，三代之治根本就不存在，井田造就三代之治也毫无史料依据，井田制在先秦是否得到过推行迄今仍是个争议很大的学术问题。但王莽不在意这些。他在意的，是井田制的相关叙述出自儒家经典

---

1 《汉书·哀帝纪》。

《周礼》与《孟子》。新政出自儒家经典，便可与他"儒家当代圣人"的形象高度合拍。更重要的是，井田制倡导土地国有，国有即归皇权所有，所以恢复井田制还有助于王莽名正言顺地夺取土地所有权。强迫大土地主吐出超额田地、禁止土地买卖流转等具体政策，则有助于削弱"豪强"的经济实力，并防范出现新的"豪强"。

削弱"豪强"对皇帝来说是绝对的好事。在汉帝国的政治语境里，"豪强"是个带有强烈贬义的政治性词汇。若去掉政治含义，这些人其实指的是"有资产有声望有组织能力者"，是社会中层力量的主体。打压社会中层力量，将整个社会变成"皇权—编户齐民"的二元结构，有助于提升皇权对整个社会的控制力度，也有助于提升皇权对整个社会的汲取程度。但对普通百姓来说，削弱"豪强"却未必是好事。某些"豪强"发迹靠的是官权力，也有部分"豪强"发迹靠的是正常经营，资产声望与组织能力并非原罪。身负特权的"豪强"会利用特权欺凌普通百姓，但当官府对普通百姓的压榨很沉重时，有特权的"豪强"也可能成为普通百姓两害相权取其轻的庇护所。

略言之，王莽推行井田制虽然打着"为普通百姓好"的招牌，但普通百姓并不能从中得到好处。尤其值得注意的是，诏书里说要让"豪强"们吐出超额田地分给无地贫民，看似是在劫富济贫，落实到具体操作却只可能是劫富济富——在普通百姓没有任何办法监督、约束皇权的时代，期望皇权及其代理人充满德性而不谋取私利，根本就是天真与痴妄。总之，"豪强"没了，百姓直接面对皇权的压榨，负担未必更轻；"豪强"吐出来的田地由官权力重新分配，没有背景的底层百姓大概率也分不到多少。

与恢复井田制一样，变奴婢为私属这项改革也是为了打击"豪强"。

那句被引用在诏书里用于为奴婢制度改革增加合法性的名言"天地之性人为贵"，出自儒家典籍《孝经》，很符合王莽"儒家当代圣人"的政治形象。王莽改革奴婢制度的真实动力，则是担忧"豪强"名下的奴婢过多，会妨碍皇权对帝国的原子化统治，给帝国的人力汲取造成损失。

西汉的奴婢其实就是奴隶。从前流行过一种社会阶段论，将人类社会分成原始社会、奴隶社会、封建社会、资本主义社会、社会主义社会等几个阶段。稍具逻辑常识者，一眼便能看出这种分法存在明显问题，那就是分类标准不统一。判断算不算原始社会，主要看国家这种组织形态有没有出现；判断算不算奴隶社会，要看人与人之间的控制与被控制关系；判断算不算封建社会，要考察君王与封臣间的权力义务关系……分类标准如此混乱，如同将狗分成黄狗、狼狗、大狗、母狗、死狗五大类一样荒唐。讲这些题外话，是想说明一个简单的道理：某个国家在某个时段可以是皇权专制社会，同时也可以是封建社会或奴隶社会。因为三者的定义，本就基于不同的角度与标准。西汉的奴婢，本质上就是一群丧失了人身自由、已沦为他人财产的奴隶。

这些奴婢，又分为官奴婢与私奴婢两类。官奴婢的主要来源是罪犯家属。此外，富人可以给官府捐献奴婢，以换取免役之类的好处。富人被抄家时，其奴婢也会转为官府的奴婢。西汉官奴婢的数量至少在十万以上[1]。私奴婢有多少则是个众说纷纭的问题。赵冈、陈钟毅等认为汉代私家奴婢总数只有几十万[2]，胡寄窗则估算认为官私奴婢总数不少于二百三十万[3]。笔者倾向于认同马克垚的观点：

> 私奴婢有多少呢？我们知道汉代官吏数字，西汉自佐史至丞相共十三万余人，东汉为十五万余人（《通典·职官》十八）。我们还知道哀帝时有个限奴婢的意见，其数字是诸侯王奴婢二百人，列侯公主百人[4]，关内侯吏民三十人。如果我们以这些官吏（包括民在内）平

1　《汉书·贡禹传》记载："诸官奴婢十万余人。"

2　见赵冈、陈钟毅：《中国经济制度史论》，新星出版社 2006 年版，第282—283 页。

3　见胡寄窗：《中国经济思想史》中册，上海人民出版社 1963 年版，第149—150 页。

4　《汉书·平帝纪》记载："诸侯王二十八人、列侯百二十人、宗室子九百余人征助祭。"

均每人占有奴婢按最低限度三十人计，则全国当有私奴
婢四百五十万人，加上官奴婢，可能是五百万。五百万
数字占到当时全国人口的十分之一，当然不是多数，不
过也是一个十分可观的数字了。[1]

其实，马克垚的推算仍然比较保守。《汉书·百官公卿
表上》确实载有平帝时的官吏总量，"吏员自佐史至丞相，
十二万二百八十五人"，但这些人只是俸禄二百石以上的长
吏，二百石以下数量更多的少吏不在统计范围内。少吏属于
统治阶层，拥有合法伤害普通人的官权力，也具备拥有奴婢
的可能。所以四百五十万私奴婢，可能只是个底限数据。

这数百万奴婢掌控在"豪强"手中，让王莽如鲠在喉。
未称帝时的王莽本就是"豪强"的一分子，深知奴婢对"豪
强"有着巨大的经济价值，是"豪强"与皇权的地方代理人
相抗衡的重要资本。称帝后，自然要致力于消灭这一不稳定
因素。

王莽采取的办法，是下令将奴婢更名为私属。私属是汉
代奴婢的一种特殊身份，介于平民和奴隶之间。据张家山汉
墓出土竹简《二年律令》，"奴婢为善而主欲免者，许之，奴

---

1 马克垚：《罗马和汉代奴隶制比较研究》，载《历史研究》1981 年第 3 期。

命曰私属，婢为庶人，皆复使及算，事之如奴婢"，即主人有权免除奴婢的奴隶身份，将之提升为私属（主要指男奴隶）。按照汉代政策，主人可以像使唤奴婢一样使唤私属，私属犯了罪也仍按奴婢律定罪。二者的主要区别是，主人可以自由买卖奴婢，但不能随意买卖私属。[1]

由此也就不难窥见，王莽变奴婢为私属，是在与井田制配套打组合拳——主人拥有的田地越多，需要的奴婢就越多，而井田制限制了田地拥有上限。第一种情况：如果主人吐出超额田地，就会有奴婢多出来。在改革之前，这些多出来的奴婢可以放到市场上去出售，主人可以收回资本。改革之后，奴婢全部成了私属不允许买卖，这些多出来的私属就成了主人的负担。第二种情况：如果主人有权有势不吐出超额土地，短期内虽无奴婢超额的问题，长时段里仍可能因私属去世、逃亡等，造成土地数量与私属数量不匹配的情形。简言之，第一种情况下，主人的解套止损办法只能是解放多余的私属为平民；第二种情况下，主人的解套止损办法只能是吐出超额土地以实现人地的合理配置。无论哪种情况，都是在逼迫"豪强"出血，都是在削弱"豪强"的经济实力与组织能力。

1　王爱清：《"私属"新探》，载《史学月刊》2007年第2期。

王莽推行的第三项重大改革政策，叫作五均六筦。

五均指在长安、洛阳、邯郸、临淄、成都、宛等六城市设立五均官。其主要工作内容有五项：（1）市平。即定时定期评定市场上的物价。（2）收滞货。当市场上的五谷、布帛、丝绵滞销时，五均官以原价收购，不让卖东西的百姓吃亏。（3）平市。当市场上货币价格昂贵时，五均官以平价卖出，不让买东西的百姓吃亏。（4）赊款。民众因祭祀与丧事缺钱时，可以向五均官申请免息借款，祭祀缺钱可借十天，丧事无钱可借三个月，到期须归还本金。（5）贷款。民众投资经商可以向五均官贷款，但要收利息，年息不得超过十分之一。

"筦"同"管"，控制的意思。六筦指的是六种需要由政府经营、严格禁止民间染指的经济事业。具体包括：盐、酒、铁、名山大泽、铸钱、五均赊贷。即盐、铁、酒必须由官府专卖——盐是生活必需品，铁（农具）是生产必需品，酒是奢侈品。控制名山大泽，指山林湖泽一律归朝廷所有，百姓欲进入其中渔猎，须在官府登记获得许可，并给官府纳税。控制铸钱则是指官府要垄断铸币权，同时还要垄断铜矿的开采权。

以上这些手段，除了赊贷是王莽新创，余者皆是汉武帝时代早就实施过的政策。王莽所做的，不过是将汉武帝时代的盐铁官营、均输平准等政策名称，替换成了五均六筦。汉武帝时代的盐铁官营、均输平准祸国殃民，将百姓折腾至吃不起盐只能嚼草梗、用不起铁制农具只能用木石农具的地步，王莽的五均六筦自然也不会例外，史称"奸吏猾民并侵，众庶各不安生"[1]，连本意甚佳的五均政策，也因官权力完全不受民意制约，而如汉武帝时代的均输平准政策一般，异化成了操纵市场、贱买贵卖的渔利游戏。

王莽推行的第四项重大改革政策，是发行新货币。

西汉本来通行五铢钱。王莽上台后，先后四次改革币制。第一次是在居摄二年（公元 7 年），王莽宣布新铸三种货币：错刀、契刀、大钱，每枚分别等于五铢钱五千枚、五百枚、五十枚。问题是，这三种新货币的含铜量过低，与其面值并不匹配——如大钱的法定重量是十二铢，只有五铢钱的 2.4 倍，面值却是五铢钱的 50 倍。于是民间出现了大规模的盗铸现象，百姓们纷纷将五铢钱熔掉改铸新钱，货币市场陷入混乱。

第二次是在始建国元年（公元 9 年），王莽以"刘"字内含金刀，下令废止五铢钱、错刀、契刀，并实施大小钱制度。最轻者重一铢，叫作小钱，面值为一钱。次者重三铢，叫作钱，面值为十钱，再次者重五铢，叫作幼钱，面值为

---

1 《汉书·食货志下》。

二十钱，之后依次是七铢（中钱，面值三十）、九铢（壮钱，面值四十）、十二铢（大钱，面值五十）。[1] 因大小钱的重量与面值仍然不成比例——比如将三枚一铢小钱合铸成一枚三铢钱，财富就可以翻三倍——谁老老实实不盗铸谁就吃亏，民间盗铸现象并未平息，史载："盗铸钱者不可禁，乃重其法，一家铸钱，五家坐之，没入为奴婢。"只要发现某一户人家盗铸大小钱，周边五户人家便要连坐，所有人都要从平民变成官府的奴隶。这实际上是在鼓励百姓互相举报。盗铸大小钱被举报的风险很高，使用大小钱交易又必定吃亏，百姓们只好"皆私以五铢钱市买"。可在王莽看来，民众信赖五铢钱等同于怀念汉帝国，于是又下旨以严刑峻法取缔五铢钱。但凡有人使用五铢钱或不肯使用大小钱，便要抓捕起来"流四裔"，强制放逐至九死一生的边疆不毛之地。百姓们走投无路，"农商失业，食货俱废，民人至涕泣于市道"[2]，经济贸易陷入停滞，民生遭受重创。

第三次是始建国二年（公元10年）。这一次，王莽将金、银、龟、贝、钱、布统称为宝货，全部纳入货币体系。具体规定：黄金一斤等于一万钱。朱提银八两等于一千五百八十钱，其他银八两等于一千钱。龟壳长度超过一尺二寸，等于

1　见《汉书·食货志下》。

2　《汉书·王莽传中》。

二千一百六十钱；长度超过九寸，等于五百钱；长度超过七寸，等于三百钱；长度超过五寸，等于一百钱。大贝壳达到四寸八分以上者，两枚算一朋，等于二百一十六钱；次者三寸六分以上，两枚为一朋，等于五十钱……简言之，按照这种规律编排，黄金有一个品级，白银有两个品级，龟壳有四个品级，贝币有五个品级，布币（铜铸）有十个品级，再加上大小钱的六个品级，王莽总共搞出了二十八个品级的货币。这二十八个品级的换算核对，极其麻烦，将整个货币市场搞得乌烟瘴气，结果是"百姓不从，但行小大钱二品而已"。如前文所言，其实大小钱也不是好东西。百姓们用大小钱，是因为严刑峻法下没有自由，只能在垃圾堆里选择相对不那么垃圾的大小钱。

第四次货币改革是在天凤四年（公元 17 年）。之前的三次货币改革闹得天怒人怨，经济崩溃。对于这个结果，王莽其实很清楚，所以第三次改革后百姓们只肯用小钱（重一铢，面值一钱）和大钱（重十二铢，面值五十钱），王莽采取了睁一只眼闭一只眼的态度，没有再强制推行龟币、贝币和布币。可到了天凤元年（公元 14 年），王莽又忍不住开始折腾，不但再次下旨推行金银龟贝，还废弃了大小钱，改行货泉和货布。货泉重五铢，每枚为一钱，其实就是将西汉的五铢钱换了个名称。货布重二十五铢，铸造成布币形状，每枚货布等于二十枚货泉。货布的重量是货泉的五倍，面值却是货泉的二十倍，如此奇葩的敛财设定，理所当然只会再次引发民间的盗铸风潮。为了对付百姓，王莽也一如既往使出了包括五户连坐、鼓励举报、没为奴隶等手段在内的严刑峻法。史载：

> （王莽）每壹易钱，民用破业，而大陷刑。莽以私铸钱死，及非泪宝货投四裔，犯法者多，不可胜行，乃更轻其法：私铸作泉布者，与妻子没入为官奴婢；吏及比伍，知而不举告，与同罪；非泪宝货，民罚作一岁，吏免官。犯者俞众，及五人相坐皆没入，郡国槛车铁锁，传送长安钟官（负责铸钱的官员），愁苦死者什六七。[1]

汉武帝当年借货币改革之名行疯狂敛财之实，曾将天下经济折腾至崩溃，将天下人折腾至"大抵无虑皆铸金钱""吏不能尽诛取"的地步。如今，王莽的货币改革，又将百余年前的历史悲剧，再度完完整整地复现了一遍。

总体来说，以上四项改革政策，皆是以改革之名行倒退之实——消灭社会中层与中产，强化对民众的汲取与管控，为了达成目的可以无视最基本的经济规律，是这场改革的总体方向。新莽百姓群起成为盗贼，与这四项大开倒车的改革

---

1 《汉书·食货志下》。

政策有极密切的关系。王莽曾派使者到地方赦免盗贼，使者们回来后告诉王莽：接到官府的赦免令后盗贼会解散，但很快又会群聚，问他们原因，则异口同声回答："愁法禁烦苛，不得举手。力作所得，不足以给贡税。闭门自守，又坐邻伍铸钱挟铜，奸吏因以愁民。民穷，悉起为盗贼。"[1]法条繁杂严苛，稍微一动就犯法；努力劳作的产出，远不够缴纳朝廷的赋税；窝在家里什么都不干，也可能因为邻居盗铸钱币而连坐。

在王莽的新政下，百姓已走投无路。

二、亡国与轮回

王莽由"当代周公"晋升为皇帝，以《周礼》为核心的儒家学说很自然地成了他所有改革举措的包装纸。当然，选择哪部分儒家学说、弃用哪部分儒家学说，王莽始终有自己的考量。一切都要围绕提升皇权集中程度、提升长安对整个社会的控制力来展开。

所以，今人可以自史料中见到，王莽青睐的井田制出自《周礼》，建言搞井田制的是名为张邯与孙阳的两位儒家知识

1　《汉书·王莽传下》。

分子。王莽大搞货币改革，理由也是周制、周钱如何如何。推行盐、铁、酒的全面官营，也要由名儒鲁匡从《诗经》《论语》中寻找依据，说什么太平年代酿酒业本就应该控制在政府手中，只有衰乱之世才会允许民营酿酒业存在。新莽王朝全面更改官名和地名，那些光怪陆离的名称，同样是由儒者自尘封的先秦儒家典籍中发掘所得。总而言之，王莽可谓"每有所兴造，必欲依古得经文"[1]。所有的倒车，都已用精致的文辞做了粉饰，"外儒内法"的手段已被王莽用到了极致。

王莽也因之很"成功"地将自己和新莽政权推向了绝路。地皇四年（公元 23 年）秋天，反新莽军逼近洛阳。不知所措的王莽再次遵循《周礼》的指示——"国有大灾，则哭以厌之"——率领群臣来到南郊，集体向天地哭诉。这个白发苍苍年近七旬的老人，颓然跪在祭坛上，絮絮叨叨诉说着自己获得帝位的前后始末，回忆天意曾如何降临在自己身上，最后悲愤地仰天质问："皇天既命授臣莽，何不殄灭众贼？即令臣莽非是，愿下雷霆诛臣莽！"[2]问闭，捶胸大哭，几乎昏厥。

这里头有迷信，但更多还是表演。别人或许不清楚王莽夺取帝位过程中那些所谓的"祥瑞"从何而来，王莽自己是

---

1 《汉书·食货志下》。
2 《汉书·王莽传下》。

清楚的。他这般质问苍天，不过是要表演给天下人看，以做最后的挣扎。捶胸大哭的同时，他还写了一份长达千余字的《告天策》，内中罗列了自己执政期间的种种"功绩"。他下旨给长安的"诸生小民"，要他们一起向苍天哭诉。哭得好且能诵读《告天策》者，可获授郎官，结果筛选出一支五千余人的哭诉团。这是靠宣传起家的王莽最后的自我宣传。

天下已然鼎沸，宣传救不了王莽。同年十月，王莽在长安被乱兵剁成了肉酱，他留在史书中的最后一句话仍是嘴硬："天生德于予，汉兵其如予何！"他那白发苍苍的头颅，被送到宛城高高悬挂起来，供愤怒的百姓们掷击，有人切走了他的舌头分食。这颗头颅后来被东汉政权收藏在府库之中，代代传承。至晋惠帝元康三年（293 年），才因洛阳武库大火而被烧成灰烬。

没有人比王莽更爱新莽政权。但新莽政权一世而亡，王莽的自命雄才与好大喜功，恰是最主要的原因。如果不是自命雄才、实则严重欠缺政治与经济常识，王莽便不会启动恢复井田制、变奴婢为私属、五均六筦、发行新货币等改革政策。前两项改革措施旨在打击"豪强"并增加皇权直接掌控的人力与物力，等于直接损害了新莽政权的统治基础，也即贵族与官僚们的利益。史载"坐卖买田宅、奴婢，铸钱，自诸侯、卿大夫至于庶民，抵罪者不可胜数"[1]。新莽政权是在贵族与官僚的拥护下，和平取代汉帝国而建立的。王莽对这些人开刀，让这些人因井田制和奴婢问题而获罪，等同于将自己的统治基础从新莽政权这个利益共同体中剥离了出去。后两项改革措施，旨在对资源与经济实施更严酷的管控手段，以汲取更大体量的人力与物力。因违背最基本的经济规律，反让整个社会陷入了全面崩溃的境地，让新莽政权的税源大减。

在统治基础离心离德、经济崩溃税源大减的情况下，王莽仍约束不住自己好大喜功的性格，不断与"四夷"交恶乃至兵戎相向。始建国三年（公元 11 年），新莽政权因王莽的妄自尊大（擅自将匈奴单于玺更改为匈奴单于章，还将匈奴单于更名为降奴单于），与匈奴关系破裂，王莽起十二部军队三十万之众，长期集结在边疆州郡，耗费无数人力物力，史载这三十万大军"久屯而不出，吏士罢弊，数年之间，北边虚空，野有暴骨"[2]。西南边境地区的句町，也因王莽下旨贬句町王为句町侯而与新莽政权交恶。王莽派大军征伐句町，"费以亿计"却徒劳无功，"士卒疾疫，死者什六七，赋敛民

---

1 《汉书·王莽传中》。
2 《汉书·匈奴传下》。

财什取五，益州虚耗而不克"[1]——南征数十万士卒大多死于疾疫，益州的人力物力被掏空。

整体而言，新朝皇帝王莽，其实就是另一个汉武帝刘彻。刘彻执政期间做过的事情，王莽执政期间几乎全部重做了一遍。刘彻打击有资产有组织力的"豪强"，既要消灭窦婴、灌夫这些有影响力的体制中人，也要消灭郭解这类体制外游侠。王莽同样打击这些人，史载"王莽居摄，诛锄豪侠"[2]，亲自点名抓捕民间有力人士。刘彻操弄祥瑞禁绝灾异来为独裁政治服务，王莽做得比刘彻还彻底。刘彻在经济领域大搞以盐铁专卖为主体的官营垄断，让百姓生计陷入困顿，普遍吃不起盐，也用不起铁制农具，王莽的五均六筦完全是刘彻时代经济政策的翻版。刘彻以货币改革之名行大肆敛财之实，天下人怨声载道。王莽使用了相同的手段，也取得了相同的效果。刘彻穷兵黩武，频繁对外征伐，耗尽了国库，也掏空了民间储蓄。王莽同样雄心勃勃，屡屡主动挑起与边疆"四夷"的武力冲突，使天下人力物力陷入不必要的巨大消耗。

不止如此。在利用儒学这件事情上，王莽与刘彻的做法也高度雷同。刘彻"罢黜百家，独尊儒术"，实则并非真的

---

1 《汉书·王莽传中》。

2 《汉书·游侠传》。

服膺于儒家学说,而是看中了儒家学说支持君王"有为",比起要求皇权自我约束、官权力清静无为的黄老学说,其更能契合刘彻的勃勃野心。王莽迎合儒家知识分子对时代的批评,利用政治权力与天人感应理论将自己塑造成"当代周公",也并非真服膺于周公的政治理念,而是看中了与天人感应结合后的儒家学说有助于他完成"天命"的转移,进而取刘氏天下而代之。所以,刘彻试图建造明堂,王莽则把明堂变成了实物;刘彻大张旗鼓封禅泰山自我表彰,王莽也造出封禅玉牒蠢蠢欲动;刘彻大量起用"谀儒"而排斥不肯曲学阿世的真儒(如辕固生),王莽身边同样群聚大批负责颂圣鼓吹的伪儒;刘彻的"罢黜百家,独尊儒术"是假的,王莽的"儒家理想主义"也是假的。他们都是法家统治术的忠实信徒,都是"外儒内法"的大玩家。他们是真正的同类。

这是意味深长的历史轮回——自反秦战争中崛起的汉帝国,兜兜转转百余年,迎来的是汉武帝刘彻的重归秦制。自刘彻时代天下户口减半的余烬中复苏过来的汉帝国,兜兜转转百余年,迎来的仍是刘彻的同类王莽。唯一的区别是,刘彻活着时没能见到汉帝国分崩离析,而王莽的头颅被高悬于宛市之中。

何以如此?运气当然是一种解释,但运气不会凭空而来。刘彻开启大规模折腾即频繁征伐、滥用民力之前,已通过强制迁徙豪强(如徙陵)、发动群众举报(如算缗告缗)、政治大案株连（如淮南王刘安谋反案）等手段，彻底消灭了汉帝国朝野内外有资产、有声望、有组织能力之人，实现了中产之家大抵皆破。刘彻统治晚期，众多百姓虽被暴政逼至铤而走险去做盗贼，但因民间已无有见识、有资本、有组织能力的"豪强"——哪怕在之前的种种运动中还有残余，也会在频繁的对外征伐中被优先消耗殆尽——这遍地盗贼的时代，竟未能产生出可以动摇政局的造反者。[1]

王莽则不然。自元帝至平帝，汉帝国在超过一甲子的时间里，放弃了针对"豪强"的打击政策。自由度松绑后，汉帝国经济得到空前恢复，人口来到前所未有的高峰，政府之外的社会再次发育起来。当王莽启动其法家化倒退式改革时，那些有资产、有声望、有组织能力的"豪强"已普遍存在于地方州郡。用《汉书·游侠列传》的话说就是"自哀、平间，郡国处处有豪桀"。王莽的改革损害了所有人的利益，官不聊生，民也不聊生，"豪强"们更是首当其冲。许多有见识、有资产、有声望、有组织能力的"豪强"，加入反新莽军队。这是王莽时代的造反者与刘彻时代的造反者最核心的

1　《史记·酷吏列传》记载："南阳有梅免、白政，楚有殷中、杜少，齐有徐勃，燕赵之间有坚卢、范生之属。大群至数千人，擅自号，攻城邑，取库兵，释死罪，缚辱郡太守、都尉，杀二千石，为檄告县趣具食；小群以百数，掠卤乡里者，不可胜数也。"

区别。

史料也足以证明这一点。新莽末年那些有影响力的造反者，确实大多属于有见识、有资产、有声望、有组织能力的地方强力人士。比如：琅邪民变领袖吕母，"家素丰，赀产数百万"[1]，从事酿酒业，专事结交少年。其子做县吏时被上级杀害，吕母便集结众少年起兵攻破县城，杀死了县官。钜鹿民变领袖马适乃当地豪杰领袖，他被王莽镇压后，"连及郡国豪杰数千人，皆诛死"[2]。

造反成功建立东汉政权的刘縯、刘秀兄弟，本就是南阳大族，其起兵始于"召诸豪杰计议"[3]。与刘秀关系密切的造反者中，李通是世代富商，"居家富逸，为闾里雄"[4]。邓晨宗族势力强大，"家自富足"[5]。祭遵家产富足，蓄养宾客，"尝为部吏所侵，结客杀之"[6]。吴汉以贩马为业，"往来燕、蓟间，所至皆交结豪杰"[7]。

曾与刘秀对垒、割据一方的造反领袖，同样大多出身豪杰。如窦融家族住在长安，"出入贵戚，连结闾里豪杰，以任

1 《后汉书·刘盆子传》。
2 《汉书·王莽传下》。
3 《后汉书·宗室四王三侯传》。
4 《后汉书·李通传》。
5 《后汉书·邓晨传》。
6 《后汉书·祭遵传》。
7 《后汉书·吴汉传》。

侠为名"，他起事时，"召豪杰及诸太守计议"，组织能力很强。[1] 卢芳自称武帝曾孙，在安定郡很有影响力，被"三水豪杰"[2] 拥戴为上将军、西平王。彭宠的父亲做过渔阳太守，他在渔阳起兵获得了"父时吏"的支持，又"南结张步及富平获索诸豪杰"，得到了自立为燕王的资本。[3] 隗嚣出身天水大族，起事之初主要依赖叔父隗崔的声望，隗崔"素豪侠，能得众"，可以轻易"聚众数千人"。[4] 公孙述能够割据益州，则是顺应了蜀中"豪杰各起其县"[5] 的客观局势。可以说，"豪杰"正是灭亡新莽政权的主力，正如《后汉书》所总结的那样：

> 汉遭王莽，宗庙废绝，豪杰愤怒，兆人涂炭。[6]

豪杰们砍下王莽的脑袋，暂时终止了这场规模浩大的历史倒退。然而死者无法复生，"（王）莽未诛，而天下户口减半矣"[7]，及至战乱消停、天下重归太平，海内百姓幸存者仅余十之二三，有约四千万人直接或间接地死于王莽的"雄才大略"。

---

1 见《后汉书·窦融传》。
2 《后汉书·卢芳传》。
3 见《后汉书·彭宠传》。
4 见《后汉书·隗嚣传》。
5 《后汉书·公孙述传》。
6 《后汉书·光武帝纪上》。
7 《汉书·食货志下》。

后记

对于西汉史，我一直怀有浓厚的兴趣。

众所周知，汉承秦制乃是历史公论。但若以国祚长短而言，西汉，而非秦帝国，才是中国帝制史上第一个真正成功的王朝。毕竟秦帝国二世而亡，西汉却存续了两百余年。这国祚长短的巨大差异，决定了后世帝王在总结历史教训时会更多注意秦帝国；而在吸取成功经验时，则会更多注意西汉。从这个角度来讲，西汉留给后世的影响丝毫不逊于秦帝国，甚至犹有过之。西汉之于中国帝制史，便犹如原生家庭之于人的成长，烙刻着难以磨灭的印迹。所以我很愿意将西汉两百余年视为"中国帝制时代的原生期"。

这种"原生期"效应，突出体现为统治术的继承。

比如尊君卑臣。绝对皇权始于秦帝国，此前的中国传统政治中，并无君臣尊卑悬殊的绝对皇（王）权。西汉政权始于武力反抗暴秦，这种合法性来源，使得刘邦初即皇帝之位时，一度不得不"悉去秦苛仪"，抛弃秦帝国式的绝对皇权及其相关礼制。遗憾的是，此番革新持续时间极短。谀儒叔孙通重定朝仪且"大抵皆袭秦故"后，西汉皇权尝到了至尊无上的快感，从此再难自拔。皇权的持续扩张与臣权的持续萎缩，是西汉前半个世纪最核心的政治脉络。至汉武帝刘彻执政，因反抗暴秦而诞生的"相对皇权"终于彻底回归到秦帝国式的"绝对皇权"，也就是俗谓的专制皇权，巨大的社会灾难也随之而来。这种绝对皇权成了此后两千余年间绝对的政治主流，无论是庙堂还是江湖，再无追求"相对皇权"的余地。即便是在号称"与士大夫共治天下"的宋代，亦同样是绝对皇权的舞台，无人可以阻遏宋神宗富国贫民式的财政变法，也无人可以阻遏宋徽宗的自我成就欲泛滥成灾。

再如酷吏政治。西汉酷吏泛滥的现象始于景帝时代，极盛于刘彻执政时期，大体与无限皇权的回归同步。此后直至西汉灭亡，酷吏一直是西汉官吏集团的主流，故班固在《汉书》中感慨："自是（刘彻执政时期）以至哀、平，酷吏众多。"酷吏政治与无限皇权同调，是因为前者乃是后者的标配。只要朝廷的权力结构以无限皇权为核心，酷吏政治便必不可少。没有酷吏政治，皇权便无法落实其对社会方方面面的控制；没有酷吏政治，皇权也无法有效完成其对各阶层的强力汲取。

汉成帝时代的著名酷吏尹赏，临终时向诸子传授为官之道，曾言："丈夫为吏，正坐残贼免，追思其功效，则复进用矣。一坐软弱不胜任免，终身废弃无有赦时，其羞辱甚于贪污坐臧。慎毋然！"略言之就是告诫子孙后代不可畏惧做酷吏，不要担忧凶残暴虐的坏名声，因为朝廷的存续本就缺不了酷吏这块重要拼图。做酷吏，确有可能因为造成坏的舆论影响而被罢免，但在朝廷眼里，敢于做酷吏的官员是有用的官员，故仍有再度被起用的机会。反之，若是爱惜名声不愿做酷吏，于朝廷而言无用，仕途必定走不远。尹赏窥破了酷吏政治与专制皇权之间的关系，自己飞黄腾达，四个儿子也以敢于、善于做酷吏而皆官至郡守。

需要注意的是，酷吏政治的本质是管控与恐吓，而非依法施政。唯有理解了这一点，才能正确评价秦汉而下历代政权高度热衷于立法的现象。"秦法繁于秋荼，而网密于凝脂"的后果，是秦帝国治下出现了"道不拾遗"的奇观，因为秦民活在酷吏政治下，拾遗者必会被恐惧连坐之法的左邻右舍举报。汉法最初"约法三章"，但随着无限皇权回归并达到极盛，也终于发展到"大辟之刑千有余条，律令烦多，百有余万言"的程度，其法网繁杂细密的程度丝毫不逊于秦帝国，结果同样在刘彻时代造就出了"郡中震恐，道不拾遗"的荒唐景象。繁杂细密的单方面立法，是为了制造"总有一款律法适合整治你"的恐怖，而非让社会运作的方方面面皆有法可依。所以刘彻执政时期盛行"春秋决狱"，皇权希望怎样判决，便选择性采用相应的儒家经典，并做出符合皇权需要的解读。

此类统治术，在后世亦被广泛继承。如乾隆四十四年的"井陉刁民上控案"，本始于井陉知县贪墨粮款，百姓无计可施才在当地生员的带领下向上级衙门控告。案件引起乾隆皇帝关注后，井陉知县作为贪污犯固然被处死，可更惨的是那些参与控告知县的村民，共有近五十人被判刑，其中判死刑者七人，有两人破例判为斩立决。乾隆皇帝在谕旨中说："朕平日所抚绥惠爱者，乃良善平民。若强悍之徒，敢于纠众抗官，必执法严惩，不稍轻纵。……夫地方官果有科派累民之事，自应重究。而奸民胆敢藉端抗官，亦诛所必加。"意思是自己只爱老老实实的百姓，只爱服从官府的百姓，绝不爱胆敢聚众对抗官员的百姓。在乾隆皇帝这里，法律的正义性不重要，依法决狱也不必要。繁杂细密的《大清律》只是为了管控和恐吓大清百姓，当《大清律》不足以起到恐吓作用时，乾隆皇帝并不介意亲自化身酷吏，直接下达无法可依的判决。

除了尊君卑臣与酷吏政治两例，西汉在统治术层面留给后世的"遗产"还有很多。如消灭有组织能力者的种种手段，如掠夺社会财富的种种妙法，如以尊儒的方式灭儒而行"儒表法里"之术，如在国家全面崩溃后如何释放社会自由度以重振经济……这些内容在小书正文里有详略不同的涉及，后记中就不再赘述了。

最后，笔者想就序言中提出的那个问题——汉帝国诞生于反秦战争，反抗暴秦是其政权合法性的核心来源。至少在宣传上，暴秦始终是汉帝国竭力批判的对象。可是，在西汉政权存续的两百余年间，竟先后两次，分别于刘彻和王莽执政时期，全面回归乃至超越了秦制[1]。屠龙者因何反复变成恶龙？——再多说几句，权做总结。

最显而易见的原因，无疑是路径依赖。反秦战争固然已经从政治上彻底否定了暴秦，但对参与反秦的军事集团而言，若欲从争霸战争中胜出，沿袭秦帝国的控制与汲取之术反而是最合宜的选择。毕竟这些统治术曾成就过"秦王扫六合、虎视何雄哉"的伟业，已被证明极有助于提升争霸战争的胜率。刘邦击败项羽夺取天下后，将萧何排在功臣榜首位，理由正是秦吏出身的萧何，依赖自咸阳府库中获取的簿

1　司马光评价刘彻时代"异于秦始皇者无几矣"（见《资治通鉴》卷二十二"臣光曰"）。王莽执政期间的种种举措，又几乎皆是刘彻时代政策的翻版（见本书第十一章）。

册资料，在关中地区为刘邦重新建立起秦帝国那套控制与汲取之术。保证了人力与物力的稳定汲取，刘邦在战争中就拥有了更大的容错空间，就有机会不断再起并最终获得胜利。萧何劝刘邦趁天下尚未安定之机修筑豪华皇宫，理由是战争状态下，百姓对沉重的控制与汲取已然麻木，而一旦战事结束天下复归太平，百姓便会产生休养生息的愿望。此中亦可见萧何对秦制的控制与汲取之术极有心得。

缺乏足以与之形成竞争的文明共同体，也是汉帝国走上"汉承秦制"旧路的重要原因。作为东亚大陆上的巨型帝国，汉帝国周边不存在同等体量的文明实体。匈奴、南越等政权虽然能在某些具体时期对汉帝国边境造成困扰，但并不足以在政治文明的高度与汉帝国形成竞争。匈奴是游牧部族，其组织形式相当原始，无法在草原上形成固定的政治传承，连文字传承也难以留存。南越国由原秦帝国官吏与军队建立，其政治模式与汉帝国亦无实质区别。多样化竞争是良性变革最重要的动力，在一个严重缺乏外部竞争的环境里，期望统治者摆脱路径依赖是非常困难的。

具体到刘彻与王莽，其出现彰显了中国传统帝制时代一条长期被忽略但始终若隐若现的规律——只要皇权无法真正受到制度性约束，且社会财富总量或者朝廷的可汲取总量（人力＋物力）达到了一定规模，便大概率会出现追求雄才大略的皇帝。这是特定制度下的人性使然，与皇帝本人道德品性、受教育程度方面的关系反而不大，至少后者更为次要。刘彻出现的主因，是汉帝国已经休养生息了半个多世纪，无限皇权坐拥巨量财富，"京师之钱累巨万，贯朽而不可校；太仓之粟陈陈相因，充溢露积于外，至腐败不可食"[1]。王莽出现的主因，是汉帝国再次休养生息了约七十年，无限皇权再次坐拥巨量财富，"宫室苑囿府库之臧已侈，百姓赀富虽不及文景，然天下户口最盛矣"[2]。二者的唯一区别不过是皇帝从姓刘换成了姓王。新莽政权，从来就不是什么新时代。

类似情形不止发生在西汉。汉明帝对出击北匈奴与经营西域发生浓厚兴趣时，恰值东汉政权立国已近半个世纪，史载"户口滋殖"[3]。宋真宗东封西祀、靡费无算之时，亦正值北宋政权已立国近五十年，朝廷簿册登记中的户数已从宋初的三百余万增至八百余万[4]。在皇权不受制约的时代，当社会经济有了较明显的恢复，朝廷亦可汲取可观的人力与物力时，只要坐在帝位上的君王不是幼儿或傀儡，便很难摆脱诱惑不去追求大有作为。而一旦追求大有作为，轻则显著加大民众负担，重则严重压缩社会自由度。真宗奢靡无度属于前者，

1　《史记·平准书》。
2　《汉书·食货志》。
3　《后汉书·显宗孝明帝纪》。
4　见《宋史·地理志一》。

明帝法宪颇峻属于后者，刘彻、王莽则是二者兼而有之且都做到了极致。

南宋人郑湜说，"自古明主执权而自用者，其遗患于国或甚于庸主"[1]，这是身在帝制时代的古人，自历史与现实中发出的沉痛喟叹。

2024 年岁末

---

1 （南宋）郑湜：《进论·君体二》，收入《十先生奥论注续集》卷十四。